核心素养视域下
高中化学教学实践思考

问题式教学与实施

杨涵雄　李晓军　吕晓燕◎著

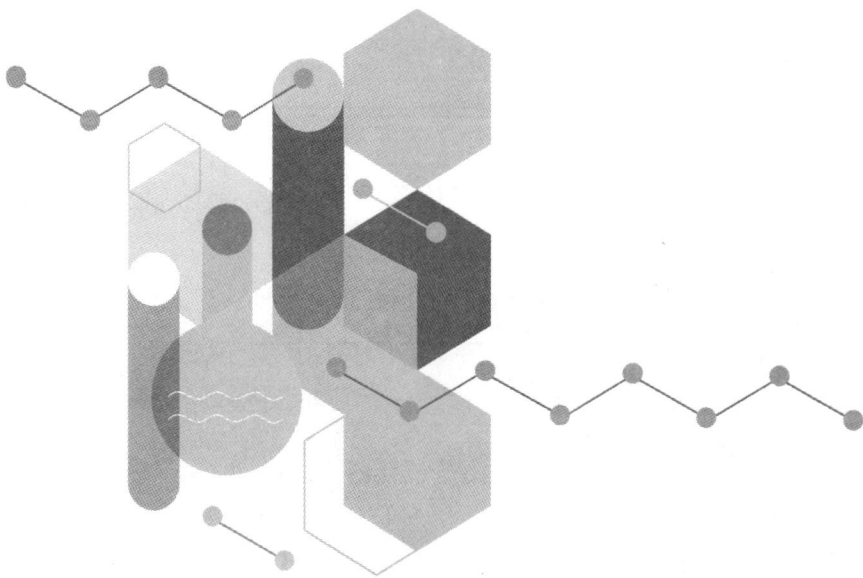

陕西师范大学出版总社

图书代号　　ZZ21N1631

图书在版编目（CIP）数据

核心素养视域下高中化学教学实践思考：问题式教学
与实施 / 杨涵雄，李晓军，吕晓燕著. —西安：陕西师范
大学出版总社有限公司，2021.8
　　ISBN 978-7-5695-2253-2

　　Ⅰ.①核…　Ⅱ.①杨…　②李…　③吕…　Ⅲ.①中学
化学课—教学研究—高中　Ⅳ.①G633.82

中国版本图书馆CIP数据核字（2021）第115951号

核心素养视域下高中化学教学实践思考：问题式教学与实施

HEXIN SUYANG SHIYU XIA GAOZHONG HUAXUE JIAOXUE SHIJIAN SIKAO：
WENTISHI JIAOXUE YU SHISHI

杨涵雄　李晓军　吕晓燕　著

责任编辑	刘金茹	
责任校对	李红红	
封面设计	鼎新设计	
出版发行	陕西师范大学出版总社	
	（西安市长安南路199号　邮编　710062）	
网　　址	http://www.snupg.com	
经　　销	新华书店	
印　　刷	陕西金德佳印务有限公司	
开　　本	787mm × 1092mm　1/16	
印　　张	13.75	
字　　数	218千	
版　　次	2021年8月第1版	
印　　次	2021年8月第1次印刷	
书　　号	ISBN 978-7-5695-2253-2	
定　　价	68.00元	

前　言

　　《普通高中化学课程标准（2017年版）》提出的五大学科核心素养是高中化学教学的主要目标，同时也反映出高中化学课程要以发展学生的化学学科核心素养为主旨，重视开展"素养为本"的教学。通过解读《普通高中化学课程标准（2017年版）》，我们应认识到，基于化学学科核心素养的高中化学课堂教学，应更加关注学生获取知识的过程和方法，以及其对于化学学科核心素养培育与形成的重要作用。这就决定了教师首先要做到"心中有学生，眼里有学生"。所谓"心中有学生"，主要指的是在教学设计过程中，要关注学生的认知基础和认知能力，围绕学生的真正需要设置教学问题，安排教学活动等。"眼里有学生"，主要指的是在教学实施过程中，要能够在真正意义上做到关注学生，通过有效的教学互动完成教学。在教学中，要将教学预设与课堂生成有效结合，通过与学生及时交流，给出准确而有效的教学评价，真正实现育人目标。

　　但是，综观目前的高中课堂教学，我们发现，在有些方面依然不尽人意。首先，教师"眼里无学生"的现象在课堂中依然存在；其次，教学活动中缺少互动或有效互动，"一讲到底"的情况依然很常见。结果是，教师疲惫讲述，学生被动学习。另外，对于如何将学科核心素养的培养与高中化学教学有效融合，如何在化学课堂教学中使核心素养的培养有效落地，很多一线教师仍心存疑惑。有的教师虽具备先进的教学意识，但却因教学方法、课堂驾驭能力等原因，常常使实际教学效果达不到预期目标。

　　反思以上种种情况，我们认为，从教学理念层面而言，教师应强化认识党的教育方针和教育思想，从课堂教学做起，推动基础教育阶段人才培养模式的改革与创新；从教学实施角度而言，教师应深入认识与理解课堂教学主体，准确认识课堂中教师的作用，真正以新课程理念贯穿课堂教学，引导学生积极主动开展建构学习、探究学习和问题解决学习，开展"素养为本"的高中化学课堂教学。但着眼于更多的高中化学实际教学状况，我们觉得，很多教师需从教学能力方面进行学习和提升。教师的教学能力，在方方面面制约着教学的实效性和有效性。先进的教学理念、优秀的教学设计，最终需要通过良好的教学能力落实到课堂教学的各个环节。因此，教师教学实施能力的提升，对于教师自身专业成长及学生长远发展意义重大。

"问题式教学"是一种以教学问题设置与教学问题解决为中心的教学模式或教学方法，契合《普通高中化学课程标准（2017年版）》倡导的以真实问题情境的创设，开展"素养为本"的教学，促进学生学习方式的转变，培养学生的创新精神和实践能力，使每个学生的学科核心素养得到不同程度的发展的教学思想。只有化学知识成为学生认真探究与思考的对象，高中化学的课堂教学才能真正成为学生化学学科核心素养发展与形成的过程。因此，学生的化学学科核心素养，只能在化学问题解决的学习中形成和发展。高中化学问题式教学，摒弃学习过程中对化学知识的单纯记忆，以提出问题、研究问题和解决问题为课堂教学的"主旋律"，引导学生体验和学习科学研究的基本方法，运用和训练学生化学特征的思维方式；以化学问题解决的体验性和和过程性，建构化学认知，发展化学思维品质，培养科学精神和社会责任感。同时，使学生在高中化学学习中，进一步形成和发展正确的价值观以及主动探索的良好学习习惯，有益于学生的终身学习与发展。

本书基于以上教学实践中普遍存在的问题，以高中化学的问题式教学实施为切入点进行研究，从不同课型、不同教学环节着手，研究以问题为核心推进课堂教学，提升课堂教学实效，并提供了相应的方法和案例，力求为更多教师合理使用教材，有效组织教学，在课堂教学中真正实现学生能力的培养、思维训练和学科核心素养的培养，找到有实践意义的路径。

在本书的编写过程中，西北师范大学附属中学校长贾金元，书记刘国材，副校长缑小锋、荆孝民、孙小春，副书记周爱祖，纪委书记李东源对本书的编写给予了大力支持，在此谨向他们表示衷心感谢！

此外，还要特别感谢西北师范大学附属中学化学教研组的全体教师，他们的积极参与，为全书贡献了很多智慧。

因作者水平所限，书中难免有不妥之处，敬请广大读者批评指正，谢谢！

作者
2020 年 9 月

目　录

第一章
问题式教学概述

第一节　问题式教学的内涵与作用

一、问题式教学的内涵

问题式教学是一种以教学问题设置与教学问题解决为中心的的教学模式或教学方法。

我们在这里所谈的问题式教学，是"基于问题的学习"的教学模式应用于高中具体的学科教学中，更为具体化的教学设计与教学实施等。在教学中，针对不同教学内容的特点，选择恰当的问题设置，问题化呈现教学内容；以问题为主线完成教学过程，突出问题的设置与解决，在教学流程推进中对学生问题意识进行强化，在教学互动开展中促进学生探究能力的加强，增强教学过程内在的思考性。以此，为将学科核心素养培育真正落实于高中的课堂教学寻找更为具体的途径与方法。对于高中的学科教学，问题式教学的思路与方法具有普遍适用的指导意义，以高中化学的教学为例进行的实践与研究，对高中阶段其他学科教学也具有借鉴作用。

1. 问题式教学与师生的发展与提升

问题式教学，以精心设置的教学问题发展学生的探究能力。通过研究不同阶段学生的认知基础与认知特点，以恰当的、适合学生学习需要的方式，设置层次递进、富于思考性的教学问题，能够帮助学生充分应用已有知识，顺利突破学习难点、体会学习重点，使学生在学习学科知识的同时，不断积淀素养，增强能力。而对于教师来说，要做到问题化呈现教学内容、以问题的提出与解决推进教学，需研究教材和教学内容之间的联系与衔接，研究教学问题设置的策略和角度，研究不同课型、不同教学环节教学问题设置的特点与方法，自觉进行与完成教学研究，这就促使其在多维度研究教学问题设置方法的同时，不断提升教学能力。

2. 问题式教学与课堂教学推进

问题式教学以教学设计为基础，以问题式教学实施推进课堂教学，通过教学设问的逐步解决，学生逐步完善认知体系，在探究和思考中，完成对学科知识的学习。教学问题的设置，为师生互动、生生互动搭建桥梁，对师生之间的交流具有积极的连接和促进作用。在这一过程中，教师能够及时获得学生的反馈，并以新的教学问题设置，引导学生积极思考，自主发现问题、提出问题并解决问题，不断深入学习；以问题的设置与解决为纽带，实现教学预设与课堂生成的有机结合。比如：在教学问题解决遇到困难时，教师能依据教学实际状况，以分解设问等方式，引导学生回顾旧知，迁移应用，最终通过学生的自主思考完成问题解决；以教学问题为核心，增强教学过程的思考性和内在吸引力。问题式教学关注教学问题的解决方式，避免教师在课堂中单纯讲解，代替学生思考，充分体现学生的主体地位。课堂教学的回顾与反思，也能通过教学问题的设置与解决，引导学生进一步理解与应用学科知识，提升课堂教学中人文与文化素养的培育、丰富与积淀。

3. 问题式教学与课堂教学评价

问题式教学中，教师要进行恰当有效的评价。对于不同的教学状况，教师能够以问题引导，有的放矢，营造民主和谐的课堂教学氛围。教师的教学评价，通过落点于教学设问而能够切实与中肯。对于学生易于解答的问题，教师可运用追问等方式，增强教学的深度与广度，引导学生深入思考、深度学习；而对于学生困惑的问题，教师又可以采用分解设问等方式，引导学生找到问题解决的切入点和入手点，逐步自主解决问题，增强其在学习过程中的自信心。总之，以设问的方式进行教学评价，能够充分发挥教师的主导作用，使学生在学习中，能够始终保持积极参与和不断思考的状态。

问题式教学贯穿于教学的整个过程。从教学设计到教学实施，贯穿于教学引入、重点突出、难点突破、回顾反思等课堂教学环节，使得课堂教学始终围绕恰当的问题设置与问题解决，富有思考性和内在吸引力。教学中关注问题设置的针对性、层次性与梯度等，充分发挥问题对教学过程的引导、推进和提升等作用，以期使学生能在高中阶段的学习中，有更多的思考与研究，在思维、素养和能力上有真正意义上的不断提升。

二、问题式教学的作用

问题式教学在高中教学中的应用，对教师、学生和教学各方面具有积极的促进作用。

1. 使学生的思维训练得以有效落实

党的十九大提出："要全面贯彻党的教育方针，落实立德树人根本任务，发展素质教育，推进教育公平，培养德智体美全面发展的社会主义建设者和接班人。"因此，高中阶段对于学生的培养，不可以只是面向学生在高中阶段的学习，满足于学生对学科知识的了解和掌握，而是要着眼于学生的全面进步，面向学生的未来发展，面向祖国未来建设者的培养。这其中，对学生思考力的培养与加强、对学生的思维训练是重要的内容。我们经常倡导教学要进行思维训练，但如何使其落实于课堂教学，落实于教学的每一个环节，需要我们认真思考，寻找切实有效的方法与途径。问题式教学，能以问题化的教学设计与教学实施，充分体现与落实教学中对学生的思维训练。教学引入环节，以真实的问题提出，激发学生的内在学习热情，调动学生以积极的思维状态进入课堂学习；教学重点与难点，设计以问题为中心和线索的探究活动，以互动中的思考与探索，启发学生联系已有知识进行新知识的学习，温故知新，将思维训练等自然融合于教学过程之中；教学的回顾与反思，以问题的设置，引导学生在深层的思考中，更为全面和深入地认识所学知识，形成体系化的认知。以教学问题的设置与解决贯穿始终的问题式教学，在教和学的过程中，需要学生不断地应用知识，进行与完成各种方式的思维训练，对于学生思考力的提升有着不可替代的重要作用。

2. 给教师的教学能力提升提供具体途径

新的育人目标，对教师的教学视野、教学思想和教学能力提出了更高的要求。特别是学科核心素养的育人目标，对于教师对课程资源的开发与整合、教材的研究与处理、教学设计的思想与方法、教学流程推进的方式、探究活动的安排与开展、教学评价等各方面教学能力的要求很高。而开阔的教学视野、先进的教学理念及教学思想，最终都要落实于真正的课堂教学中。其中，教师各方面的教学能力起着非常重要的作用，直接影响着教学效果。因此，在教学实践中，教师教学能力的提高，是我们必须重视且需要尽快实现的重要工作内容。不同教师对于教学能力的提高，可能面临着不同的现状和困难。青年教师，更多的可能是不知如何入手，不知运用怎样的方法能够尽快熟悉教学内容，提高课堂驾驭能力。而教学经验相对丰富的教师，可能陷入教学瓶颈，不知以怎样的方式突破自我，在教学能力等方面实现飞跃。对于这类教师而言，教学经验有可能是把双刃剑，一方面能让他们在教学中较为自信，甚至游刃有余；而另一方面，又有可能使他们陷入教学中的"套路"和定式，使教学成为日复一日、年复一年的简单重复，出现职业倦怠，不利于其教学能力的提升与突破。然而，无论是青年教师还是教学经验丰富的教师，都面临着共同的问题，就是如何在高中教学实践中，真正实现对学生学科核心素养的培育。对于学科核心素养培育的重要意义，大家能够在学习中逐步认识，并且达成共识。但是，对于如何将其真正落实于课堂教学，很多教师还需要认真地思考与探索。

对于以上所谈的种种状况，问题式教学能起到相应的促进与完善作用。对于青年教师，通过对教材问题化呈现的研究，对不同教学内容、不同课型等教学设问方式方法的探索，对课堂教学中如何更好地完成问题式教学实施的思考，可以逐步提升各方面的教学能力。而对于教学经验丰富的教师，对问题式教学在教学实践中的实施与感悟，会促使他们不断进行课堂观察，不断反思教学中的优点与不足，不断感受自身的课堂教学评价是否对学生产生真正的引导作用等。以此，自然会对教学从多方面进行思考与探索，能对教学有深层的认识，教学能力也能够日益精进，对于教学各种环节的处理也会更为得心应手，进而能逐步形成适合自身的教学风格。而对于学科核心素养在教学实践中的融合，问题式教学能够以问题设置与解决的方式，结合具体的教学内容及其特点，将教材中蕴含的核心素养培育的内在要求得以充分发掘、显性呈现。

总之，问题式教学能为各类教师不断提升教学能力提供具体途径。以教学中的问题设置和问题解决为学习和研究的方向，教师对于教学能够有更多的思考和研究，有更为深刻的感悟，在此过程中，不断提升多方面的教育教学能力。同时，能更好地在教学实践中运用多种方法，实现与完成学科核心素养培育。

3. 为教学互动构建桥梁

新课标的育人目标，决定了课堂教学应该体现教师主导作用和学生主体地位的有机融合，体现教师和学生的"双主体"地位。教学中的互动是课堂的重要环节，通过师生互动、生生互动，学习中的交流和合作才能真正实现，教学中的"双主体"才能充分得以体现。教学过程中，问题的提出往往意味着互动的开始。教师可在问题解决中得到来自学生的相关信息和反馈，及时发现学生的困惑和可能存在的认识误区。若问题的设置对于学生而言偏简单，缺少思维深度，教师可以运用后续的问题设置，引导进行深入扩展；若设问对于学生而言难度过大，学生一时难以找到解决的思路和方法，教师可以后续的设问进行难度的分解，将已学过的知识和方法进行回顾并给以启示，帮助学生在自主思考中解决问题。这样，通过问题设置进行互动过程中的及时调整，使得师生互动能够更加顺畅和有效。同样，通过教学问题的设置，学生可以围绕同一学习内容进行相互交流和探讨，相互帮助，共同进步。相近的学习基础和认知能力，使得学生之间的交流往往能够更为顺利和深入。而问题的设置，为他们提供了共同交流的话题和机会，让他们能够围绕同一问题在相互提示中逐步深入探讨，充分发挥小组合作的作用。在生生交流中，问题得以顺利解决，学生也能感受合作的重要意义和作用，体会学习过程中的友谊、学习中的乐趣，会在后继的学习中更有自信和信心。总的来说，问题式教学能为学习中的互动过程搭建桥梁，使得教学互动更加富有思考性和探究性，师生交流更为深入，生生交流更为和谐，更能充分发挥互动应有的教学促进作用。

第二节　问题式教学的发展历程、现状与发展方向

一、问题式教学的发展历程

问题式教学作为"基于问题的学习"的教学模式中较为具体化的应用和实施，其相关的研究在国内外都有不同程度的开展。

1. 对于"基于问题的学习"的研究

国外对于"基于问题的学习"的研究和实践已有多年，已形成了相对成熟的理论体系，积累了丰富的实践经验，大致可以分为两个阶段。

第一阶段：20世纪60年代后期至20世纪90年代中期。

在这个阶段，主要是"基于问题的学习"教学模式的创立及其在医学领域的研究推广，进而被工程学、法学、工商、旅游学、管理学等专业院校引鉴。1969年，美国医学教育改革的先驱、神经病学教授霍华德（Howard Barrows，1928—2011）在加拿大的麦克马斯特大学（McMaster University）首创了"基于问题的学习"模式，并将其运用于教学当中。麦克马斯特大学围绕"基于问题的学习"的模式，进行了一系列的教学改革，并获得了显著成效，吸引了医学教育界的广泛关注。因为"基于问题的学习"独特的教学功能，其很快被医学领域推崇，并取得了成功。到20世纪70年代，美国新墨西哥大学（The University of New Mexico）等研究型大学，陆续推行"基于问题的学习"这一教学模式，但仍是在医学院的教学中着重推行。到20世纪90年代，除了加拿大和美国之外，还有许多大学效仿，"基于问题的学习"教学也从医学教育领域走向其他学科教育领域。

第二阶段：20世纪90年代中期至今。

20世纪90年代中期以后，"基于问题的学习"模式被运用到美国的基础教育领域，包含了中小学教育及幼儿教育，取得了丰硕的成果。其研究主要有以下几个特点：

（1）关于"基于问题的学习"特征的研究有不同的观点，主要有以下三种：① 国外的"基于问题的学习"教学，跳出单一学科的限制，编制综合课

程，以小组学习为单位，从多学科角度综合研究问题。②在"基于问题的学习"教学中，学生占绝对的主体地位，教师主要起引导作用，整个教学过程以问题为主线。③"基于问题的学习"教学从真实、复杂的问题出发，不受学科体系的限制，围绕问题组织学生以小组合作的形式进行学习，获得知识和技能。

（2）课程与教学研究者和一线教师，在理论与实践相结合的基础上，设计"基于问题学习"的教学案例，并通过教学实践的亲身体验，向广大教育者介绍这种新兴的教学模式，这方面的著作较为系统全面。

（3）关于"基于问题的学习"教学效果及其评价方法的研究逐步得以丰富与完善。"基于问题的学习"教学所创设的学习环境更具有教育性，所设置的学科问题更具挑战性。学生在学习过程中的自主学习能力、思维能力、解决问题的能力都得到了培养，表现出了更多的心理社会知识和更高的实践技能。

（4）注重对"基于问题的学习"中教师角色的研究。主要有以下三种观点：①在"基于问题的学习"中，认为教师是帮促者、指导者和合作者，而不仅仅是知识的传播者。②在"基于问题的学习"中，认为教师的主要任务是组织学生，引导小组工作，把握教学的进度。③在"基于问题的学习"中，教师的作用类似于"脚手架"。教师通过创设合适的问题、提供相关材料、及时给予必要的反馈等工作，为学生解决问题提供支持，促使学生致力于问题的解决，将学生注意力吸引到与学习目标有关的方面，以辅助学生掌握核心内容，发展综合能力。

（5）随着网络在教学中的推广，在线"基于问题的学习"的开发，成为研究者关注的焦点。人们把网络作为"基于问题的学习"的协作交流工具，主要集中在协作式"基于问题的学习"的研究和在线"基于问题的学习"的设计和传输上，但多为理论探讨，实践研究还比较少。

2. 针对课堂提问的研究

课堂提问一直是教育教学中的重要议题。近年来，针对课堂提问的研究越来越多，研究的方向也是更深入和全面。

1912年，美国教育家史蒂文斯等人，首次开始研究课堂提问。他们发现，教师的提问和学生的课堂应答所花费的总时间占学生在校学习时间的 80% 左右。可以看出，课堂提问在教师课堂教学中占有不可动摇的地位。课堂提问的好与不好，对课堂教学的质量和效率具有直接的影响。

美国教育专家斯特林·卡尔汉认为，提问有利于教师帮助学生促进思维、反馈教学效果以及实现学习目标。它贯穿教学的始终，是教学语言最主要的载体。可以毫不夸张地说，我们几乎难以找到一堂自始至终没有提问的课。

但目前高中化学课堂教学提问的状况不容乐观，存在问题比较多。譬如，教师对提问的目的不明确，不能做到对症下药；问题设计过于简单，涉及的认知水平偏低，学生思维得不到有效促进；教师对学生的回答不反馈或者草草了事，如对于学生的回答只注重答案，不注重解释为什么，忽视学生的科学思维过程和化学学习能力等。

教育教学的改革离不开课程改革，课程的改革离不开课堂改革。而提问作为高中化学课堂教学的一个重要环节，是化学课堂教学的基本组成部分，也是教师向学生讲授化学知识、概念，分享科学的化学探究思想，实现师生交流的一种重要方法，在学生核心素养的培养过程中，起着举足轻重的作用。若不当的课堂提问长时间得不到改进与完善，会使学生变得懒散，无法在学习中做到勤于思考，不利于学生批判性思维的发展和核心素养的培养。提问在高中化学教学中的作用，只有通过教师设置教学问题及提出问题能力的不断提高，才能得到充分发挥。

3. 与问题式教学相关的国内研究及主要观点

在新课程教学理念日益深入人心的过程中，国内也有很多相关的教学研究在开展。例如：

霍晓东在《高中化学问题驱动式导学案的教学设计与研究》一文中认为："问题驱动教学"是以增强问题意识和发现、分析、解决问题能力为目的的教学模式。它是以学生为主体、以本学科内的各种问题为知识起点，以问题为核心筹划学习内容，让学生围绕问题寻求解决方案的一种教学方式。通过问题驱动进行教学，可以提高学生的参与度，促进学生的求知欲，发散学生的思维。问题的提出要遵循学生的认知水平，提出的问题要由浅入深，层层深入。让学生带着问题去学习，根据问题有目的地进行小组研讨和自主探究，让学生在问题的驱动下进行系统学习。

赵千一在《高中化学教学中问题情境化研究》一文中认为：问题情境在当前教学活动中并不陌生，各科教师会在教学中自觉或不自觉地应用问题情境教学。但是，由于目前我国教育仍然存在为了成绩而教、为了成绩而学的师生群体，因此会有师生觉得教师设计问题情境是在浪费时间。教师如果在教学活动中一味强调知识的重要性，对学生的学习内容讲授脱离情境，会忽视学生思维能力的培养。而思维的撞击通常是在问题情境中生成的，同时又是以解决问题为最终目标的。在《普通高中化学课程标准（2017年版）》的实施建议中已经提出，教师要准确把握学业质量的要求，合理选择和组织化学教学的内容。内容的结构化，是能够有组织地将化学学科知识转化为化学学科核心素养的关键。教师要尽可能地创设真实的问题情境，促进学生学习方式的转变。真实的、具体的问题情境，有利于学生化学学科核心素养的形成，也是能够为学生展现化学学科核心素养多元化的重要载体和重要途径。教师在教学中应重视创设具有实际价值的问题情境，熟练运用问题情境设计，注重教与学模式的变革，在问题情境中促进学生化学学科核心素养的形成和发展，展现教师独特的个性和独有的魅力。

张琳在《基于问题式学习在高中化学新课程教学中应用的实践研究》一文中认为：作为中学化学高考依据和教学行动指南的《全日制义务教育化学课程标准（实验稿）》和《普通高中化学课程标准（实验）》，对中学化学教学提出了新的要求。强调要通过以化学实验为主的多种探究活动，使学生体验科学研究的过程，激发其化学学习兴趣，强化其科学探究意识，促进学习方式发生转变，培养学生的创新精神和实践能力；从学生的已有经验和将要经历的社会生活实际出发，帮助学生认识化学与人类生活的密切关系，关注人类面临的与化学相关的社会问题，培养学生的社会责任感、参与意识和决策能力等等。这必然需要以"基于问题的学习"的教学形式来支持新的课程形式与要求。

王霞在《基于学科观念的高中化学"问题探究"教学实践研究》一文中认为：

基于学科观念的问题探究教学模式有助于学生学习方式的转变。2001年6月，教育部印发的《基础教育课程改革纲要（试行）》中明确指出："改变课程实施过于强调接受学习、死记硬背、机械训练的现状，倡导学生主动参与、乐于探究、勤于动手，培养学生搜集和处理信息的能力、获取新知识的能力、分析和解决问题的能力以及交流与合作的能力。"基于学科观念的"问题探究"教学模式是一种师生互动交流、学生积极参与、以探究创新为主的教学方式。本质是把探索自然科学研究领域的研究引入课堂，使学生通过探究过程主动获取知识。我们认为，该教学模式可有效提高学生的创新精神和探索能力，帮助学生改变学习方式。基于学科观念的"问题探究"教学模式有助于促进教师专业发展。新课程改革不但为教师提供了广阔的专业发展空间，也对教师自身提出了新的挑战。要求教师不断接受新知识，改变教学行为，提高专业能力。因此，教师应彻底放弃在教学过程中强调知识为本的"填鸭式"传统教学模式，使用全新的教学方法和教学设计思想，并逐渐形成与其相适应的教学模式。基于学科观念的"问题探究"教学模式，通过对问题情境的创设，让学生积极参与合作、讨论等探究活动，加深学生对科学知识的理解，使教师实现从知识传授者到知识探究导航者的本质转变。

张环环在《问题连续体理论在高中化学的应用研究》一文中认为：问题解决能力是21世纪新型人才的必备品格和关键能力。生存于21世纪的人们，不仅仅要有获取基础知识与基本技能的能力，还要有能运用丰富的知识和熟练的技能解决问题的能力。化学课堂上不管呈现什么样的素材，进行什么样的活动，落脚点是提出问题引发学生思考。教师进行教学设计时，想要实现高效课堂就要将教学问题合理有序地连接在一起，就需要了解"问题连续体理论"。问题连续体理论针对教师（问题呈现者）和学生（问题解决者）两方面，把问题从封闭到开放变成一个连续的问题体系。用问题连续体理论做框架进行教学设计，一方面，可以提高教师的立足点，充分发挥教师的创造性，提升教师的教学设计。另一方面，可以突显学生的主体性地位，有助于其养成良好的思维习惯，提升探究创新能力。

综上可知，国内的很多学者和青年学子，认识到了教学中的问题设置与提出在教学中的重要作用，对此也进行了多方面的研究。包括从教学思想的角度、教学模式的角度和具体方法等各个方面的研究。这些教学研究，给高中化学问题式教学提供了很多值得借鉴与学习的地方，对高中化学的教学实践也有着富于启发性的指导作用。因此，我们可以对这些教学研究中的思想、观点和方法加以仔细研读和思考，并结合自身的教学实践进行借鉴和应用，以理论研究和教学实践的密切结合达成二者之间的相辅相成与相互促进和完善。

二、问题式教学的现状

基于教学实践中的深刻感受和感悟，越来越多的一线教师，日益认识到教学中问题的设置与提出的重要性，也有越来越多的教师能够应用问题式教学的思路和方法，以更加富于思考性的过程进行教学。而问题式教学，不仅适用于高中化学教学，对于其他学科知识的处理和应用、教学的开展与推进，都不失为可以借鉴和应用的教学方法和方式。但是，对于问题式教学的应用，很多方面还需我们认真深入地进行探讨与研究，还需结合具体的教学实践逐步提升。

1. 教学问题的设置需要改进与完善

在课堂教学中，常常会出现教师提出问题后学生无以应对的"冷场"情景。这种状况的出现，对于教师，特别是青年教师，多多少少会影响其教学情绪和教学状态，甚至影响后续教学流程的顺利推进。而之所以出现这种状况，很多时候是因为教学问题的设置需要改进与完善。过于简单，缺乏思维含量的教学设问，或者难度过大，学生难以找到入手点和切入点的问题设置，都容易出现"冷场"的局面。很多时候教师习惯于从学生身上找原因，总觉得是学生不够努力、不够认真，不能及时巩固所学，不能积极地投入学习，等等。他们缺乏自我反思的意识和能力，对于教学中的问题设置也是如此。但是，在问题式教学中，教学设问才能够真正发挥引导、启发和梳理等作用。对于不同的教学内容、不同的课型、不同的教学环节，教学问题的设置应有不同的侧重点和特点。教学问题的设置，如何能层层深入，逐步分解学习难点；怎样才能指向明确，激发学生的探究热情、增强学生的学习自信心等，都是教师在教学设问中需要关注和不断优化的。对于教师而言，教学问题的设置能力，也必须在教学实践中用心揣摩，反复打磨，才能做到日臻完善。

2. 问题式教学与学科核心素养培育的联系日益密切

学科核心素养的培育，应是高中教学实践的重要内容。而对于很多一线教师而言，如何将其与学科教学融为一体，需要不断地在教学实践中反复思考，寻找方法、探索途径。而问题式教学，能够带给大家很多启示和具体方法。例如，高中化学学科核心素养包含"宏观辨识与微观探析""变化观念与平衡思想""证据推理与模型认知""科学探究与创新意识""科学态度与社会责任"五个方面，应用问题式教学的思路与方法，可以通过教学中的问题设置和问题解决，将其与高中化学的教学内容有机结合，在课堂教学中实现学科核心素养培育。比如：在元素化合物的教学中，在化学反应原理的探究中，在结构化学的学习中，对有机化学和有机物不断丰富的认知中，对化学实验日益深入的体验和感悟中，可以教学问题进行引导，使学科核心素养培育自然融入其中。

问题的设置与解决，使得教学中的学科核心素养培育能够更为充分和广泛。通过教学问题的引导，可以运用证据推理，直观呈现难点，化抽象为具体，帮助学生顺利克服学习难点；通过教学问题的设置与解决，使学生在实验方案的设计与选择中，能够深刻感悟科学探究的方法，体会创新意识的重要意义和作用；通过教学设问的引导，使学生由宏观到微观，由现象到实质，由定性到定量，在高中化学的学习中体会变化，形成思想和方法，认识和强化科学精神与社会责任。在高中化学的教学中，无论是对化学学科知识的学习与理解，还是对学生的未来发展、能力提升和素养积淀，问题式教学都能发挥积极的作用。

3. 问题式教学的具体化和体系化

问题式教学，能否在教学实践中得以广泛地开展与应用，能否充分发挥其对教学应有的推动与促进作用，具体方法的形成和体系化的建构起着非常重要的作用。以教学中的问题设置为基础，从教学设计到教学实施，通过多方面研究形成一定的体系，可使问题式教学具体化、体系化。这样，教师在使用问题式教学的过程中就会有方法、有体系可依，问题式教学才能渗透于课堂教学的各个环节。

以高中化学的问题式教学为例，从问题式教学设计开始，研究教学目标、教材特点，以及学生的困难之处和需要，做出结合具体教学内容的教学设计，才能为问题式教学实施打好基础。而在教学实施中，又要针对课堂的实际状况，及时以问题设置做出相应的引导和对教学流程、教学节奏等的调整。因此，问题式教学的具体化，对于其在教学中的具体应用及效果来说是非常重要的。这里的具体化，主要包括如下四个方面：① 与具体的学科融合，与相应的教学内容紧密联系，充分体现学科特点及教学内容的特点；② 对于不同的教学内容，有相应的、可以被广泛借鉴应用的具体方法；③ 针对课堂的主要教学环节，如教学引入、教学重点、教学难点、教学探究活动和教学回顾等，有可被直接应用于课堂各个教学环节的、各具特点的方法；④ 对于不同的课型，例如高中化学教学中的新授课、复习课及实验课等，有细节化的、具有一定指导意义的可供借鉴应用的具体策略、思路、方案和途径等。同时，问题式教学的体系化，也是需要我们重视和深入探究的方面。其主要包括：从教学设计到教学实施的完整体系；对应相应教材和教学内容，有针对不同课型和各教学环节的系列化的思想和方法；适用于不同教师的，如教学经验不足与教学经验丰富教师的，具有较为普遍的适用性、系统化的思路、方法和体系等。总之，对于问题式教学，需要着眼于教学实践存在的种种问题，落点于教学的方方面面和各个环节，形成较为完整的体系，从而能够在教学中更加富有实践指导意义。

三、问题式教学的发展方向

《普通高中化学课程标准（2017 年版）》的颁布使得问题式教学越来越受到一线教师的关注，通过自身在教学实践中的感悟与积累，全面研究问题式教学的现状，认真思考问题式教学的发展方向，我们认为问题式教学的发展主要应有以下几个方向。

1. 关注与加强教师的教学问题设置能力

《普通高中化学课程标准（2017 年版）》"实施建议"中提出要积极促进学生化学学习方式的转变。具体指出："学生化学学科核心素养的发展是一个自我建构、不断提升的过程，教师要紧紧围绕化学学科核心素养发展的关键环节，引导学生积极开展建构学习、探究学习和问题解决学习，促进学生化学学习方式的转变。"而对于教学中的问题设置，无论是通过对教育教学理论的研究，还是对教学实践中的感受与感悟，很多教师都能逐步地意识和体会到其重要性，并且能在教学实践中不断改进问题设置的角度和方法。但是，也有很多教师对此并没有清晰而明确的认识，常常因为教学问题设置不当，导致课堂教学互动不能有效地开展和进行，师生之间的交流不充分、不深入。因此，必须关注与加强教师教学问题设置意识的强化及设置能力的提升。

（1）强化设问意识。在问题式教学开展中，对于教师设问能力的提高，要从教师的教学意识和教学思想开始。通过各种学习与交流活动，教师要认识到教学过程问题化的作用和意义所在，增强教学中的设问意识，对课堂教学中教学问题的设置有足够的关注和重视。

（2）着眼于教学实践。要从教学内容入手，从课堂教学环节着眼，以教学课例的开发、课堂教学的示范等方式提供具体的途径、方法和示例，在各种教学活动中，进行教师之间的交流、学习与促进。特别是对于教学经验还不够丰富的青年教师等，要主动加强理论学习。同时，关注理论应用时可能遇到的各种各样的实际问题，学会灵活应对，并不断改进、完善。教师只有以理论指导实践，并在实践中做到具体化、方法化和细节化，将教育教学理论与教学实践互为促进与完善，才能在不断地磨炼中，逐步提升教学问题设置的意识与能力。

（3）重视相关教学研究。教学研究，对于教师的专业成长有着不可替代的重要促进作用，对于教学问题设置能力等的提高也是如此。在日常的教学中，对于问题式教学思路和方法的应用，对于教学问题的设置，教师获得的教学体验和感悟往往是碎片化的，甚至很快就会遗忘，对于教学的改进与提升很难起到应有的作用。而通过撰写论文、课题研究等教研活动，可促使教师将其在教学实践中获得的相对零散但又十分宝贵的教学经验与感悟进行梳理、归纳，形成有关的体系化认知，形成可供借鉴和学习的来自于课堂教学的第一手资料。同时，在这个过程中，教师也会进行更深层次的思考，对自己的教学体验和认识，也能更加深刻和全面，教学能力也能得到提高。因此，对于问题式教学的开展和教学中的问题设置，教学研究能起到重要的推进与提高作用，我们要十分重视，并能热情投入相应的工作中。

2. 突出实践性，以问题式教学推进学科核心素养培育

教学过程中，教师需要学习很多教育教学理论，研究各种教学模式，学习学科核心素养的内涵。但是，要想在教学实践中真正发挥教育教学理论的指导作用，恰当运用各种教学模式，实现学科核心素养培育，必须从一点一滴做起，而不能停留在"纸上谈兵"的层面上。脱离教学实践的理论，就好比无源之水、无本之木。因此，对于问题式教学思路与方法的应用，对于以问题式教学推进学科核心素养培育，我们应从实践入手，着眼于教学一线教师的所获与所需，从实践中来，到实践中去，做到不虚空、不浮夸，落在实处。以问题式教学在高中教学中推进学科核心素养培育，对于多数一线教师而言，其重要意义和作用，应该不难学习和体会，更多时候，需要的是能被直接应用于实际课堂教学的具体指导方法与教学案例。因此，我们在充分学习相关教育教学理论和深刻领会新课程育人目标的基础上，需要面向教学实践，全面反思课堂教学，回顾总结教学实践中的点滴收获，为问题式教学与学科核心素养培育的结合找到具体可行的思路与方法。例如，对于高中化学教学中学科核心素养的培育，如何以问题式教学推进，需要在对教学内容进行研究的基础上，考虑不同阶段学生的已有知识基础和认知需要，从问题式教学设计开始，精心设置每个环节的教学问题。对于不同教学内容的特点进行研究，以教学问题的设置发掘教学内容中蕴含的学科核心素养，并以问题呈现与凸显。在问题式教学实施中，以问题解决推进教学流程，完成课堂探究活动，强化教学中的交流与互动，将学科核心素养培育在真正意义上成为重要的教学目标，成为教学过程的重要组成部分，自然实现于课堂教学中。总之，以问题式教学推进学科核心素养培育的理论研究应面向教学实践，从真实的课堂中获得方法，从学生发展的真正需要确定思考和研究的方向，突出实践意义。

3.重视对教材的细致处理，开发具体课例

《普通高中化学课程标准（2017 年版）》在"实施建议"中提出"增进化学学科理解，提升课堂教学能力"。发展学生的化学学科核心素养，就要求教师积极开展"素养文本"的有效课堂教学模式和策略。在化学教学设计和实施中，教师应科学制订具体可行、基于化学学科素养发展的教学目标，挖掘教学内容在化学学科核心素养发展方面的独特价值，设计和开展多种形式的实验探究活动，有目的、有计划地引导学生运用化学科学思维方式和方法学习化学知识，注重引导学生在化学知识结构化的自主建构中理解化学核心观念，设计基于真实情境的问题解决任务，使学生在解决问题的活动中逐步发展化学学科核心素养。问题式教学的思路与方法，能够发挥对青年教师的指导作用，能够对经验丰富的教师起到突破教学瓶颈的启示作用，但只有将其与学科教学密切联系，才能具有实践指导意义。因此，突出相应的学科特点，具体研究教材内容，找出教学重点，确定教学难点，设计探究活动，在此基础上，开发具体翔实的教学示例与课例，对于问题式教学的开展非常重要。而在课例开发中，教学视野的开阔、教学思想的深远、教学思路的清晰等，都需要通过问题化的方式呈现与凸显。同样，教学情境的创设、课程资源的开发与整合、教学活动的设计、教学重点的突出、教学难点的突破以及教学中的回顾与反思都需要精心考虑与设计，以突出教学中的问题设置，实现教学内容"问题化"，保证教学实施以问题推进。以此，强化问题式教学的特点与作用，增强教学中的思考性和对学生思维的训练。以学科教材的内容与特点为基础，通过对其进行细致的发掘与处理，开发具体的课例，与教师的实际教学过程密切相关。他们可以通过参照、对比与分析，从教学实际出发，全面思考教学思想与理念以及学生的基础与能力等教学条件，选择性地应用与改进教学。同时，能够提出自己的观点和做法，不断丰富与完善问题式教学。总之，对于问题式教学的应用与研究，要与实际的课堂教学密切关联，要以教材为依据，仔细研究，深入探讨，开发切合教学实际的课例，以期能对教学实践有一定的指导意义和启示作用。

第二章
对问题式教学实施意义的认识与研究

第一节　问题式教学实施是实现教学目标的重要途径

一、教学实施与实现教学目标之间的"距离"分析

基于核心素养的教学实施，提倡教学中注重转变学生的化学学习方式。其中，问题解决的学习方式值得我们关注。同时，培养学生的问题解决能力，也应是我们追求的重要教学目标，特别是对学生高阶思维能力的培养，更应引起我们的高度重视。在教学设计的基础上，教学实施中我们需引导学生积极主动参与分析、评价和创造等高阶思维活动，但学生高阶思维能力的形成与发展离不开高阶思维活动。另外，我们也应充分认识到"知识迁移能力""预测、观察和解释能力""推理能力""问题解决能力"和"创造性思维"作为高阶思维的主要成分，只有通过教学实施中的有效落实，才能在课堂教学中高水平建构化学知识的同时促进学生高阶思维能力和化学学科核心素养的有效发展。但是，综观高中化学课堂教学，我们发现，教学实施与实现教学目标之间往往因为教师的教学理念、教学方法方式和教学能力等的制约，存在着我们必须努力缩小直至消失的"距离"。在教学实践中，教学设计非常重要，是上好一堂课的依据和基础。但是，我们也常常遇到这样的状况："设计"虽好，"实施"欠佳，影响教学目标真正意义上的实现。特别是对于教学经验不够丰富的青年教师来说，常出现下述的几种状况。

1. 为了提问而提问

在课堂中，教师为了体现学生的主体地位，实现师生互动，有提问的意识，

也有提问的环节。但是，在提问之后，由于缺乏提供学生自主思考时间和空间的意识，常出现教师自我"秒答"的情景。经过这样几次"提问"与教师自我"秒答"，课堂氛围会越来越沉闷，学生参与教学过程的热情会越来越低。最终，教师提出问题，几乎没有学生再应答。

2. 互动中教学评价空洞、无意义

课堂教学互动中，教学评价具有重要作用，但是，常常缺乏真正意义上的评价。很多教师，在学生回答问题之后，只会空泛地说："嗯，很好！请大家鼓掌。"或者说："大家说他回答得好不好呀？"……这样空泛而无意义的教学评价，学生感受不到教师发自内心的真诚、关注和重视，也不清楚自己的回答是否存在需要改进和完善之处。久而久之，学生也会不在意教师的评价，在课堂中与教师积极互动的热情也会逐渐消失殆尽。

3. 教师对课堂生成的无视或忽视

在教学实施中，有些教师唯恐学生答出"预设"之外的内容，影响课堂教学的顺利与按时完成，以至于教学设计不能完整展现。因此，当出现"意料之外"的回答时，教师往往一带而过或充耳不闻。这样的教学实施只是教学成为教学设计讲稿式完成的过程，这时教学设计与教学预设会对课堂教学造成束缚。这样的课堂不能成为随学生而动的生机勃勃的"活"课堂，不利于学生积极思考和能力的发展提升，不利于学生学科核心素养的积淀和形成。

综上，要想教学设计真正实现于课堂教学中，教师不仅要对教学实施有正确的认识、足够的重视，还需在教学实施中不断体会、思考和改进，不断提升课堂驾驭能力。教学设计如同剧本，有了好的剧本，还不能保证"演出"成功。试想，同一剧本，有的演员可以将其演绎得扣人心弦，精彩纷呈，而有些演员，可能会演得漏洞百出，令人抱憾。教师的教学实施亦如此。因此，我们要充分认识到，教学设计与课堂教学之间有"距离"，教学实施与教学目标实现之间也有"距离"。好的教学设计，不等于富有成效的教学实施。教学实施过程要想完美地体现教学设计的意图，很好地实现教学目标，需要教师有深厚的教学演绎能力和课堂驾驭能力。那么，如何更好地将教学设计落实于课堂教学中，如何缩短教学实施与教学目标实现之间的"距离"呢？

以问题式教学实施的思路与方法完成课堂教学，是重要而有效的途径。在课堂中，以问题的提出设疑、思疑、解疑；以问题解决推动教学进程，实现师生互动、生生互动；重视问题解决中学生的自主学习和自主思考，凸显教师评价的重要作用。这样的教学实施，还可缓解教学经验尚待提升、课堂驾驭能力尚待提高的青年教师在教学中常有的慌乱与紧张。通过问题的提出与解决，他们可以将教学设计更为灵活有效地实现于教学实施，使课堂氛围富有探究性和思考性、有内在吸引力、能调动学生的学习热情。结果是，教师"教"得轻松，学生"学"得顺利。

二、问题式教学实施是教师提升课堂驾驭能力的起点和落点

教师的专业成长，对于教师，尤其是青年教师的课堂驾驭能力的提升尤为重要。很多青年教师，有上进心，有良好的教学理念、素养和基础，但初上讲台时经验不足。在他们的课堂教学中，往往存在种种问题而不自知。或者，他们能够意识到自身教学中存在着问题，却不知如何改进。而以问题式教学实施为起点，通过对每节课的用心体验与深刻感悟以及对每一教学环节的认真设计与推进，日积月累，自然而然能使教学实施与课堂驾驭能力慢慢得到提升。

教学示例 2-1 铝的教学

教学分析： 在高中化学教学中，对化学反应 $2Al+2NaOH+2H_2O = 2NaAlO_2+3H_2\uparrow$ 的学习和理解是一个重点和难点。对于这个反应的学习，如果只是依靠教师的讲解，很可能出现学生被动应付的局面。结果是，学生对反应的认识不够深入，对相关原理的理解不深刻，学习之后常常很快就会忘。为了避免出现这种状况，我们可以通过教学问题的设置与解决，引导学生在思考中完成较为深入的学习。

教学实施： 教师请学生观察反应方程式 $2Al+6HCl = 2AlCl_3+3H_2\uparrow$ 和 $2Al+2NaOH+2H_2O = 2NaAlO_2+3H_2\uparrow$，找出共同点：$2Al \rightarrow 3H_2\uparrow$，提出问题：为什么都是 $2Al \rightarrow 3H_2\uparrow$ 这样的数量关系？

引导学生猜测：反应实质相同。

提出与解决问题：在 Al 和 NaOH 溶液的反应中，氧化剂是什么？化学反

应若看作分步完成，是怎样的过程？若有 2 mol Al 参加反应，氧化剂物质的量应为多少？化学方程式中 H_2O 的化学计量数为 2，又应如何理解？

教学评议：以问题式教学实施完成上述难点教学，可以有效避免学生在课堂中"听"而不"思"，锻炼学生思维的深刻性。同时，对于后续化学反应 $Si+2NaOH+H_2O = Na_2SiO_3+2H_2 \uparrow$ 的学习，构建了认知模型，可以通过迁移进行学习。学生在自主对比分析中完成对新知识的学习，可以增强知识迁移能力和学习能力。而教师在这样的过程中，能够强化对教学内容之间联系的认识和应用能力，增强教学问题设置能力，提升课堂驾驭能力。

教学感悟：教学经验丰富的教师，在教学生涯中往往也会出现瓶颈期与倦怠期，影响他们的教学状态与教学效果及教学能力的不断提升。同时，对于化学学科核心素养教学目标的提出，很多教师也心存困惑，认为三维教学目标尚未做好，又转化成学科核心素养，不知如何是好。因为不能深入理解三维教学目标与学科核心素养之间的关系，对于如何将其在教学中进行衔接与转化，如何付诸教学行动，也会有一时不知如何入手之感。面对这些状况，我们也可将教学经验相对丰富的教师课堂驾驭能力的突破性提升，落点于问题式教学实施。不同于初上讲台的青年教师，丰富的教学经验和教学积淀更有利于这些教师以灵活度高、综合性强的教学问题的提出与解决更深层次地完成教学实施，并在教学过程中落实对学生的思维训练和能力提升。同时，在问题式教学实施的过程中，教师可针对学生的认知基础和认知能力，对教学问题的设置和教学预设以及对教学内容的呈现方法和方式等进行全面而深入的研究。在逐步深入与完善的教学研究中，有利于他们顺利突破瓶颈期，克服职业倦怠，课堂驾驭能力得到长足的提高。

教学示例 2-2 "亚铁盐"学习内容复习

教学分析：对于 Fe^{2+} 的强还原性，较多学生在初步学习中，由于教学时间紧张和基础知识欠缺等主客观原因，没能全面认识和深入认知，对相关化学反应方程式的书写也没能很好地掌握原理和方法。可以说，元素化合物知识的复习与提升，是学生高三复习中一个重要但薄弱的环节。

教学实施：针对高三复习教学中深度和广度的要求，可以先提出结构化学的相关原理，加深对 Fe^{2+} 性质的认识：Fe 的价电子排布式是怎样的？ Fe^{2+} 与 Fe^{3+} 的价电子排布式呢？从结构的角度分析，Fe^{2+} 与 Fe^{3+} 哪个相对稳定？为什么？

完成上述问题的分析与解决，学生可充分认识到 Fe^{2+} 具有较强的还原性。继续提出问题：与 Fe^{2+} 发生反应的氧化剂，是强氧化剂还是弱氧化剂？为什么？

在分析、解决上述问题的基础之上，继续以问题推进：常见的强氧化剂有哪些？

着眼于高三复习的教学要求和教学目标，在书写相关离子方程式时，要关注方法的训练。同时，以问题的引导，关注相关反应在实验、生产实践中的应用。例如，以反应 $3Fe^{2+}+NO_3^-+4H^+ = 3Fe^{3+}+NO\uparrow+2H_2O$ 进行问题解决：HNO_3 与 Fe^{3+} 氧化性的强弱关系是怎样的？分析依据是什么？已知还原性：$F^- < Cl^- < Br^- < I^- < S^{2-}$，$Fe^{3+}$ 从哪种离子开始可以反应？HNO_3 呢？

以反应 $5Fe^{2+}+MnO_4^-+8H^+ = 5Fe_3^++Mn^{2+}+4H_2O$ 进行问题解决：Fe^{3+} 常用什么试剂检验？以此为依据，Fe^{2+} 通常可用怎样的方法检验？在 Fe^{3+} 的干扰可能或一定存在的情况下，Fe^{2+} 可用什么方法检验？相应的实验现象是怎样的？

以反应 $4Fe^{2+}+O_2+4H^+ = 4Fe^{3+}+2H_2O$ 逐一对问题进行分析与解决：亚铁盐保存时常用什么方法？加入铁粉或铁钉的原理是什么？

以反应 $2Fe^{2+}+H_2O_2+2H^+ = 2Fe^{3+}+2H_2O$ 来解决问题：在实验或工艺流程中，我们常常需要将 Fe^{2+} 氧化为 Fe^{3+}，常选的最佳氧化剂是什么？为什么？

教学评议：以上的教学实施，通过问题引导，使学生对亚铁盐的复习不会停留在学习内容的表层，而是能够贯穿方法的习得、思维的训练、知识的应用。通过问题引导教学实施，有助于达成高三复习的学习目标，加强教学内容的综合性，增强认知的深度和广度，强化知识之间的联系，有利于层次化、结构化地完成高三复习应达到的学习层次。同时，引导学生形成高中元素化合物学习的思路：方法→原理→应用，使其意识到在高中化学的学习中，不能只是单纯地记忆化学反应，而应更加重视学习方法，懂得感悟原理，做到学以致用。而作为教师，要做到在课堂教学中"举重若轻"，能以恰当的、适时的问题设置有效推进教学，有力引导学生，切实地开展师生互动，需对教学内容和教学目标清晰明了，具备丰富的教学方法和教学方式，要对问题式教学实施能够应用自如。如：正确把握问题设置的层次与梯度，掌控问题解决的环节与节奏，恰如其分地应用课堂生成，教学评价言之有物……所有这些，都是以教学研究的深入和全面为基础的。这样的教学过程，是教师在教学中，以问题式教学实施为抓手，不断地对不同层次、不同环节、不同课型的教学进行探索和思考而得到的；是教师重视一线教学资料积累，充分发挥丰富教学经验优势，不断探求在教学中真正落实核心素养培育与课堂教学有机融合的结果。

教学感悟：以问题式教学实施作为教师提升课堂驾驭能力的起点，可以帮助青年教师找到落实教学思想、强化教学方法的切入点。在教学中，通过关注教学问题的设置，注重问题解决的方式，坚持在思考和研究中教学，提升教学效果，课堂驾驭能力会日益精进。而以问题式教学实施作为教师提升课堂驾驭能力的落点，也是富有教学经验的教师回顾、反思、提炼教学实践所得，是将教学中的体验与经验转化为教学研究成果的重要而易于实现的途径。教师职业的传承性能否得以充分体现和实现，对于青年教师的成长和富有经验教师的能力升华以及问题式教学的实施都有着重要的意义和作用。而通过问题式教学实施，为教师之间的"传帮带"，也提供了促进和实现的着眼点和入手点。

三、问题式教学实施是学科核心素养培育和学生能力提高的有效方法

化学学科核心素养的提出对高中化学教学的指导性越来越深入人心，越来越得到重视。而在教学实践中，大家共同面对的问题是：如何将核心素养培育真正落实于教学？高中化学课堂教学中以怎样的方法方式培育学生学科核心素养？在高中化学的学科教学中，如何自然渗透学科核心素养的培育？

在高中教学中，对学生能力的培养也是我们的关注点。高考试题，也凸显对学生的各种能力，例如信息获取能力、信息加工能力、信息转化能力、观察分析能力等的考查。因此，无论是从学生发展的角度，还是教学评价的

方面，学生能力的培养和素养的提升，都是我们在教学中不容忽视的重要内容。在教学实践中，我们同样面临着这样的问题：以怎样的教学方法，才能更充分地实现对学生的能力培养？教学中教师的主导作用与学生的主体地位，如何体现更有利于强化学生的能力培养？课堂教学的效率与学生的能力培养如何更好地相辅相成？

以上教学中面临的实际问题，我们都可以通过问题式教学实施来解决。问题式教学实施，是在教师充分开发和整合课程资源，用心研究教学内容和教学目标，精心完成教学设计的基础上，顺利进行和开展的。这样的教学过程，贯穿先进教学理念，优化教学流程，有效展开教学活动。在教学实施中，问题的提出和解决，能够让课堂教学具有内在思考性和吸引力，能够实现学生的积极探索和自主学习，渗透思维训练和能力培养。

1. 问题式教学实施与学科核心素养之"宏观辨识与微观探析"

化学是在原子、分子的层面上，研究物质的性质与变化，这样的学科特点，能够处处体现宏观与微观的相互转化、宏微结合。在高中化学的教学实施中，我们通过问题的引导，可以促进学生"宏观辨识与微观探析"学科核心素养的培育，形成基本的化学学习、分析的思路和方法。在高中化学的教学过程中，恰当的教学问题设置与问题解决，有利于学生从学科知识的学习延伸至生活实际和生产实践中，从宏观现象到微观本质，独特的化学思维与化学视角自然而成，化学学科核心素养"宏观辨识与微观探析"得以形成与体现。而对于事物的认识与问题的解决，又能受益于这种重要素养的培育与形成，知识的学习与素养的培育能够相辅相成、互为促进。

在化学的教与学中，从宏观辨识到微观探析体现在方方面面，例如：

（1）湿衣晾干：从分子运动的角度认识其本质；

（2）滴入酚酞的 $NaOH$ 溶液，加入酸，红色变浅直至消失，从微观离子的角度分析反应实质；

（3）新制氯水中分别加入 $CaCO_3$ 和 $AgNO_3$ 溶液，滴入几滴石蕊……以实验现象为基础进行的微观分析；

（4）溶液 pH 的规定，从宏观数据到微观概念的含义；

（5）溶液的酸碱性，从宏观测定（指示剂、pH 试纸）到微观决定因素。

化学学科核心素养"宏观辨识与微观探析"，可借助化学的学科特点及教学内容，在教学中顺利形成。在教学实施中，教师需要做到因势利导，顺势而为，通过问题式教学实施，给学生提供体会、思考和感悟的时间和空间，加强"宏微结合"学科核心素养的培育。

教学示例 2-3 "盐类的水解"概念学习

教学分析： "盐类的水解"是高中化学的学习难点和重点。知识容量大，包括了"盐类的水解"的概念、实质、规律、离子方程式书写、影响因素、"三大守恒"、盐类水解的应用、"双水解"和水溶液中的离子浓度比较等。同时，认知难度高，电荷守恒的理解和应用、物料守恒、离子浓度比较的方法，学生理解和应用比较困难。教学过程中以问题为学习线索，通过问题的讨论和分析，引导学生对基础知识进行学习、应用和巩固，化难为易。在教学中，突出学生的自主学习，充分发挥教师的引导作用。从宏观到微观，分层次精心设置教学问题，运用多种教学和学习方式，逐步完成对"盐类的水解"的学习。在学习过程中不断渗透化学学科思想，使学生逐步形成高中化学学习的基本思路和方法，逐步培养良好的学科素养。

教学实施： 通过问题设置，在激发学生疑问的基础上，先从宏观层面上进行分析，讨论实验方案。以宏观实验现象引发思考与探索，进入微观探析。

宏观辨识设问：

问题 1：我们常用酸除去铁锈，为什么也可用 NH_4Cl 溶液除锈？

问题 2：NH_4Cl 溶液的酸碱性可用什么样的实验方法进行检验？

问题 3：CH_3COONa 溶液的酸碱性与 NH_4Cl 溶液是否相同？同样，可用什么样的实验方法进行检验？

微观探析设问：

问题 1：NH_4Cl 的水溶液中，H^+ 与 OH^- 均来自哪种物质的电离？在任何状况下，$c_水(H^+) = c_水(OH^-)$，为什么在 NH_4Cl 水溶液中 H^+ 与 OH^- 不相等？

问题 2：NH_4Cl 水溶液中，阳离子有哪几种？阴离子有哪几种？哪些离子之间可以相互结合？为什么？

问题3： NH_4Cl 的水溶液中， NH_4^+ 与 OH^- 的结合，对 H_2O 的电离产生了怎样的影响？为什么？此时，溶液中 $c(H^+)$ 与 $c(OH^-)$ 是否相等？为什么？

问题4：以上的过程，称之为"盐类的水解"，大家能否说说什么是盐类的水解？

问题5：从盐类的水解角度进行分析， CH_3COONa 水溶液为什么呈碱性？

教学评议： 以上微观层面的问题式教学实施，以问题设置引导学生关注重要原理： $c_水(H^+) = c_水(OH^-) \rightarrow$ 以问题引发疑问： NH_4Cl 溶液中 H^+ 与 OH^- 均来自于 H_2O 的电离，其浓度为什么不相等，促进学生思考盐类的水解实质 $\rightarrow$ 引导学生表述盐类的水解定义，以问题实现迁移：由 NH_4Cl 溶液迁移至 CH_3COONa 溶液，形成体系化认识。在教学实施过程中，学生辨析易产生误解之处： NH_4Cl 水溶液显酸性， $c_水(H^+)$ 与 $c_水(OH^-)$ 不相等，加强师生互动，促成正确认知的形成。

教学感悟： 化学的知识结构特点，决定了"宏微结合"在很多方面可以实现。教师在教学实施中，以问题的设置与解决，更加明确"宏观辨识与微观探析"的重要性，帮助学生形成化学学习的基本思路与方法，积极促进学生体会、理解与应用知识，促进学生素养的形成。

2. 问题式教学实施与学科核心素养之"变化观念与平衡思想"

化学研究的就是物质的变化，研究物质变化的内在原因及遵循的规律等。因而，"变化观念"是学习与应用化学知识不可或缺的素养，与化学的教和学是不可分割的。在高中化学的教学实施中，教师可通过问题设置和问题解决，强化"变化观念"，以多方面的积淀，促进学生素养的形成，使其更加深入地认识物质的性质及相关原理。"变化观念"核心素养，对于学生整个高中阶段的化学学习和未来发展，都是极为有利的。具备"变化"的视野，形成"动态"的认知，对于化学知识和原理的学习和应用，才能既有深度又有广度。对于以上高中阶段的重要反应，对比不同状况的反应及产物量的分析，充分认识化学反应中的"动态"变化，可将"变化观念"融于问题分析中。而在教学实施中，还要注重教学思路的递进性：从"一个"反应到"一类"反应，从共同之处到不同点，从相对简单的反应到复杂的反应，从明确的数据呈现到需要学生确定"数值"的量化过程，等等。教学实施中，以问题引导，关注学生的自主迁移。在高中化学的学习中，外界条件的变化往往对反应的状况产生影响，而学生如果不具备"变化观念"，对于化学知识、原理的学习和应用，易出现"生搬硬套"的情况，也容易产生错误认知。在课堂教学中，以问题式教学实施外显"变化观念"，有利于学生以动态变化的思想学习化学知识、认识化学原理、分析化学现象，有利于学生对高中化学进行积极探索和深度学习。

"平衡思想"不仅对于学生的化学学习有着重要意义，而且有利于学生懂得生活，明白生命中的哲理，进而得到更多有利于他们发展与成长的启示。在高中化学的学习中，关于平衡，有可逆反应限度的学习，也有关于"水溶液中的离子平衡"的学习。其中，"水溶液中的离子平衡"主要包括弱电解质的电离平衡、盐类的水解平衡、难溶电解质的溶解平衡等。对这些内容的学习，是对平衡体系和相关原理的直接认识，而"平衡思想"的形成，应更多地体现于原理的应用与迁移。从化学平衡的视角分析与认识自然和社会现象，升华对人生的体验，对于化学的学习也是一种提升。例如，将勒夏特列原理的含义与老子的"天之道，损有余而补不足"这一思想进行对比与联系，与物理的楞次定律相关联，寻找本质上的相似之处。在教学中，以问题式教学实施完成对这些内容的探讨，使学生在认真思考中深刻体会、深入认知。这样，在高中化学教学中，我们不仅能以"平衡"的思想和视角认识化学反应现象和原理，而且能"平衡"地对待自然现象和社会生活，将"平衡思想"真正内化为学生的素养，使学生无论是在化学学习中，还是观察、思考自然和社会现象，都能自发地、自觉地以平衡的观点和观念看待、分析和理解生活中遇到的问题，对于他们的未来成长与发展也非常有帮助。

当然，在高中化学原理的学习中，"变化观念与平衡思想"是贯穿始终的。在教学实施中，通过问题的设置和解决，从变化和平衡的角度认识和学习化学反应和原理，更是高中化学学习的重要思路和方法。

教学示例 2-4 勒夏特列原理增强氯水漂白能力的方法讨论（复习课）

教学分析：关于 Cl_2 和 H_2O 的反应，学生高一已初步学习。但要使学生既从变化又从平衡的角度来认识这个反应，还需在其已有的知识基础上，通过系列问题的分析和解决，进行联系、拓展和加深。这样，有利于学生"变化观念和平衡思想"的形成和强化，同时，以应用更深层次理解所学原理和知识。

教学实施：复习反应 $Cl_2+H_2O \rightleftharpoons HCl+HClO$。

由易到难，关注原理。

问题1：氯水漂白时，真正起作用的物质是什么？

问题2：对于平衡体系 $Cl_2+H_2O \rightleftharpoons HCl+HClO$，加入常见的哪些类别的物质可以促使平衡正向移动？并分析氯水的成分的变化。

问题3：加入碳酸盐（如 $CaCO_3$），HClO 反应吗？可以依据哪类反应进行判断？

问题4：从平衡的角度，分析加入碳酸盐等可增强氯水漂白能力的原理是什么？加入 NaOH 等强碱可以吗？为什么？

教学评议：对于问题1，学生应用所学知识，能够顺利自主解决。

问题2是发散性问题，如果学生不能顺利解答或思维局限，教师可随机补充设问：酸可以和常见的哪些类别的物质反应？若使平衡正向移动，且 HClO 浓度增大，该物质应与 HCl 还是 HClO 反应？

问题3由于知识遗忘等原因，学生的问题解决可能存在困难。在教学实施中，教师可设置补充问题加以引导。但是，即使学生自主解决问题存在困难，教师也尽量不要直接讲授。因为这样处理，学生会失去自主思考和学习的机会。例如，可设置下列问题：大家还记得漂白粉吗？漂白粉使用时发生怎样的反应？从反应 $Ca(ClO)_2+CO_2+H_2O = CaCO_3 \downarrow +2HClO$，能否判断 H_2CO_3 与 HClO 的酸性强弱？为什么？请分析，HClO 与 $CaCO_3$ 等碳酸盐能否反应？为什么？对于问题4，学生在问题3的解决基础上，可以比较顺利地完成。而这个问题的解决，可以促使学生进一步理解增强氯水漂白能力常用方法的原理，并避免方法选择中的"顾此失彼"。

从平衡的角度，学习和认识增强氯水漂白能力的常用方法的原理及相应的变化，是对化学原理和知识的应用，也有助于学生"变化观念和平衡思想"的形成与强化。对于高中阶段很多学生熟悉或陌生的化学反应，如 Na 与 H_2O 的反应、CH_3COOH 与 NaOH 的反应、$CaCO_3$ 与 HCl 的反应、AgCl 与 KI 的反应等，都可从"变化"和"平衡"的角度加深认识和理解。

教学感悟："变化观念与平衡思想"学科核心素养无论是在高中化学新授课的学习中，还是在高三复习课中，均可以点滴渗透，有机融合。而以"变化观念和平衡思想"认识化学现象及原理时，应充分发挥问题引导的作用。在教学实施中，关注学习的层次性和递进性，并以相应的问题体现这种层次性和递进性。而以问题引导与问题解决完成的教学实施，更有利于学生知识框架的建立、综合素养的提升。

3. 问题式教学实施与学科核心素养之"证据推理与模型认知"

化学的学科特点，决定了很多时候是从微观的角度认识和学习物质的性质和变化，而微观领域对于学生而言，很多方面是抽象的。因而，在学习和应用化学原理和知识时，"证据推理"是不可或缺的核心素养。"证据推理"可将微观的、不可见的原理形象化呈现，可将微观和宏观有机统一，可化抽象为直观，易于学习，利于认知。在高中化学的学习中，"证据推理"不仅是学习的重要思路和方法，也是增强学生思维能力的重要路径和抓手。

从定性到定量地认知和理解化学概念和原理，可以化抽象为直观，学生能够自然而然地对相关原理建立明确的认识。同时，学习过程中对于"证据推理"素养的培育，也是水到渠成。在高中化学学习中，对于"证据推理"素养的培育，有着多种多样的思路和方式。例如，从定性到定量的数据说明，对实验现象、生活现象的分析说明，借助于传感仪等数字化仪器的图像说明等。具体如通过灵敏电流计指针的偏转，直观呈现氧化还原反应中的电子转移；应用传感仪显示温度升高的图像，直观呈现"单液"原电池在工作过程中，部分化学能直接转化为热能；等等。在这些教学中，辅之以问题的提出与解决，学生能直观而深刻地体会与认知化学原理，可将核心素养培育有效落实于教学实施的过程之中。

对于学生而言，"模型认知"不仅有利高中化学的学习，也有利于其他学科的学习与推进，更有利于未来学业的发展与提升。其积极的辅助与推动作用，可体现于很多内容的学习中。例如，对于气体规律的学习、平衡体系的了解、元素化合物知识的梳理、物质结构的认识等等，我们都可应用问题式教学实施，以"模型认知"有效推进学习进程。着眼于高中化学的知识体系和学习内容，以已有的知识框架和学习基础，通过迁移等方式学习新内容、建构新体系，可以说是广义上的模型认知。例如，平衡体系建立的条件、实质、影响因素、基本特征和平衡移动共同遵循的原理（勒夏特列原理）等，通过迁移等方式进行学习，可有效地降低学习难度。再如，从弱电解质电离平衡的影响因素向盐类的水解影响因素的迁移，离子方程式书写与电极反应式书写的共同思路方法的对比联系学习等，均可应用广泛意义上的模型认知。以此，既能提高教学效率，又有利于学生自主有效学习，增强学习能力，提升思维能力。

教学示例 2-5 **苯分子结构的认识**

教学分析：对于苯分子独特结构的认识，是高中有机化学的重要内容。教学中，学生在苯分子结构的学习基础上，才能清晰地认识苯特有的化学性质。苯是最简单的芳香烃，又是芳香烃的代表物质，同时，也是重要的化工原料。关于苯的学习，对于高中有机化学的后续学习至关重要。在学习苯之前，学生已经学习了烷烃的代表物质甲烷、烯烃的代表物质乙烯，对于这两类有机物的结构特点及特征，特别是对碳碳双键对应的化学反应，具备了一定的认知基础。因而，通过恰当的问题设置及问题解决，结合学生已有的关于物质性质及实验现象的知识，凸显"证据推理与模型认知"，关注学习过程中的迁移和应用，注重学习过程中的思考性和探究性，使学生可有效应用与巩固已有知识，顺利学习新知识。同时，有利于学生对有机化学学习方法的掌握及学习思路的习得，自然而然地实现课堂教学中的素养培育。

教学实施：

问题 1：对于表示苯分子的凯库勒式如何正确认识？如何用实验的方法证明其是否为单双键交替结构？

问题2：从苯分子的结构特点考虑，怎样分析其是否为单双键交替结构？

问题3：我们还可用哪些实验或事实来证明苯分子是否为单双键交替结构？

问题4：请分析苯中的碳碳键与碳碳单键、碳碳双键的关系，我们可以对苯的化学性质做出怎样的预测？

教学评议：对于问题1，在教学中常采用小组合作学习的方式，分组讨论。因为有碳碳双键的学习基础，多数同学能够想到用酸性 $KMnO_4$ 溶液或溴水来进行实验验证。为了更好地进行思维训练，提升认知水准，可补充问题：通过物理过程使溴水褪色与通过化学变化使溴水褪色，在现象上有何不同？

因为对于苯分子结构的认识还不够充分，对于问题2，有些同学可能一时找不到思路。教师可应用反向思维的方式，提出启发性的问题：若苯分子为单双键交替结构，能否形成"正"六边形分子？

而问题3具有一定的发散性，也具有一定的难度，教师可设置"层次性"问题进行引导。例如，请大家以反证的思路分析下列问题：苯环上的一元取代产物只有一种，能否证明苯分子是否为单双键交替结构？为什么？苯环上邻位的二元取代产物只有一种，能否证明苯分子是否为单双键交替结构？为什么？苯环上间位、对位的二元取代产物分别只有一种，能否证明苯分子是否为单双键交替结构？为什么？苯可以催化加氢，且 1 mol 苯与 3 mol H_2 加成反应，能否证明苯分子是否为单双键交替结构？为什么？

问题4的解决，亦可以补充问题：烷烃的特征反应是什么？烯烃的特征反应是什么？苯中碳碳键的键长介于碳碳单键与碳碳双键之间，则可能发生怎样的反应？

以上对于苯分子结构的学习，以及对于苯的化学性质的预测，是以"证据推理和模型认知"为基础的，以碳碳双键的特征反应，展开对苯分子结构的实验探究及问题讨论。教学中多引导学生进行"反向"思维，积极思考，深入学习。

教学感悟：高中化学问题式教学中，以层层递进的教学过程，可充分实现对学生自主解决问题能力的训练。教学中对于问题解决，以后续的分解设问或提示性设问引导，可使学生保持持久的学习热情。同时，也要关注对学生学习方法的启迪。例如，启发学生对有机化学学习方法的感悟：以官能团对应化学性质，以代表物质推至同类物质，以结构特点分析重要化学反应等。在学习中形成认知模型，运用模型认知，由此及彼，化繁为简，有效提高教学和学习效率，在教学中实现素养培育。

4. 问题式教学实施与学科核心素养之"科学探究与创新意识"

高中化学的学习过程，基于以实验为基础的学科特点，很多课堂教学可以转化为科学探究的过程。教师须具备这种教学意识和教学能力，善于对教学内容进行开发与重组，能将探究活动与学习内容有机融合，增强学生的科学探究意识，带领学生体会科学探究的过程、思路与方法，激发学生的内在学习热情和创新意识。

教学示例 2-6 C 与浓 H_2SO_4 反应产物的验证

教学分析： $C + 2H_2SO_4$（浓）$\xrightarrow{\triangle} CO_2 + 2SO_2 \uparrow + 2H_2O$，在学习化学反应的基础上，以问题式教学实施，进行产物一一验证。以相关实验方案的提出与完善展开教学，能够吸引学生积极参与，并体会"发现问题，提出问题，作出假设，解决问题"这一科学研究的一般过程和方法，强化探究和创新意识，使学生能够将所学知识得以应用，形成深层次认知，进而使得科学探究与创新意识核心素养的培育能够以这样的方法融合于课堂教学之中。

教学实施： 请学生思考为一一验证上述产物，首先要确定哪种物质的生成？为什么？可能存在哪些干扰？

小组讨论，得出所需试剂：无水碳酸铜、品红、澄清石灰水。

探讨验证过程中存在的相互干扰：所用试剂中的 H_2O 会造成干扰；SO_2 亦能使澄清石灰水变浑浊。

作出假设：若先证明 CO_2 生成，可能存在的干扰是什么？若先证明 SO_2 生成，可能存在的干扰是什么？若先证明 H_2O 的生成，可否？

解决问题：学生小组合作，经过认真讨论，得出验证顺序：先证明 H_2O 的生成，再证明 SO_2 的生成，最后证明 CO_2 的生成。引导学生继续讨论。

教师设问：SO_2 的存在会对 CO_2 的验证造成干扰，应如何处理？

学生提出方案：先用品红证明 SO_2 的生成，再除去 SO_2。

教师设问：为了保证结论的准确性，除去 SO_2 之后应做什么？

学生提出方案：以品红不再褪色，确定 SO_2 除尽。

教师设问：除去 CO_2 中的 SO_2，常用方法有用饱和 $NaHCO_3$ 溶液洗气或者用酸性 $KMnO_4$ 溶液等洗气。在这个实验中，应该选择哪种方法？为什么？

完成上述教学过程之后，再提出问题：品红→酸性 $KMnO_4$ 溶液→品红，这三部分装置能否用一个装置代替？若能，则应满足什么要求？

教学评议：在整个教学过程中，没有教师平铺直叙的讲解，而是以问题的设置引导学生体会"发现问题，提出问题，作出假设，解决问题"等科学探究过程。学生自主发现问题，积极思考并解决问题，强化问题意识和提高能力。而最后的问题的提出与解决，体现的是对学生创新精神的培养。以这样的方式完成的高中化学教学，能形成具有探究性、富于思考性且充满内在吸引力的课堂教学过程，"润物细无声"地完成"科学探究与创新意识"核心素养的培育与提升。

教学感悟：化学实验本身具有的探究性，决定了以实验为中心培育"科学探究与创新意识"的可行性和普遍性。而以问题式教学实施，可在常规演示实验与学生实验的基础上，结合元素化合物知识的学习，开发有利于学生知识应用的综合性实验，通过问题设置的引导与启示，进行实验方案的提出、选择和优化，使学生在积极思考中解决问题，不断创新，不断深入学习。

5. 问题式教学实施与学科核心素养之"科学态度与社会责任"

高中阶段的化学教学，不仅要完成学科知识的学习，更重要的是实现化学学科特有的育人功能。着眼于学生的未来发展和终身学习，着眼于化学在生活、生产实践中的广泛应用，对"科学态度与社会责任"核心素养的培育应越来越多地体现于高中化学课堂教学中。但是，也有很多教师感觉"科学态度与社会责任"与化学学科知识之间没有直接的联系，在教学中将二者进行联系与融合比较困难和生硬。事实上，将"科学态度与社会责任"的培育贯穿于化学学科教学，在学习化学原理的同时，点滴渗透素养培育，将二者自然联系、互相促进，可以通过问题式教学实施适时适当地实现于教学实践中。

教学示例 2-7 CuSO₄ 的制备

教学分析： 以学生所学重要反应 $Cu+2H_2SO_4$（浓）$\xrightarrow{\triangle} CuSO_4 + SO_2 \uparrow +2H_2O$ 为载体，可运用问题设置与解决讨论 $CuSO_4$ 的最佳制备方案。对于化学反应的分析从定性到定量，在制备方案的设计中，关注原料的利用率、环境保护、变废为宝等与生活、生产实际密切相关的问题。由化学反应自然深入原理应用，从化学的视角认识生活与生产，实现对"科学态度与社会责任"的素养培育。对于相关的化学反应 $Cu+2H_2SO_4$（浓）$\xrightarrow{\triangle} CuSO_4 + SO_2 \uparrow +2H_2O$，$2Cu+O_2 \xrightarrow{\triangle} 2CuO$，$CuO+H_2SO_4$（浓）$= CuSO_4 +H_2O$，学生均已学习。但是，对比两种不同 $CuSO_4$ 制备途径的优缺点发现，学生缺乏分析的切入点，有的是"似是而非"的浅层认识和直觉判断，缺乏深层次的、系统的认识，往往不能很好地阐明观点。因而，教学中以问题设置引导，可在完成化学学科知识学习的同时，强化对"科学态度与社会责任"素养的培育。

教学实施：

问题1：在反应 $Cu+2H_2SO_4$（浓）$\xrightarrow{\triangle} CuSO_4 + SO_2 \uparrow +2H_2O$ 中，H_2SO_4 表现了哪些性质？如何分析？

问题2：若以 $Cu+2H_2SO_4$（浓）$\xrightarrow{\triangle} CuSO_4 + SO_2 \uparrow +2H_2O$ 来制取 $CuSO_4$，存在哪些不足？

问题3：Cu 与稀 H_2SO_4 可以直接反应吗？为什么？将 Cu 转化为哪种物质，就可与稀 H_2SO_4 直接反应？

问题4：请写出 $2Cu+O_2 \xrightarrow{\triangle} 2CuO$，$CuO+H_2SO_4$（浓）$= CuSO_4 + H_2O$ 的总反应方程式，分析用该方法制取 $CuSO_4$ 的优点是什么？

问题5：在生产实践中，用 $2Cu+O_2 \xrightarrow{\triangle} 2CuO$，$CuO+H_2SO_4$（浓）$= CuSO_4 +H_2O$ 途径制备 $CuSO_4$，可以什么物质为原料？

问题6：请列举制备 $Cu（NO_3）_2$ 的常见方法，哪种方法最佳？为什么？

教学评议： 问题1对于大部分学生而言，可运用已学的较为基础的知识顺利解决。

在问题2的解决过程中，学生可联想 SO_2 对环境的危害，对于造成环境污染这个不足之处容易想到，但第二个方面的不足，往往需教师以问题设置引导，即从原料的量的角度如何分析。

问题 3 学生可以自主完成，但教师需设置引导深入的问题，帮助学生形成体系化认识：稀 H_2SO_4 从氧化还原角度而言，属于哪类酸？其氧化性强弱是怎样的？有哪些具体体现？Cu 与稀 H_2SO_4 不能反应，CuO 为什么可以反应？

问题 4 突出的是方法的训练、迁移能力的加强，可设置引导问题：怎样的情况可加合方程式？方程式加合的目的是什么？具体怎样处理？请对比问题 2 的分析角度，该方法的优点是什么？

问题 5 因为与生产实际联系，学生相对陌生，需要师生互动完成。

问题 6 学生可通过类比顺利解决，教学中可应用问题设置复习已学反应：直接生成 $Cu(NO_3)_2$ 的反应我们学过哪些？请写出相应的方程式，并对比分析，这些方法主要有哪些不足？

对 $CuSO_4$ 的不同制备方法和途径的对比学习，可帮助学生深入了解物质的化学性质及其应用，从原料的充分利用、环境保护意识的强化进行同类问题的延伸，在强化学习深度与广度的同时，自然渗透与完成对"科学态度与社会责任"素养的培育。

教学感悟：高中化学教学中对"科学态度与社会责任"核心素养的培育，需密切结合化学学科知识和化学反应原理的学习进行点滴渗透。若脱离化学原理和知识载体，空泛地进行讲解，学生往往会出现不能深入认识、容易淡忘等状况。而在课堂教学中重视和实现"科学态度与社会责任"素养培育，很重要的方向就是将化学学科知识应用于实际问题的解决。通过问题的设置和引导，突出应用，以化学视角认识生产和生活实际。学习过程中，教学问题设置需重视知识结构化、方法体系化，富于思考性和探究性，使学生在更为深入学习原理的同时，开阔视野，拓展思维。

第二节 问题式教学实施在师生交流中的桥梁作用

在教学过程中，师生交流是必不可少的重要环节。离开了师生交流，就不会有生机勃勃的课堂。而师生交流不足，则不利于教师了解学生的状况，易出现教学目标不明确、教学不能有的放矢，甚至盲目等状况，从而事倍功半，教师疲惫茫然，却不能获得良好的教学效果。而长久的挫败感和迷茫感，可能会使教师失去内在的教学热情。对于学生，若课堂中只能被动地听、写、记，参与意识就会日渐匮乏，慢慢会对学习感到枯燥、乏味，失去兴趣和动力。总而言之，课堂教学中师生交流缺乏或不足，对教和学两方面都会有颇多不良影响。因此，师生交流应在教学实施中引起我们足够的重视和关注。

一、高中化学课堂教学师生交流场景再现

不同地域、不同层次的学校，由于客观、主观两方面的种种原因，课堂中师生交流存在着较大差异，大致有以下状况：

1. 过于传统的教学导致师生交流不足

课堂教学依然是过于传统的"师讲生听"，特别是地域较为偏远的学校、教龄偏长的教师更易出现这种状况。课堂中，教师习惯于不停地讲解，在黑板上不停地书写、板演，学生则习惯于貌似专注地听讲、记笔记。一堂课，往往是在教师单方面的满足中结束，学生学到的知识、原理则是停留在笔记本上的文字。这样的教学，对学生能力、思维品质的提高是不利的，甚至不足以帮助学生从容应对人生大考——高考。因为，现阶段的高考题，侧重的是对思维、素养、能力等方面的考察。例如，信息的获取与加工，问题的分析与综合，原理、知识在真实问题中的应用。在平时的学习中，学生若缺乏真正的参与，学到的可能仅仅是停留在"书面"上的知识，思维、素养、能力未能得到全面的训练、培育与提升，在高考这样的选拔性考试中，结果往往不尽人意。

2. 缺乏交流深度与广度的"师问生答"

对于高中教学新理念的实施，在各种各样的培训与交流活动中，大多数教师或多或少是有所了解的，也想付诸自己的教学实践中。但是，局限于教师对师生交流的认识未能达到全面而深刻，课堂驾驭能力尚不能"驾轻就熟"，课堂交流方式未能丰富熟练等原因，课堂师生交流的深度与广度常常有所欠缺，亟待提高。在相当一部分教师的认识中，师生交流即为师问生答。在课堂教学中，师生一唱一和，学生的声音整齐划一，即使有"不和谐、不一致"的声音，也可能被教师无视或忽略。不可否认，师问生答是课堂教学中不可缺少的交流方式，但需要我们关注的是师问生答的节点、节奏及内容方式。师问生答不能停留在师生一唱一和的层面上，这种表面的、形式的师生交流，掩盖了依然是教师满堂灌的教学方式。在这样的教学中，教师经常用到的教学语言多为"是不是？""对不对？"，而学生经常是"不假思索"地应答"是""对"。笔者曾经在一所中学听课，学生们精神饱满、声音洪亮，以"嗯"的声音应和教师，整齐划一，声音之大甚至会引起听课教师的耳朵不适。起初，非常感动于学生对教师讲课的配合，听着听着，心存疑惑，悄声问身旁的女同学："你真的都懂吗？"该同学一脸羞涩，摇头否认。笔者心中恍然，不由在想：这样的一堂课，师生之间有真实的交流吗？细思，应该是很多时候徒有交流的形式。课堂教学中的师生交流，有其特定的含义和作用。因而，不同于我们在生活中任意随性的交流与应答。教师在教学中，需关注与学生交流的时机、节奏及内容等，特别是要注重交流的深度与广度，不能如上所述那样流于形式。交流的深度，决定了师生交流中，教师对学生真正意义上的关注程度；师生交流是否真正起到对学生学习的推动和促进作用；是否能促使学生自主思考、深入探究，对所学原理和知识积极内化，转化为自身的能力和素养。而交流的广度，决定了师生交流所涵盖的层面的大小。教师在教学中，是仅仅盯着个别几位学生，还是真正做到了眼里有学生、心中有学生，对教学效果有很大的影响。教师在课堂教学中，需努力做到面向全体学生的教学与分层教学、因材施教的有机统一，这样，才能达成教学实效的最大化，有利于全体学生的共同进步与发展。

3. 真实有效的师生交流

新课程的教学理念，被越来越多的一线教师接受和倡导。着眼于核心素养培育和学生思维、能力发展的课堂教学，被越来越多的教师努力实现于高中化学的课堂教学中。很多教师清醒地认识到，无论是着眼于学生真正意义上的发展与进步，在高中教学中培养国家需要的未来建设者和接班人，还是着眼于教学实效的充分体现、教学业绩的出众喜人，课堂教学中，都要努力摒弃视学生于无物的"师讲生听"的教学方式。我们需大力改变课堂教学忽视学生的参与和进步、发展与提高的局面，努力营造师生交流广泛而深入、教师主导与学生主体有机统一的高中化学课堂教学。相当多的教师，能在教学中以实用多样的教学方法方式以及丰富充实的课程资源，以适时有度的教学评价，在真正意义上实现师生交流。在这样的课堂中，教师"课"随"生"动，学生"心"随"课"动，师生之间有目光、语言的交流，甚至是激烈但又感情融洽的争辩。课堂不再是教师的"一言堂""独角戏"，而是师生合作共赢、共为主体的学习平台。在流动的时光中，教学相长、师生共进成为现实。在生气盎然、充满内在吸引力的课堂中，教师是温暖、善解"生"意的引导者，而学生是身心"绽放"的成长者。智慧根生于课堂，思维锻炼于交流，能力发展于思索，真实有效的师生交流，促成了学生的全面发展和进步。

二、高中化学课堂教学师生交流不足的原因剖析

师生有着广泛而深入的交流，课堂有着勃勃的生机，是我们努力追求的课堂教学。尽管有许多教师已经在努力朝着这个方向发展，而且在很多时候，已经实现了这样的课堂。但是，无法否认的是，更多的教师，在更多所谓的"常态课"中，还是多多少少存在着学生的主体地位被忽视或没有充分得以体现的情况。长此以往，学生的学习热情在课堂上被压抑，自主学习与探索的意识日渐淡漠，思维的训练、能力的发展会受到来自教学造成的阻碍。因而，我们不能忽视这个问题，而是要努力改变这种状况。要想改变，就要细究原因，这样，才能进行改进。

高中化学课堂教学中师生交流不足，从教师层面上而言，主要是教学意识和教学理念、教学能力和教学方法、教学环境和教学氛围三个方面的原因。

1. 教学意识和教学理念的影响

一位教师在课堂教学中的行为，实际上是其教学意识、教学理念的外在表现。对于新课程理念，对于核心素养培育的教学目标，部分教师，特别是具有一定教龄、教学经验丰富的教师，因为各种原因，有可能并不是发自心底地认可。而且，他们的教学思想和教学行为可能已经形成了固有的模式。因此，对于这些教师而言，要改变长久以来形成的教学行为习惯，并非易事。对于这种状况，改变并非一朝一夕所能做到的，而是要通过深入的教学研究和教学体会，循序渐进地改变。这些教师，丰富的教学经验、进退自如的课

堂驾驭能力等已然具备，只要教学理念和教学意识发生改变，经验和能力可成为他们改进课堂教学的有力支撑。

2. 教学能力和教学方法的影响

相反，也有部分教师，特别是青年教师，他们还没有形成自己固有的教学方法或方式。同时，在各种学习和交流活动中，他们对于新课程理念和核心素养培育的教学目标，有着相对充分的了解和认可。但是，他们往往缺的是灵活的教学能力和丰富的教学方法。纵有新课程的教学理念支撑，但是，由于课堂驾驭能力不足，很多教学构想不能付诸实施于课堂实践。在教学中，他们往往需要思考相对陌生的教学内容，注意力集中在一个又一个教学流程的推进上，往往无暇兼顾与学生的交流。在交流中，也常常不能够对学生的问题解答做出准确而恰当的评价，阻碍了与学生的进一步交流。对于课堂生成，教师由于经验缺乏、慌乱等原因，也常常不能充分恰当地应对与利用，影响与学生交流的深度和广度。因而，对于这种情况，从根本上解决的方法就是先强化教师的教学基本功，加强业务学习，熟悉高中化学的教学内容，熟练掌握课堂教学的基本方法方式。通过在教学实践中的磨炼，逐步增强课堂驾驭能力。我们相信，经过教学实践中的不断锻炼与提升，在新课程理念的引导下，他们能够在课堂教学中从容不迫地与学生进行广泛而深入的交流。

3. 教学环境与教学氛围的影响

学校的教学环境和教学氛围，也影响和制约着教师的教学行为。我们经常说的"教学相长"，在教师的职业成长与发展中，也会有所体现。同一个班的同学，毕业后因为就职于不同层次的学校，很多年后，教学理念和教学方法等往往存在很大的差异。而我们的教学对象，即学生的认知基础、认知能力和学习习惯，是决定教学环境和教学氛围的重要因素。所以，不可否认，对于各方面相对薄弱的学校，在教学实施中体现新理念，在课堂教学中开展师生交流，存在着更多的实际困难。但是，即使面对这种情况，教师也不能妄自菲薄，而是要积极应对，在现有的教学基础上，及时做出相应的调整，通过自身的不懈努力，增强师生交流的广度和深度。

当然，高中化学课堂教学中师生交流不足，还有方方面面的影响和制约因素。无论面对怎样的状况，身为教师，应充分认识到学生的需要，积极参与教学过程，只有这样，学生才能得到真正意义上的进步与发展。因此，我们要从自身做起，从课堂教学的每个环节开始，在教学实施中不忘学生，切实做到眼中有学生，有意识地强化与学生的交流。不仅要有课堂交流，还要有更多的课后交流，做到二者相辅相成。这样，充分体现教师的主导作用与学生的主体地位的"双主体"课堂一定能更多地出现在高中教学中。

三、以问题式教学实施搭建师生交流的桥梁

面对高中化学课堂教学中师生交流不足的种种状况，分析出现这些状况的各种原因，有利于教师进行相应的改变。而问题式教学实施，无疑能够为这些改变起到积极的推动作用，能够为课堂教学中的师生交流搭建桥梁。对于教学经验丰富的教师，问题式教学实施能够帮助他们提升教学理念，找到更有利于学生成长的教学切入点。他们利用已有的丰富教学素养，很容易将教学内容以恰当的问题呈现出来，转文本教学为人本教学，在问题提出和解决的过程中，师生交流能够自然而然地实现于课堂教学中。而对于教学能力尚待提高和加强的青年教师和年轻学子，问题式教学是加强其教学能力的入手点和途径。问题式教学实施，首先需要关注教学问题的设置。而设置能够有效引导学生思考、有力推进教学的问题，就必须进行全面而深入的思考与研究。研究教材、教学内容、学生和教学流程等，这对于青年教师而言，是熟悉教材、提高能力的过程。在充分准备的基础上，课堂中教师才能胸有丘壑，有精力和余暇关注学生反馈，关注课堂生成，扩大与学生的交流面。同时，能够增强教学评价的实效性，强化与学生的交流深度。对于相对薄弱的学校，以问题式教学实施为切入点，大家共同研究教学的实际状况。对于不同的教学内容，研究如何设置问题，如何以问题展开师生交流顺利实施教学等。在这样的教学研究中，大家共同提升教学能力，在课堂中，师生共进、共同成长。

1. 问题式教学实施有利于教师及时获得反馈

课堂教学中，师生交流是一个相互的过程。教师在教学预设基础上，及时获得学生的反馈，才能进行后续的、更加深入的交流。为了及时获得反馈信息，教师在课堂教学中的"察言观色"是必不可少的。而若以问题的提出

和解决来完成教学实施，教师可以更及时、更直接地获得学生的反馈，从而及时发现与教学预设不同的状况，了解学生学习中真正的欠缺和困难所在。在交流中，课堂是真实的课堂，能够解决学习中的真问题，从而学生能够在课堂中解疑释惑、获取真知。

教学示例 2-8 Fe 与 Cl$_2$ 的反应分析

教学分析： Fe 与 Cl$_2$ 的反应，是高中阶段的重要学习内容，通过对于该反应的学习，学生可以认识强氧化剂与变价金属反应的规律以及化学实验现象的描述方法等。在此基础上，以问题式教学实施进行拓展延伸教学，可引导学生对所学原理进行综合应用，深入辨析，进一步厘清相关原理。

教学实施： 在学习 $2Fe+3Cl_2 = 2FeCl_3$ 反应的基础上，教师提出问题：若反应中 Fe 过量，则产物是什么？

教师预设： 因为已与学生讨论了 Cl$_2$ 的强氧化性，其与变价金属反应生成高价态产物，认为学生应该能正确回答：产物依然为 FeCl$_3$，而不是 FeCl$_2$。

学生课堂表现： 部分学生坚持尽管 Fe 过量，产物依然为 FeCl$_3$；有些学生认为产物为 FeCl$_2$，因为 Fe 过量；也有学生面露疑惑，不知应同意哪种观点。

教师处理： 面对这种情况，并不直接给出答案，而是请相关同学，即认为产物是 FeCl$_2$ 的同学谈理由。这些学生认为：Fe 过量，反应 $2Fe^{3+}+Fe = 3Fe^{2+}$ 发生，因而产物为 FeCl$_2$。

至此，教师依然不直接给出答案，继续请相关同学，即认为产物依然是 FeCl$_3$ 的同学谈理由。学生经过讨论，给出理由：$2Fe^{3+}+Fe = 3Fe^{2+}$ 是溶液中的反应，而 Fe 与 Cl$_2$ 的反应是非水溶液中的反应，所以，即使是 Fe 过量，产物依然是 FeCl$_3$。

至此，教师引导大家共同讨论，给出正确答案：在 Fe 与 Cl$_2$ 的反应过程中，即使 Fe 过量，生成产物还是 FeCl$_3$。

教师继续提出问题： 由以上分析可知，在学习化学反应的过程中，我们应该注意什么？

教师引导学生： 要仔细分析化学反应发生的条件。

教学评议： 在以上的教学实施中，问题的设置显然能够帮助教师更快地得到学生的反馈，及时发现学生存在的认知误区。在面对学生的认知不足时，教师并不是直接给出正确的答案，而是给予学生充足的时间和空间，让他们谈理由、谈观点，各抒己见。课堂教学以这样的方法方式实施，教师与学生、学生与学生能够深层次交流，教学过程具有思考性和探究性，能够吸引学生积极投入学习，充分体现了学生的学习主体地位，使学生能够自主学习，热情表达。

教学感悟： 在高中化学的课堂教学中，以问题的提出与解决能够发现新的问题，促进教学的不断深入。以学生的积极参与解决问题，自然实现教师与学生广泛深入的交流，使学生的能力、思维、素养等在课堂教学中得到提升。

2. 问题式教学实施有利于学生更好地表达

要想改变课堂教学中师生交流不足的状况，教师需要有这样的教学意识：给学生表达的时间和空间。但是，往往是一站上讲台，教师就有可能忘记这点，最终在自己滔滔不绝的讲述与讲解中完成"讲课"。长此以往，惯性使然，就会错失很多培养和培育学生的机会。而问题式教学实施，可以帮助教师避免这种情况的发生，在教学中能够给学生提供更多的机会，使学生更好地表达和表述自己的观点，凸显学生的学习主体地位。教师有意识地将教学内容以问题化的形式呈现，在教学实施中就能以问题为依托，与学生交流、探讨，学生也能有表达自己观点的时间和机会，更好地参与学习过程，自然就可以避免教师"一言堂"的状况。

教学示例 2-9 关于"摩尔"的教学

教学分析： 物质的量、阿伏加德罗常数、摩尔等学习内容是高中化学教学的难点和重点。学生初学之时，因为陌生度高，往往颇感抽象难懂。而这些学习内容，贯穿整个高中化学学习的始终，非常重要。可以说，若这些内容学不明白，整个高中的化学学习就会寸步难行。在教学过程中，教师要帮助学生厘清概念之间的内在关系，这样后续的计算等具体的概念应用，学生才能得心应手。在初步学习之后，课堂回顾小结环节，教师可通过问题式教学实施，引导学生表述，从而发现学生认识中的不足。在师生更广泛、更深入的交流基础上，引导学生深层次地学习、理解重要的概念。

教学实施：

问题1：类似于质量与千克，请大家说说物质的量与摩尔是什么关系？

问题2：物质的量在应用时需要注意什么？摩尔在应用时又要注意什么？

问题3：阿伏加德罗常数有单位吗？是什么？其单位的含义是怎样的？阿伏加德罗常数与摩尔的关系是怎样的？

问题4：请大家综合表述物质的量、摩尔、阿伏加德罗常数之间的关系是怎样的？

教学评议： 问题1因为教学中反复强化，加上设问中的类比铺垫，学生能够顺利想到二者是物理量与单位的关系。

对于问题2，在教学中，学生通过回顾课堂所学，可以多方位、多角度表述。教师在学生解答时，需及时发现不透彻、不明晰、不完整之处，多运用"追问"的方式，适时、适度引导。例如，学生谈到以摩尔为单位，微观粒子必须明确之时，教师补充问题：1 mol氯与1 mol氨是否正确？为什么？以怎样的方法表示可做到微观粒子明确？通过这样的教学，多数同学能够形成较为完整、清晰的认识。在这个过程中，教师的倾听、评价、追问起到了非常重要的作用。但是，这些都是以学生的表达为前提和基础的。因此，通过问题式教学实施，学生畅所欲言，表达观点，由此顺利开展师生交流的回顾反思，比教师三言两语"独角戏"式的小结对学生思维的启迪、能力的提升显然能达成更好的教学效果。

问题3尽管在设问时做了一定的铺垫和引导，但学生提炼、表述出阿伏加德罗常数与摩尔之间的关系时，还是颇费周折，往往需要教师的引导。而这种引导，若是平铺直叙地讲解，缺乏学生的自主思考，教学过程也缺少对学生的内在吸引，还是应该以设问启示，多让学生表达，比如："米"是怎么规定的？（子午线的1/40 000规定为1米）"米"和"长度"是什么关系？

至此，学生恍然大悟，但表达阿伏加德罗常数与摩尔之间的关系，虽是"呼之欲出"，但还不能明确和精炼。教师说出"基准"一词，学生是"顿悟"的模样。这样，对于问题4学生可连贯表述，达成体系化的认识。

以问题式教学实施完成的教学过程，可以在问题解决的过程中，自然实现师生之间和生生之间的交流。在这样的教学过程中，学生能够有更多表达自己观点和见解的机会，而清晰的表述是必不可少的重要学习环节，也是学生进步与成长的体现。

教学感悟： 我们深深地体会到，教学中的师生广泛交流，不是凭空产生的，而是需要一定的媒介。而以问题为媒介，学生才能有时间和空间表达自我的认识和观点。教师也才能了解学生真实的学习状况，形成师生之间的深层次交流，使教学过程富于思维品质的训练、能力的锤炼。

3. 问题式教学实施是构建师生交流桥梁重要有效的方式

通过问题式教学实施，教师能够及时、准确地获得学生反馈，学生能有机会表达自己的观点，从而为师生交流搭建桥梁。教学是"教"和"学"两方面的有机组成，缺一不可。"教"是为了更顺利地"学"，因此，新课程理念下的高中化学课堂教学，我们要重视"教"的方法方式，要重视学生关键能力和必备品格的形成与发展，使得高中教学有利于学生的终身发展与进步。教学中，要充分认识和体现为"学"而"教"，以"学"定"教"。为"学"而进行的"教"，要重视教学过程中的师生交流。而这种交流，不仅仅是停留在语言层面上的交流，更应该是思想火花的碰撞，是思维的交流。既然是交流，"师"和"生"之间需要有桥梁，而问题式教学实施正是构建这种思维"桥梁"的重要而有效的方式。

问题式教学实施，在高中化学教学中，能够做到以问题启迪思维，以问题拓展思维，以问题提升思维。而通过问题式教学实施这个思维桥梁，课堂中，师生你来我往，彼此的思维信息传递、交互、作用乃至影响，使教师得以发现学生认识中的亮点与不足，发现教学预设之外的课堂生成，进而调整教学的节奏、方法和方式，增加沟通的渠道，使得教学更为顺畅而富有成效。而学生可对所学知识接受、重组、内化，转化为自身的能力和素养，日积月累，获得全面发展。

教学示例 2-10 CH₃COOH 与 NaOH 反应后溶液酸碱性分析

教学分析： 对于"水溶液中的离子平衡"相关内容的学习，学生往往会遇到较多的困难。对于原理类内容的教学，教师需要通过具体的实例，深入浅出。同时，教学过程要避免教师以单纯讲解贯穿课堂始终的局面。以问题的设置与解决，搭建师生交流的桥梁，能够更为顺利完成教学难点的突破。

教学实施：

问题 1：请分析 CH_3COOH 与 $NaOH$ 反应后，溶液的酸碱性有哪几种情况？

学生解答状况再现：答案不一。有学生认为显碱性，因为 CH_3COONa 水解；有学生认为碱性和酸性都有可能；也有学生认为酸性、中性、碱性皆有可能。

问题 2：CH_3COOH 与 $NaOH$ 反应，从反应物量的角度分析，可能有哪些状况？

学生顺利给出答案：恰好完全反应；CH_3COOH 有剩余；$NaOH$ 有剩余。

教师追问：CH_3COOH 有剩余，又可能是怎样的状况？

通过教师引导，学生能够认识到，简而言之有两种情况：CH_3COOH 剩余较多；CH_3COOH 剩余较少。

教师再追问：若反应后的溶液中，CH_3COONa 与剩余 CH_3COOH 等物质的量浓度，属于上述哪种情况？

问题 3：在什么情况下，CH_3COOH 与 $NaOH$ 反应后的溶液呈酸性？这意味着 CH_3COOH 电离与 CH_3COONa 水解是怎样的关系？对此，如何定性认识？如何定量判断？此时溶液中离子浓度大小关系是怎样的？

这组问题，对学生而言陌生度高，教师需要引导学生分析：CH_3COOH 电离与 CH_3COONa 水解，电离常数与水解常数等，逐一解决问题。

教师追问：25 ℃，$pH = 2$ 的 CH_3COOH 溶液与 $pH = 12$ 的 $NaOH$ 溶液等体积混合，反应后溶液酸碱性是怎样的？离子浓度的大小关系是怎样的？

25 ℃，$0.2\ mol/L\ CH_3COOH$ 溶液与 $0.1\ mol/L\ NaOH$ 溶液等体积混合，反应后溶液的酸碱性是怎样的？离子浓度的大小关系是怎样的？

因为有前期所做的讨论和分析，大部分同学在教师稍作点拨之后，能够顺利解决问题。

问题 4：若 CH_3COOH 与 $NaOH$ 反应后溶液呈中性，是二者恰好完全反应吗？为什么？那么，什么状况下反应后溶液呈中性？

这组问题，第一个设问其实可为后续问题的解决提供思路和方法，运用盐类水解的基础知识，学生易于解答。继续分析，第二个问题也可迎刃而解。

教师追问：此时溶液中离子浓度大小关系是怎样的？应如何认识和分析？

教师需要引导学生运用电荷守恒，分析离子来源等思路，使问题得以解决。

问题 5：什么状况下，CH_3COOH 与 $NaOH$ 反应后的溶液呈碱性？可分为几种情况？

在前面问题的解决中，学生的认识越来越深入，分析问题的思路和方法越来越清晰，因而，问题得以顺利解决。

教师追问：恰好生成 CH_3COONa 时，溶液中离子浓度的大小关系是怎样的？如何分析？

多数同学能够依据分析离子来源等思想方法，得到正确的解答。

教学评议：问题 1 的设置，是想引起学生的疑惑，引发其深度思考。将学生对化学问题的分析，从简单的定性分析，引到较为全面的定量分析，锻炼学生全面分析问题的能力，提升深刻性等思维品质。同时，教师从学生的不同回答，可以判断不同学生的认知状况，及时发现教学中存在的问题，及时调整与完善教学流程。这个问题的提出，如同构建师生交流桥梁之时的框架，是从总体上引发思考与信息反馈，从而顺利展开后续的学习进程。

问题 2 引导学生对 CH_3COOH 与 $NaOH$ 反应后溶液酸碱性分析进行梯度处理，为学生的思考提供切入点，是学习思路的习得，同时也是方法的引导。两个追问，是对所分析问题的深入，也是学生在处理相关问题时，常常遇到的题设条件。通过问题引导，可以帮助学生顺利突破学习难点。这些问题的提出和分析思考，如同构建桥梁时，在框架之上继续添加必要的设施，以期桥梁更为完备和耐用。

问题 3 到问题 5，是在前面问题解决的基础上，进一步分类、细化、量化，引导学生具体、深刻体会，遇到学习和认识难点时，要善于寻找切入点，建立微粒观，运用基本化学思想解决问题。这些教学设问，涵盖了"电荷守恒"的学习和应用，呈现了学生处理问题时常遇到的信息提供方式。问题的设置注重难易递进，关注思维梯度，重视知识原理的体系化构建，强化方法和思路的引导。教学实施中，在前问解决的基础上，及时追问，可增强学习的深度和广度。学习过程中，学生能逐渐地自主解决问题，感受自身能力得以提升的喜悦，学习中的信心和热情油然而生。通过问题式教学实施，搭建师生交流的桥梁，这些追问，就是对桥梁的精心固定和强化，使得学习进程顺利深入、升华，使学生在能力、思维、素养等方面的收获更加丰富和深刻。

教学感悟：以问题式教学实施搭建师生交流的桥梁，教学问题的设置贯穿始终，从框架的构建到分类分层设置，再到具体、翔实、细节化的处理。教师在问题解决的过程中，精心、耐心为学生自主思考和学习提供"扶手"，使学生能在课堂中多层次、多方面获益。

第三节　问题式教学实施是学生相互促进的重要方式

在高中化学的教学中，我们对师生之间的交流与互动日益重视，也能通过多种方式努力实现师生之间较为广泛的交流，以期教学能够优化思维、提升能力和培育化学学科核心素养。但是，在学习中，学生与学生之间的交流，即生生互动，也是我们不容忽视的方面。我们需要通过问题式教学实施等方式，促进学生之间的交流广度与深度。在课堂中，采用多种形式，不仅要提供师生交流互动的时间和空间，更要全方位地、有效地实现生生之间的交流。这样，课堂才能是生成性的学习过程，是充满活力的课堂，是每个人都能得以展露才华、产生智慧火花碰撞的课堂。作为教师，面对核心素养背景下的高中化学课堂教学，要充分意识到、认识到学生之间的广泛交流，对教学和学习能起到不可替代的重要作用。

一、学生相互交流与促进的重要作用

1. 使不同层次的学生得以共同提升

同一个班级中的同学，在学习能力、学习兴趣、学习效果等方面存在着显著差异。而在班级授课制中，教师的教学设计和教学实施，往往是针对班级中大多数同学的认知基础和学习能力而定的。虽然，目前提倡分层教学，很多学校也通过晚自习辅修等方式，在一定程度上努力实现分层教学。但是，这些方法所产生的作用还是有限的。因而，我们应努力缩小学生之间的差距，进一步使教师的教学压力可以得到缓解，使学生的学习也能在更广泛的层面上富有成效。而同学之间的相互交流与促进，能够使不同层次的学生相互沟通、共同学习，使他们在学习思路、学习方法以及对化学原理知识的理解等方面取长补短，对于学生的共同提升，具有重要的促进作用。成绩优秀的学生，在这个过程中，可以表达自己的观点，对于他们的进一步成长能够积极促进。我们都应该有过这样的体验：对于貌似清楚，而实际上没有真正理解、没能认识透彻的原理和方法，我们常常在讲的过程中卡壳，这也是教师有时候会出现戏称为"挂黑板"状况的原因之一。因而，在学生相互交流时，充当讲解者角色的同学并非只有付出，并不只是在帮助同学。事实上，这个过程中他们自己也获益匪浅。对于他们来说，这是个知识再现的过程，能够对所学原理进行深化和巩固，同时也是检验自我认知程度的过程。这样的过程持久进行，能够使得他们在知识构建能力、思维品质等方面得到长足的进步。而且，他们的语言组织、表达能力、信息加工能力能得到强化，学习中的探究精神和学习热情能够得到保持和增强。而对于作为听者的学生而言，他们可以对比同学所谈，进行对照和内省，及时发现不足，查漏补缺，实现自我完善。来自同学而非教师的交流与点拨，对学生本身就是榜样和激励，能够激发他们内在的学习动力和学习信心。在不同的学习内容中，学生的各有所长决定了他们之间的交流角色常常是互换的，今为师，明为生，今天主讲，明天倾听，友谊逐步增进，学习日益提升。

2. 生生之间更易沟通

学生与学生之间的交流，从交流的时间、空间、方式、情感等方面而言，比教师与学生之间的交流往往更为顺畅。同样的年龄、同样的学习起点、接近的思维方式，决定了他们之间更容易心意相通，能用彼此更易接受、明白的语言和方法进行交流。他们更清楚对方的困难和症结所在，因而，交流时更易直奔主题，顺利解决问题。有时候，面对学生的不懂之处，教师讲了又讲，可能学生还是眉头紧蹙，似懂非懂。这时，请同学讲讲，往往疑惑者能够恍然大悟。因而，我们要意识到学生之间交流的优势所在，在教学中，不要忽视甚至忽略生生交流。同时，在广泛的交流中，学生也能慢慢体会和感悟与人交流时，语言、语气、表情等应如何处理，能够增强与人和谐相处、协作互助的意识和能力。对于学生的终身发展而言，这些能力也是非常重要的。

3. 教师获得的反馈信息更具代表性

生生交流，能够使学生对教师的反馈信息更具代表性，能够促进师生之间更为深刻、更具有针对性的交流。生生之间进行交流的过程中，大家容易发现共同的问题，对同一问题，也能从不同的角度、不同的层面发现困惑和不解之处。这样，依据生生交流的信息反馈，教师能够迅速做出分析和判断：哪些问题是学生共同的困难所在，是需要改变教学的思路、方法和方式才能解决的；哪些问题是因为学生自身不足造成的学习困难，需要视具体的、不同的状况，相应地进行补充、引导和启迪的。因而，在教学中，师生交流、生生交流是一个循环往复的过程，是彼此相融合的有机整体，是相互促进、共同发生的。这样，教学能够成为一个动态的、共进的过程。在高中化学的教学中，这也是一个重要的实现教学相长的途径。

二、增强学生相互交流促进的方法与途径

教学中，教师需要关注学生之间的相互交流、相互促进和共同进步。在教学实施过程中，要通过相应的方法和途径增强生生交流。为保证交流与促进的方向和实效，教师需要对课堂内外增强学生相互促进的方法与途径了然于心，能适时、适度加以应用，充分发挥教师在学生相互交流、相互促进过程中的导向及调控作用。

1. 以小组合作学习的方式增强学生相互促进

对于小组合作学习，有些教师对其存在一定的认识误区，认为"四人一组"，或者上课时学生"拼桌围坐"就是小组合作学习。因为这样的认识误区的存在，小组合作学习经常会出现徒有形式、没有发挥实质性作用的情况。学生以"合作"的形式围坐，没有共同的问题探讨，没有协同的问题需要解决，所谓的小组合作学习，其实就是其中的一两位同学在完成活动，在做结论，组内成员之间缺乏实质性的、深层次的交流与合作，不能起到小组合作

学习应有的作用。对于小组合作学习，有这样的方法方式值得我们借鉴：分组提供需要解决的问题。例如，精选一个问题，小组派代表通过板演等方式展示；组内成员对同伴展示的结果进行讨论、分析，做出相应的评价。或者，全班同学分组交流、展示，教师引导，做评价、定方案等。这样的学习过程，有需要探究解决的问题；在问题解决中，有分工、有合作；对于问题的解决，有展示、有结果；能够充分调动组内成员积极参与，对问题的解决各抒己见，相互交流与促进。以这样的方式，小组合作学习，给学生提供交流合作的时间、空间和共同的议题，既有个人的提升，又有共同的进步，无疑对学生的学习主动性、思维训练以及合作意识、合作能力等都大有裨益。

2. 善用课堂讨论

课堂讨论，不一定拘泥于小组成员之间，也可以是在教师的引导下，全班同学之间的信息传递。与小组合作学习相同，课堂讨论若不流于形式，也必须有相应的问题解决贯穿始终。教师要分析课堂讨论的必要性，即有需要讨论的内容时才进行讨论，而不是"为了讨论而讨论"，将讨论仅仅作为课堂体现学生参与的一种形式，作为体现新课程教学理念的一种手段。教师要重视讨论的过程性：问题的提出，给予学生发表观点的足够时间和空间；问题解决逐步深入与推进，有师生观点、生生观点的相互交流与思维火花的碰撞；讨论结果的展示、呈现等，都需要学生积极参与其中。以课堂讨论的方式展开教学，更有利于学生对学习过程的深度参与，学生之间通过各自观点的展示，拓宽思考问题的视野，有利于多角度、多层次、全方位地对学习内容进行深层次探究，强化对学科知识的理解认知。同时，培育学生"科学探究与创新意识""科学态度与社会责任"等化学学科核心素养。在课堂讨论中，师生交流、生生交流交替进行，互为促进、互为补充。教学过程有理有据，学生共同解决问题，共同获取知识，体会探究的意义，感受学习的乐趣，体验进步的喜悦。

3. 重视课后探究

课堂内的学习和学生之间的相互交流，若能延续到课后，自然可以扩展学生相互交流的层面，强化学生自主学习的意识和能力。有些学习内容，只有通过学生的认真思考，学生做好足够的功课之后，教师的引导和启示才能发挥相应的作用。否则，因学习内容难度过高、容量过大，或因学生本身遗忘、学习能力不足等原因，会出现教学中难以突破的困难。有些课堂生成，若当堂解决，需要花费太多的时间，会严重影响教学的进程，或者，必须要查阅资料等才能解疑释惑。教学中遇到上述状况，就要充分发挥课后探究的重要作用。在这个过程中，教师可以给学生指明探究的方向，进行问题的分解和任务的分配。学生在课后分工合作，共同研讨，解决问题或为解决问题做好充分的准备。在这个过程中，学生能够感受到来自教师的信任、来自同伴的支持，学习的积极性高，充分体现学习中的主体地位。由课堂到课后，再由课后到课堂，循环往复，有效增强教和学的内在动力。课堂学习效率得以提高，课后交流的深度和广度得以充分发掘，真正形成课堂内外的相互补充，师生之间相互促进，生生之间互助共进。

小组合作学习、课堂讨论、课后探究等增强学生相互促进的方法和途径，并不是截然分开的，往往是融合一体、互相渗透、组合交替的。而这些方法和途径，都离不开问题解决。因而，教师要在相应的活动中关注问题的发现、问题的提出、问题的解决等环节的落实，这样，方能真正发挥其作用，落实对学生的培养与培育。

三、体现问题式教学实施在相应活动中的重要作用

问题式教学设施是学生相互促进的重要方式，具体体现于小组合作学习、课堂讨论、课后探究等方法与途径中，有着不可替代的重要作用。无论哪种方法，离开了问题的贯穿始终和教师的有效引导，都可能流于形式，失去应有的作用。因而，教师在熟练应用小组合作学习、课堂讨论及课后探究等教学方法方式的同时，要意识到自身主导作用的不可或缺，要认识到问题设置、问题提出等的重要性。充分发挥问题式教学实施的重要作用，能够更充分地实现以上方法和途径在学生相互促进成长中内在的、长远的意义。

教学示例 2-11 小组合作学习：Na_2O_2 与 H_2O 的反应

教学分析：Na_2O_2 与 H_2O 的反应的教学，以化学实验为基础，以小组合作实验探究的方式进行教学。学生在完成实验的基础上，完成对实验现象的描述和分析，以问题讨论与探究为中心完成教学和学习的过程，能够激发学生进行深层思考。

教学实施：

合作：小组成员共同学习教师提供的实验方法、实验步骤及注意事项之后，共同完成 Na_2O_2 与 H_2O 反应的实验。

探究：观察实验现象——描述实验现象——分析实验现象。

问题1：实验过程中有哪些现象？

分组讨论整理，小组代表表述讨论结果。

问题2：相应实验现象产生的原因？

分组讨论，逐一解答：气泡，带火星的木条点燃——有 O_2 生成；溶液变红——NaOH 生成；振荡试管，红色消失——？

在讨论的过程中，对红色消失实验现象的探讨，如果学生遇到困难，教师需启发：Na_2O_2 常用作漂白剂，是因为什么性质？学生思考后，师生交流、生生交流，得到结论。

问题3：请根据实验现象，写出化学反应方程式。如何从氧化还原的角度分析该反应？

教学评议：因为高一的学生只是初步学习了氧化还原反应的相关知识，该问题的解答对学生而言存在一定难度。教师需做引导性设问：氧元素的常见价态，由低到高是怎样的？由此可知，Na_2O_2 从氧化还原的角度分析应具有什么性质？

Na_2O_2 与 H_2O 的反应是歧化反应，是 -1 价氧的歧化。请分析该反应中，电子转移的方向和数目是怎样的？指出氧化剂、还原剂、氧化产物、还原产物分别是什么？氧化剂与还原剂物质的量之比是多少？

学生活动：组内成员以问题为主线，合作讨论，运用已有知识，认真分析该反应。

教学中设置"总"问题，通过教师引导，分解成梯度上升的"分"问题。提供给学生探究的入手点、基本思路和解决问题的信心。在教学设问中，"还原产物是什么"这个问题，对学生而言陌生度高，需要教师进行引导与启发。

问题探究中，要运用所学氧化还原反应的知识，教师的引导要侧重于方法的指导。在问题解决中的所知所获，可以帮助学生运用相应的方法，自主解决其他同类问题。教学过程凸显温故知新，注重学生自主学习和自主解决问题。

教学感悟： 小组合作探究学习 Na_2O_2 与 H_2O 反应的过程中，基本环节为：学生完成实验——观察实验现象——分析实验现象——认识化学反应的实质。每个环节都有教师的引导、问题的设置，这样，保证了学习的方向性、探究的实效性。而对于学生共同的陌生、难点问题，教师的参与也是必不可少的。每个环节的问题设置及提出，要恰当适度，还要善于分解，提供小组合作学习中的问题解决梯度。这样，既保证整个学习过程中的思考性，又能保持学生在小组合作学习中的自信心、持久的学习热情和内在动力。而不同层次问题的解决过程，教师参与的方法方式也是不同的。但需在教学中努力做到，避免直接讲解或给出答案，要通过由易到难的问题进行引导，充分利用学生已有知识解决问题。教学过程充分体现师生之间、生生之间的合作、交流，让学生自主解决问题，实现对学生的知识应用、方法学习、能力锻炼等育人目标的培养。

教学示例 2-12 课堂讨论：金属铝与酸、碱的反应

教学分析： 金属铝在生活、生产实践中的广泛应用，决定了教学中对于铝的化学性质的学习，不能仅仅停留在化学反应方程式如何书写的层面上，而是要通过教学问题的设置与引导，以课堂讨论等方式，学习化学反应中的隐含知识，如反应的实质、量的关系、相应原理在生活中的应用等。

教学实施：

问题 1：$2Al+6HCl = 2AlCl_3+3H_2\uparrow$，$2Al+2NaOH+2H_2O = 2NaAlO_2 + 3H_2\uparrow$，在反应的过程中，为什么两个反应都是 $2Al \rightarrow 3H_2\uparrow$？

学生自由组合讨论，结果不明确，需教师问题引导：Al 与 HCl 反应的实质是什么？从电子转移的角度如何理解 $2Al \rightarrow 3H_2$？Al 与 NaOH 溶液反应依然是 $2Al \rightarrow 3H_2$，推测其反应实质与 Al 和 HCl 反应的实质相同吗？应如何理解？经过这样的问题引导，学生再次讨论，问题得以解决。同时，对 Al 与强碱的反应原理有了进一步认识。

问题 2：将等质量的铝粉分别放入 100 mL 0.1 mol/L 的 HCl 与 0.1 mol/L 的 NaOH 溶液中，充分反应，所得气体在同温同压下的体积比为 1：2，则铝粉的质量为多少？

追问：等质量的铝粉，分别与足量的 HCl 溶液与足量的 NaOH 溶液充分反应，所得气体在同温同压下的体积比为多少？

学生或独立思考，或相互交流，很容易解决问题。

教师继续提出引导问题：足量的铝粉分别与 100 mL 0.1 mol/L 的 HCl、0.1 mol/L 的 NaOH 溶液充分反应，所得气体在同温同压下的体积比为多少？

教师再引导：Al 分别与 HCl 和 NaOH 溶液反应，Al 均为不足量，两种情况生成氢气的量为 1：1；Al 均过量，两种情况生成氢气的量为 1：3。而当氢气的量为 1：2，介于二者之间时，说明什么？ Al 对于 HCl 与 NaOH 哪者不足？哪者过量？应如何判断？

问题 3：从 $2Al+6HCl = 2AlCl_3+3H_2\uparrow$，$2Al+2NaOH+2H_2O = 2NaAlO_2+3H_2\uparrow$ 的反应实质分析，生活中的铝制餐具可以长期盛放酸性或碱性食品吗？为什么？接近中性的食品呢？为什么？

在前面两个问题分析、解决的基础上，对于这组问题的讨论，第一部分学生可以自主交流完成。第二部分，因为高一学生学科知识的不完备，在教师补充讲解之后，学生可以初步认识相关原理和现象。

教学评议：对于高一的学生而言具有一定难度的教学设问，往往在讨论之后，学生能够找到问题解决的思路与方法，并极大地激发学生的学习热情。在学生讨论过程中，教师需提醒学生寻找关键词，理解相关原理，提升教学的实效性。对于颇具思考性的难点问题，一方面有教师的层层引导，另一方面有同伴的交流互助，经过讨论与认真演算，在得到正确结果的同时，很多同学感觉收获颇多，能够自觉进行回顾、反思与再认识。

教学感悟：上述课堂讨论的组织和实施过程，问题的设置与教师在问题解决中的主导作用发挥着重要的作用。主干问题是以定量分析→定量计算→生活应用依次设置。在主干问题的讨论过程中，针对学生的认知困难，教师又以层层递进的问题引导，明确思考方向，梯度分解难度，辅助学生讨论，问题解决得以顺利完成。由此，我们可以感悟到，对于课堂讨论的教学组织，问题设置的指向性应明确，教师的主导作用不能代替学生的自主思考。教师在课堂讨论中，抛给学生问题之后，不能听之任之，任由学生随意发挥。特别要避免在学生不能完成任务时教师索性一讲了之。若这样，课堂讨论的形式虽有，却不能充分发挥其应有的作用，教学过程对学生学习能力、思维品质、化学素养培育与提升的作用会受到影响，教学往往流于形式。因而，对于课堂讨论，也要充分发挥问题式教学实施的重要作用。教师要细致了解学生的认知状况和问题解决能力，在此基础上要有完备的教学预设。在教学实施中，要能将教学预设与课堂生成有机结合。教师应善于在主干问题的讨论中，适时、恰当设置引导问题，同时，重视学生之间的相互讨论与交流对学习的促进作用。教师的教学引导，以问题设置的方式呈现，可以增强学习过程中自始至终的思考性和探究性。教师在问题讨论中的引导，是为了学生更具方向性地自主思考，潜移默化教会学生解决问题的思路和方法，而绝非代替学生思考与学习。同时，课堂讨论中的问题设置，突出以化学的视角认识生活现象，突出化学原理与生活的密切联系，能更好地完成课堂教学中化学学科核心素养的培育。

教学示例 2-13 **课后探究：新型水处理剂（高三复习课）**

教学分析：这里实际上是 Cl_2 的化学性质及应用复习。Cl_2 用作自来水消毒，多数学生是有所了解的。而 ClO_2 作为新型水处理剂，它有哪些优点呢？对于这个问题的探究，因为 ClO_2 学生相对陌生，若直接在课堂中分析，势必出现多为教师直接讲解的状况，显然不利于学生的自主学习。而以问题的设置，引导学生查阅资料，课后探究，在此基础上进行师生交流，学生的收获能更趋多元化。如信息获取能力、信息加工处理能力、探究意识等的加强，更有利于学生的学习潜能发掘以及多方面的提升。

教学实施：

问题设置：ClO_2 作为新型水处理剂，和 Cl_2 比较，具有高效低毒的优点。请探究："高效"的含义是什么？"低毒"的含义又是什么？

学生经过资料查阅与课后探究，对于 ClO_2 的性质、应用等有了认识和了解，对于其在水处理中的"高效"也能定性地表述。但多数同学，对于分析结果、相关结论的表达，不是很清晰和完整。师生交流中，可以问题引导：等物质的量的 ClO_2 与 Cl_2，在氧化还原反应中，得电子的物质的量之比为多少？等质量的 ClO_2 与 Cl_2，在氧化还原反应中，得电子的物质的量之比为多少？依据以上的计算，大家可以定量说说"高效"的含义吗？对于"低毒"的理解，学生结合有机化学的知识和生活经验，往往能够自主顺利解决。

教学评议：课后探究，对于开阔学生视野，使其体会化学知识与生活的密切联系，提升化学学科核心素养都能起到重要的作用。教学问题的设置，可以避免课后探究的盲目性。而教师与学生交流时的问题引导，可以增强课后探究的广度与深度。

教学感悟：课后探究的过程，要有始有终，有问题的提出，有问题解决的方法和过程，有师生的交流，以及最终获得的共同认识。课后探究要与课堂讨论相结合，与问题式教学实施相结合，要给予学生更多自主获取信息、原理的时间与机会。但是，在学生自主解决问题的基础上，教师的主导是必须而且重要的，以避免课后探究变为单纯地查阅资料，避免表面化与浅层化。

综上，在很多高中化学学科知识的学习过程中，我们以问题式教学实施在小组合作学习、课堂讨论、课后探究等教学活动中的充分应用，可以更好地发挥师生之间的教学相长、生生之间的相互促进作用。以主干问题的解决为中心，以引导问题的解决为主线，在共同活动中积极思考，在相互交流中不断深入，能逐步实现高中化学教学中"教书"且"育人"的目标。

第三章
问题式教学实施中的教师素养研究

高中化学教学中对于学生学科核心素养的培育、思维品质的提升以及终身学习能力的培养等育人目标，能否真正落实于课堂教学中，实现于各种教学活动和教学环节中，教师的教学视野、教学思想和教学能力等起着非常重要的作用。同样，问题式教学的实施能否很好地发挥应有的作用，对教师的教学素养也有着相应的要求，如教师对教学内容的熟悉程度、教学问题的设置能力、课堂驾驭能力等。具体而言，对教师主导作用与学生主体地位的理解与处理、对教学互动的正确认识、对教学预设和课堂生成的重视程度及相互关系的认识以及课堂教学评价能力及方式等，都会对问题式教学实施的教学效果产生不可忽视的影响。因而，我们要充分认识到问题式教学实施对教师素养的要求，在自身教学素养和能力的不断提升中，借助问题式教学实施充分体现高中化学课堂教学对学生的提升作用。

第一节　教师对教学互动的正确理解

新课程的很多教学理念，是通过教学互动实施和体现的。教师教学理念的不同，会导致课堂中教学互动的广度与深度、方法与方式、效果与作用也各不相同。在课堂教学中，要保证教学互动的顺利进行，凸显其对教学的促进作用，教师对教学互动的含义要有正确的理解。

一、充分认识教学互动的必要性和重要性

教学互动的缺乏，很容易使教学中学生主体地位不能充分体现。课堂中，

教师对教学的理解，若依然停留在知识传授和讲解的层面上，则往往会出现师讲生听、师写生记的教学场景贯穿一堂课的状况。在这样的教学过程中，教师重视知识点的再现，关注学生对于所学知识是否"懂"了、是否记住了。化学原理的再现是静态的，课堂中学生是安静的。这样的课堂长此以往，会压制学生主动探究、独立思考的意识，对学生自主解决问题能力的形成以及对学生终身学习和进步是不利的。即使面对高考，由于现行试题对学生各种能力和素养也有着较高的要求，这样的教学方式培养的学生，也往往缺乏应对的能力和竞争力。因此，对于教学互动，教师要充分认识其必要性和重要性。事实上，教学，包括了"教"和"学"两个方面，这两个方面需要发生关联，相互作用成为有机整体，形成师生之间的思想共鸣，使教师的"教"对学生产生真正的作用。我们应倡导"双主体"教学，教师的主导作用和学生的主体地位二者共同体现，才能有良好的教书和育人效果。而实现这一点的重要方式，就是教学互动。只有在互动中，教师才可以了解学生学习中真正的困难所在，目标明确地解疑释惑，有效促进学生完成真正意义上的学习和成长。而学生在互动过程中，更能充分领会教师的教学意图，认识、体会化学原理、知识的深刻内涵，并将其内化为自身的能力和素养。同时，在教学互动过程中，学生的学习热情能得以激发和释放，最终，课堂生成、教师评价、学生表达共同促成富有生机和活力的课堂。这样，教学才能由事倍功半转化为事半功倍。

1. 正确认识教学互动的含义

对于高中化学教学中的互动，教师不能表层化认识，不能认为其仅是师生之间的一问一答，教师请学生回答问题等就是教学互动。这样的认识，往往会造成这样的局面：老师在教学中仅会问"是不是""对不对"等。大多数情况下，这样的"是不是""对不对"的问话并不是真正在和学生互动。教师在这样的问话中，常常也不会停止自己的讲解，不会给予学生思考和回答的时间和空间。某种意义上而言，这种问话多数是教师无意识的习惯用语而已。这样的教学互动，显然只有互动的形式，并没有深层次的交流，也没有起到对学生能力、素养等的培育作用和对教学的有效推进作用。因此，对于教学互动，我们要认识其真正的含义。教学互动，不是形式上的"动"，而是思维上的"动"，要有目光的交流、语言的交汇，有对共同问题的思考和探索，有过程的推进及问题的解决。教学互动，也需要有其进行的必要性，即在需要时才进行，而非时时让学生在形式上"动"起来。例如，一组学生，一个接一个地站起来回答浅显的问题，完成缺乏思考性和思维价值的小活动，甚至出现缺乏教学内在秩序的"闹课"，这些，并非真正意义上的教学互动。教学互动，要有思维含量。往往是在教学引入，教学难点的突破，教学重点的突出，教学回顾、反思、升华等重要教学环节中，为了解决某个问题或某些问题，进行并展开教学互动。这就意味着教学互动本身就具有问题性、思考性和探究性。互动过程的思维含量越高，学生内在的参与度就越高，对学生学习和发展的促进作用就越明显。总而言之，教学互动不是形式的动，而是思维的动，是以问题解决为中心的师生之间、生生之间具有探索性、思辨性的深层次交流。

2. 教学互动中存在的不足与改进

课堂教学互动过程的进行与完成能否很好地达到既教书又育人的目标，很大程度上取决于教师的互动意识与互动能力。在目前的教学实践中，对于不同类型的教师，教学互动中存在着各种不足，原因也各不相同。

大体而言，年长的教师，多是因为教学方式固化，偏重于传统的师讲生听的教学方法，对教学互动不够重视，因而在课堂教学中，与学生之间常常会缺少真正意义上的互动或互动不足。事实上，对于教师而言，终身学习也是必须而且必要的，应通过学习新的课程标准与理念，研究高考试题的特点和变化趋势等，认识到教学中墨守成规的不利之处，以及对学生发展造成的不良影响。进而，转变教学观念，转化教学思想，潜心钻研，优化教学方法方式。这类教师，在多年的教学中积淀了丰富的体会和经验，熟知化学学科知识，具有开展教学互动的重要优势。若能够对教学互动加以重视，对教学中的不足之处加以反思与改进，定能使课堂中的教学互动开展得更为顺利、深入和高效。

而对于青年教师，教学互动的意识常常是具备的，但受制于对高中化学教学内容不够熟悉，对教材体系、编排不够明了，课堂驾驭能力不足等原因，教学互动往往是空有好的计划和设想，却不能顺利付诸于实施。在开展教学互动时，在遇到与教学预设不同的状况时，他们或茫然无措，难以应对自如；或被学生的回答牵着鼻子走，脱离教学主题，课堂节奏拖沓，前松后紧；或者，教学互动中学生参与度不足，课堂教学演变成教师与个别"活跃"学生之间的对答；等等。教师在专业知识和教学基本功方面的欠缺，成为开展教学互动的短板和瓶颈。因而，我们也要充分认识到，开展教学互动，教师的素养是必不可少的前提和基础，对高中化学教学的方方面面进行深入的学习和研究，是更好地开展教学互动的基础。高中化学教学，有其完整的知识体系，青年教师虽然接受了师范院校的专门培养，但对高中教学内容的知识体系、具体教学要求等往往不是很明了，也缺乏"实战"经验。对于这类教师而言，迅速提升教学能力往往是当务之急。研读教材，熟悉教学内容，明晰高中化学的知识体系，明确每个阶段的教学目标，是必须要完成的功课。同时，勤听课、多观摩、细研究，熟知教学环节、钻研教学方法等，也是青年教师快速成长的重要途径。

二、问题式教学实施对教学互动的重要促进作用

课堂教学互动，意味着师生之间要有互动的主题、能使互动不断深入的议题，要有师生共同完成的、层层递进的学习环节。而问题式教学实施，以问题呈现学习内容，以问题解决提供主题和议题，能对教学互动起到重要的促进作用。

1. 以问题式教学实施增强教学互动的思考性

问题式教学实施，对于高中化学课堂中的教学互动，可以强化其思考性。常言道：学起于思，思起于疑，疑解于问。疑，即我们所说的问题。思维活动通常始于疑问或者问题，始于惊奇或疑惑，在教与学的过程中，学习与问题总是紧密相连、不可分割。因而，教学互动中要有恰当、适度的问题引导。教师在教学中，需精心设问、善于提问。不仅要重视知识的学习，更要注重知识形成过程中学生的能力培养和智力开发。教学中，要以问题为起点，以问题为导向，以问题为载体，以问题激活、运转学生的跳跃性思维，在深度的思考中展开教学互动，在积极的思考中提升学生的素养、能力和思维品质，使学生能够主动探索、自主思考，真正成为学习的主人。

教学示例 3-1 钠的物理性质教学

教学分析： 在高中化学教学中，有关物质物理性质的教学，因为内容简单浅显，容易出现教师单纯讲解、一带而过的状况。但是，往往会因教师不重视，导致学生认识模糊，为后续学习带来困难。

教学实施：

实验 1：取 1 mL 蒸馏水、2 mL 煤油，加入同一试管中。学生观察现象。

问题 1：蒸馏水、煤油均为无色液体，通过实验观察分析，我们如何判断哪者为 H_2O，哪者为煤油？

问题 2：液体分层说明什么？煤油的密度与 H_2O 相比是怎样的？

实验 2：教师取出小块钠，切割，学生观察切面及其变化。小心放入混合有煤油和水的试管中。

问题 1：结合实验观察，请分析钠的颜色、硬度、密度分别是怎样的？如何判断？

问题 2：从钠的切面变化等分析，少量的钠为什么常保存于煤油中？可以用汽油或 CCl_4 代替煤油吗？请分别分析原因。

问题 3：金属钠在水和煤油的界面处上下跳动，猜测可能的原因是什么？

教学评议： 以两个实验为基础，设置相应问题，开展教学互动，引导学生进行分析、判断，不断地积极思考。在互动过程中，以问题的提出与解决，将学生观察能力的培养、实验素养的培育与学科知识的学习融为一体。问题设置梯度递进，分解、降低学生的认知难度。同时，不断拓展延伸，由一个问题到一类问题的解决，由物理性质自然过渡到物质的化学性质和保存，保持了学习过程的延续性和思考性，能使学生体会到内容之间的内在逻辑关系。使教学真正做到在思考中互动，在互动中提升与进步。

教学感悟： 通过问题式教学展开教学互动，使学生在积极思考和趣味盎然中，认真学习，印象深刻，同时，感悟高中化学的学习思路与方法。能够增强教学的思考性，比教师直接讲解，更能强化学习积极性，更有利于学生的学习和成长。

2. 以问题式教学实施增强教学互动的深刻性

我们应认识到，教学互动不是形式上的动，而应该是思维上的互动，不能是表象的、浅层的，而应是实质的、深刻的。如何增强教学互动的深刻性，使得教学互动更有利于学生的发展与成长？问题式教学实施就是重要的途径和方法。朱熹说："读书无疑者，须教有疑；有疑者，却要无疑，到这里方是长进。"通过教学问题的设置与解决，能增强教学互动过程的深刻性，让学生体会知识原理深层次的内涵，获得思维品质的锻炼与提升。

教学示例 3-2 喷泉实验

教学分析：学习氨气时，有关喷泉实验的观察与学习，对于学生是新奇而有趣的。在通常的教学中，教师在演示实验之后，也会提出问题：喷泉实验能说明 NH_3 的什么重要性质？ 红色的喷泉又能说明什么？但是，对于喷泉实验若只是停留在 NH_3 性质的学习上，会造成学生对实验原理的认识不够深入，其中蕴含的思维训练价值没有得到充分发掘。因此，后续的教学互动是非常必要的。

教学实施：

问题1：请分析 Cl_2、CO_2 等气体能否进行喷泉实验？常用什么方法？要判断某种气体能否进行喷泉实验，应该从哪几方面来考虑？

问题2：若喷泉实验的装置中无盛水的胶头滴管，如何形成喷泉？常用怎样的方法？

问题3：已知 NH_4NO_3 固体溶于水会明显降温，利用此原理可完成 NH_3 的喷泉实验吗？可怎样设计？

问题4：校园里的喷泉，形成原理是怎样的？我们由此可得出什么结论？

教学评议：对于问题1，学生已有 Cl_2、CO_2 等气体能与 NaOH 溶液反应的知识储备，多数学生经过认真思考可以得到答案，也能感受到知识应用和获得的喜悦。

在问题2的教学互动中，学生的思维往往非常活跃，能够提出多种方法，甚至有稀奇古怪的想法。有些方法，虽然付诸于实施有困难，但可贵的是学生的热情参与、积极投入，学习过程对他们的思维启迪也是显而易见的。当然，教师要因势利导，让学生认识到实验方案简约性、可行性的重要意义，使其能在众多的方法中选择最佳方案。这样的教学互动过程，对学生在化学学科知识、实验素养、学习能力等方面的提高是非常有益的。

问题3对于学生来说，陌生度较高、难度较大。教学中，通过教师的启发、引导，学生经过认真的讨论与思考，问题方能解决。在这个过程中，学生的思路得以拓宽，思维得以启迪。

问题4是学生"熟视"但"无睹"的问题，结合物理知识与原理，他们能在认真思索中获得真知，亦可进一步体会所学知识在生活中的重要意义和作用。

教学感悟：对于"喷泉实验"，上述问题式教学实施从原理、装置、操作各个层面深入探讨，有正向分析，也有反向思维，有实验中的喷泉，也有生活中真正的喷泉。经过这样的思考与探究，学生对于喷泉实验原理的学习和认识更为完整、深入，更具体系化，学习过程对学生的培育才能真正产生作用。高中化学教学中，教师要善于结合教学内容，横向、纵向联系开发课程资源，善于设置能真正提高学生思考力的问题，增强教学互动中思考、探究的深刻性，全方位发挥教学互动的作用。教学互动中的问题设置，应有明确的针对性，或完备学生的知识体系，或引导学生对所学原理进行应用，或避免学生出现认知误区。在这样的问题解决中，学生才能拓展思路，加深认识和理解。因而，通过问题式教学实施增强教学互动的深刻性，是值得重视和精心应用的方法。而过程中的问题设置，也是需要用心琢磨，仔细打磨，以期能对教学互动的深刻性真正起到推动和促进作用。

3. 以问题式教学实施增强教学互动的全面性

这里所说的全面性包括三层含义：一是关注互动过程中，学生认知体系的完备与深入；二是互动过程中对学生在能力、思维、素养等方面的培育与提升；三是教学互动中对学生的参与度，即参与人数、参与广度和参与深度的关注。以问题式教学实施，即通过问题的设置和解决，可以引导学生逐步深入地完善知识和原理体系；强化学生的学习能力、分析能力、信息提取与加工能力，使学生思维的敏捷性、深刻性、灵活性、批判性等得到系统训练，对学生的"宏观辨识与微观探析""证据推理与模型认知""科学精神与社会责任"等化学学科核心素养进行精心培育，最终使学生能够在高中化学的课堂教学中，得到全面发展和提升。因此，我们在教学互动中，要关注互动的全面性，重视问题设置的作用和意义。教学问题的设置要与教学内容、教学目标密切结合，以问题式教学实施增强教学互动的全面性。

教学示例 3-3 化学反应 $N_2 + 3H_2 \rightleftharpoons 2NH_3$，$2SO_2 + O_2 \rightleftharpoons 2SO_3$ 化工生产条件分析（高三复习）

教学分析： 对于合成氨 $N_2 + 3H_2 \rightleftharpoons 2NH_3$，工业制硫酸的重要反应 $2SO_2 + O_2 \rightleftharpoons 2SO_3$，应用化学反应速率和化学平衡的相关原理深入认识，对于学生感悟化学知识与生活、生产实际的密切联系，是十分有意义的。在教学中，不仅要对所学原理进行回顾与巩固，还要训练学生全面考虑、综合分析问题的思维习惯，以及应用原理等知识解决问题的能力。因此，教学互动中的问题，要针对教书育人的教学目标，恰当、合理、有序地设置。

教学实施：

问题 1：对于合成氨反应 $N_2 + 3H_2 \rightleftharpoons 2NH_3$，工业制硫酸反应 $2SO_2 + O_2 \rightleftharpoons 2SO_3$ 生产条件的选择，应从哪些方面思考？

问题 2：对比分析这两个反应，在实际生产中，目前所采用的生产条件及方法有哪些相同点？为什么？

问题 3：这两个反应在工业生产中，其生产条件的不同点是什么？对反应 $2SO_2 + O_2 \rightleftharpoons 2SO_3$，从速率和平衡的角度分析，增大压强是否有利？实际生产中加压了吗？为什么？请查阅数据，说明原因。

教学评议： 问题 1 大多数同学可以顺利从化学反应速率和化学平衡两个角度分析得出答案。

问题 2 需要学生认真研究相关生产条件，对比、讨论。过程中，教师需要引导学生进行问题解答和表述。

问题 3 先进行理论分析，对于反应 $2SO_2 + O_2 \rightleftharpoons 2SO_3$，从化学反应速率和化学平衡两方面讨论，都是增大压强有利。因为理论分析和实际不同，解答过程中学生会感到困惑。教师可引导，先完成"查阅什么数据可以说明原因"这个问题的讨论，然后提供该反应在 298 K 时，不同压强下 SO_2 的转化率，进而分析原因所在。同时，学生可进一步体会，从化学原理到化工生产，即从理论分析到生产实践，还有许多操作层面的实际问题需认真探讨，需要全面学习与研究。

教学感悟：当将化学反应原理应用于生产实践时，有许多全面、系统的问题需要学生分析、比较、思考、解决，对学生造成认知困扰的同时，也是锻炼、培养学生的良机。对于合成氨与工业制硫酸反应的生产条件的分析，是对于化学反应速率和化学平衡原理的综合性应用，能够引导学生体会问题解决中需全面考虑、整体认识的思想。通过对相应原理、生产条件、生产方法的一一对应与对比，学生的分析比较能力、思维系统性等得以训练和强化，认识"抓主要矛盾"的方法论在生产实际中的应用。学习中通过数据对比，学生体会"模型认知和证据推理"，学会能够更加全面系统地思考、研究和解决问题。在问题的逐步推进中，教学互动能够从能力、思维、素养多方面强化对学生的培育。

在高中化学教学中，提供师生交流互动的时间和空间，关注交流的广度与深度，全方位地、有效地实现师生互动的课堂，是充满活力的课堂，是师生之间富于智慧火花碰撞的课堂，是我们要努力实现的生成性的教学过程。

第二节　教师课堂驾驭能力的认识与提高

在高中化学问题式教学实施中，教师对课堂驾驭能力的认识与提高，也同样有着重要意义，对教学实效具有明显的提升作用。我们经常谈课堂驾驭能力，那么什么是课堂驾驭能力呢？总体来说，课堂驾驭能力是教师在课堂教学中综合素质的体现。较强的课堂驾驭能力，体现了教师先进的教学理念、纯熟的教学能力、深厚的教学智慧和自如的课堂反馈处理能力等。驾驭课堂教学，是教师有效完成教学任务，贯彻教学思想的必要条件。教师驾驭课堂的质量，是关系到课堂教学效果的重要因素，也是体现教师素质和教学素养的重要方面。因此，我们对于课堂驾驭能力，应该非常重视，努力培养，不断提升。

一、教师对课堂生成的关注与处理

课堂驾驭能力是教师非常重要的素养，也是必须具备的能力。课堂驾驭能力，表现在课堂教学的方方面面：对教学内容的处理能力、对教学环节的掌控能力、与学生交流互动的能力、教学活动的组织和开展能力等。其中，很重要的方面，是教师对课堂生成的关注程度，对课堂生成的处理能力。而课堂生成，往往是以问题的形式呈现，对课堂生成的处理，也经常是以问题解决体现。因而，问题式教学，也成为增强教师课堂驾驭能力的重要途径和方法。

1. 对课堂生成的关注，体现于教师对课堂教学反馈的敏锐感知与重视

课堂生成往往以学生的疑惑、发问呈现于教师面前。而很多时候，教师急于完成教学预设的内容、环节和目标，可能对这些意外出现的问题听而不闻，依旧按照预定的方法方式完成教学过程。特别是在青年教师的公开课或参赛课中，这种情形尤为多见。这样，其实是对课堂中学生反馈的忽视，是对教学资源的浪费，教师错过的可能是学生真正的认知困难和认知误区，或知识体系的空白点。

例如，在乙醇化学性质的学习中，对于乙醇和金属钠的反应，有同学对实验的观察非常仔细和认真，在师生互动中，提出问题：为什么刚开始时，钠在盛有乙醇的试管底部，然后慢慢地浮在液面上了？而在当时的课堂中，教师专注于让学生比较乙醇与钠、水与钠的反应在剧烈程度上的差异，忽视了这个问题，没有及时引导学生对其进行分析和处理。这样，一方面对问题中蕴含的化学学科知识，如钠的密度与水的密度、乙醇密度的大小关系，钠与乙醇反应的过程中溶液密度变化的情况及原因等，学生没能形成全面而深入的认识，可能在处理其他问题时会感到困难；另一方面，对于学生而言，主动探究、积极思考的良好学习习惯没有得到及时的鼓励和促进，有可能学习热情减弱，不利于后期的发展与进步。因此，对于教师而言，要做到对学生最大可能地关注，要有强烈的关注课堂生成和教学反馈的意识。有了这种意识，才能有真正的行动，才能在课堂教学中，看到学生的疑惑，听到学生

的问题，感受到学生听课情绪和状态的变化。这样，才有可能做到对课堂生成的及时发现和妥当处理，教学过程才能更符合学生的学习需求，才能做到教师主导和学生主体的有机融合，才能在充满活力的课堂中，使学生的成长和进步得以实现。

2.对课堂生成的关注，体现于教师对课堂问题的及时恰当应对与处理

对于教师而言，课堂生成常常以意外出现的问题置于眼前。而要对这些问题有及时、恰当的处理，对于教师的要求是非常高的。当遇到这种情况时，教师需要迅速地做出判断，分类处理；能在课堂即时处理，对教学流程影响不大的问题，应及时应对。但是，最好不是通过教师直接讲授解决问题，而是将其转化为师生互动、生生互动的内容，转化为课堂讨论，通过学生的自主思考和探讨解决问题。当然，教师及时、适度的引导往往是必须而且必要的，应发挥教师应有的主导作用。可以在课堂即时处理，但需花费时间较多，且对教学流程影响较大，同时也是很多学生共同感到困惑的问题，教师可以将其转化为课后思考题。同时，教师需要在课堂中做必要的点拨和指导，帮助学生明确解决问题的方向。当然，也有可能出现教师本身也存在认知盲点的问题。这种状况出现时，教师不可以回避和敷衍，而是要以坦诚的态度告诉学生所存在的困难和困惑，将问题暂放在课后，师生共同查阅资料，研究解决问题。对于课堂生成的正确妥善处理，教师要对自己有清楚的定位：教师不可能做到对所有的问题都清楚明白。在知识更新异常迅速的年代，教师本身的认识存在不足之处是正常的。教师以坦诚的态度告知学生，不但不影响自己在学生心目中的地位，反而更有利于教学相长，师生关系融洽，师生共进。在教学中，即使是常规的化学问题，也可能存在教师一时反应不过来的状况。坦诚相对，不掩饰、不敷衍，对于教学，对于师生和谐相处，都是非常重要的。

例如，在一次教学内容为"一定物质的量浓度溶液的配制"的公开课中，有学生当堂发问：容量瓶为什么是细颈？授课教师可能一时没能想清原因，就随口说了一句"就这么设计的"。这个解答是欠妥的。容量瓶的这种设计，其实是和减少实验误差相关的。事实上，在这种状况下，教师一方面可以将其转化为课堂讨论，可能有学生知道相关原理，问题可以当堂解决；另一方面，

若大家都不能即时解答，留在课后师生共查，共同解决，也是很好的师生共同学习的机会。总之，作为教师，一方面要在不断的学习中提升，不断加强恰当处理课堂生成的能力；另一方面，要正确认识师生关系。教师不是高高在上、无所不能的，而学生，具备自主学习、自主思考、自主解决问题的能力和潜力。这样，对于各种课堂生成中的问题，教师就能及时恰当地进行应对与处理，就能使课堂教学实现真正意义上的师生共同进步与发展。

总之，对于课堂生成的关注与处理和教学中的问题息息相关，教师面对的其实是问题的接收、问题的分析和问题的处理。因而，要做好对课堂生成中的问题及时而恰当的处理和应对，真正需要的是教师的问题意识。在教学设计中做好各种问题预设，在教学研究中从不同的角度研究教学内容，思考可能出现的各种问题，才能够在教学实施关注问题生成，积极而正确地应对问题解决。因此，教师在平时的教学中，需要强化问题意识，努力提高教学中的问题设置能力和问题解决能力。教师素养的积淀与提升，才是对课堂生成的关注与处理能够做到应对自如的有力保证。

二、教师的追问意识与能力

教师对课堂的驾驭，还体现于教学中的追问意识与能力。所谓追问，顾名思义，就是教师在学生回答问题之后，进行的有针对性的二次提问。有效的适时追问，或指点迷津，或完善不足，或修正错误，对于教学的深入与拓展是非常重要的。这种方式，不是教师急于替代学生思考，替代学生解决问题，而是在学生困惑、理解偏差、出现歧义时，以问题引导学生再思考，深入探究。追问，往往蕴含着教师的独特见解，可使教学互动更为精彩，对于构建真实、灵动、开放的课堂有着重要的作用。因而，在高中化学问题式教学实施中，教师不仅要关注设问，还要关注追问，通过提升追问的意识与能力，锤炼和提高课堂驾驭能力。

1. 认识高中化学教学中追问的意义

对于高中化学教学，追问发挥着引发学生深度学习，避免出现认识盲区的重要作用。在追问的过程中，学生模糊的认识得以明晰，似是而非的理解得以纠正和明确，对于隐性知识得以发掘，能够在化学学习中视野更为开阔，素养更为厚重，对学习内容的认识更为全面和体系化。

教学示例 3-4 Fe^{2+} 的检验

教学分析：对于 Fe^{2+} 的检验，常与 Fe^{3+} 的检验联系在一起。在教学中，采用设问与追问相结合的方式，使学生可以对不同情况下 Fe^{2+} 的检验方法有对比、有选择，能够准确分析现象，了解相关方法的应用，对化学反应也能更加熟悉。

教学实施：

问题 1：Fe^{3+} 常用 KSCN 溶液检验，相应地，Fe^{2+} 如何检验？

追问 1：Fe^{3+} 还可以用哪些方法检验？Fe^{2+} 呢？

问题 2：若有 Fe^{3+} 干扰存在，检验 Fe^{2+} 还可用先加 KSCN 溶液，再加氯水或 H_2O_2 的方法吗？

追问 2：为什么？请大家谈谈相应的现象？

问题 3：若有 Fe^{3+} 干扰存在，Fe^{2+} 检验可用什么方法？

追问 3：相应的实验现象是怎样的？大家还知道其他的方法吗？

教学评议：问题 1 结合 Fe^{2+} 的还原性，经过师生互动得以解决；追问 1 学生可以提供很多方案，如用 NaOH 溶液、氨水检验 Fe^{3+} 与 Fe^{2+}，还可用 KI 淀粉溶液等检验 Fe^{3+}。教师需适当补充，以设问的方式引导学生分析相应方法中可能存在的干扰。

问题 2 与追问 2 学生易于分析解决，但需要教师引导学生表述得更为清晰。

问题 3 学生会稍有困难，需要教师通过追问，教会学生从正反两方面进行分析。加入酸性 $KMnO_4$，若 Fe^{2+} 不存在是怎样的现象，若 Fe^{2+} 存在，又是怎样的现象，让学生体会分析问题的角度与方法。在这个基础上，适当补充铁氰化钾与 Fe^{2+} 的反应及现象。

对于 Fe^{2+} 在不同情况下的检验方法，追问 1 能够启迪学生对所学原理进行归纳、应用，是促进学生内化知识为素养的过程。追问 2 则是为了教学中更多地体现分层教学的思想。对于问题 2，有些学生很清楚，也有学生可能不是真正明白，通过追问，学生能对相应的问题进行再思考，完善可能存在的认知不足。追问 3 能引导学生对 Fe^{2+} 与 MnO_4^- 的反应现象进行分析，体会这类问题的思考角度，即 Fe^{2+} 存在与不存在现象不同，相应的方法才可应用。对于学生而言，这种解决问题的思想，是对一类问题分析思路的学习和掌握。同时，追问 3 还能让学生认识到学无止境，在学习中需要不断拓展、加深的意义所在。

教学感悟： 在教学互动中，多应用追问，能使课堂教学有更多的活力，对学生有更大的吸引力，有利于学生在不断思考和探索中收获更多，更全面地完成学习。

2. 教师追问意识的加强

认识了追问对于教学、学生发展的重要意义和作用，教师应明白在教学实施中要多关注追问，增强追问的意识。怎样做到呢？很重要的方面，就是教师针对教学内容，纵向深入研究，横向多方联系，在"深加工"的过程中，让课本知识立体化呈现。这样，教师对于教材处理的深度与广度才能明确清晰，才能在教学预设的基础上，清楚哪些教学设问需要进行追问。持久地进行全面、深入的教学研究，追问意识才能得以加强，教学实施中才能从容自如地进行有效追问，课堂驾驭能力才能日益提高。

教学示例 3-5　**乙酸乙酯的实验室制备**

教学分析： 酯化反应是高中阶段有机化学的重要学习内容，其代表反应是乙酸与乙醇反应生成乙酸乙酯，教学中有很多潜在知识和原理需要发掘和学习。在乙酸乙酯的实验室制备实验中，也有很多实验原理需探讨。例如，从实验装置的特点、饱和 Na_2CO_3 溶液的作用、防倒吸的措施及原因等方面，进行问题的设置与解决，进行分析与讨论。而在问题解决中，教师的追问意识要强，以追问了解学生存在的认识不足，教学能更有针对性。这样的教学过程，能使学生从多方面认识实验中蕴含的原理和方法，对于学生的实验素养和思维训练是非常重要的。

教学实施：

问题 1：浓 H_2SO_4 在实验中起到了哪些作用？

追问 1：在实验中，采取了哪些方法促使反应正向进行程度更大？

问题 2：实验中，以什么方法防倒吸？为什么要防倒吸？

追问 2：在什么情况下，化学实验过程中要采取防倒吸措施？

问题 3：饱和 Na_2CO_3 溶液在实验中起到了哪些作用？

追问 3：以怎样的方法可以直观判断 Na_2CO_3 的作用之一是除去乙酸乙酯中的乙酸？

教学评议：问题 1 学生很容易想到答案，追问 1 学生往往不能完整表述，教师需进行必要的引导。

问题 2 对于防倒吸的方法学生容易答出，但对于这个实验中为什么要防倒吸常存在认识误区，对于追问，多数学生不能清晰认识和回答。

问题 3 和追问 3 的解决，需要在教学互动中逐步完成和完善，需要在教师引导下，学生自主思考，用心探讨。

我们经常倡导举一反三，教学中要训练学生的思维，提高学生的能力，具体如何落实于课堂教学中？教师追问意识的强化，教学中适时适度的追问，是实现这一教学思想的重要方法。追问 1 起到了由点到面的引导作用，学生能够对实验中的方法和原理进行全面、深层次思考。追问 2 引出化学实验中常见的共性问题，虽然学生解答可能困难，但经过师生共同回顾、探讨，学生能够学有所获，对于实验的深入认识也能起到积极作用。追问 3 凸显化学以实验为基础的学科特点，以实验现象直观呈现的方式来验证理论分析，不仅体现了化学实验中应有的创新意识，更能使学生体会实验在化学学习中的重要作用。对于实验方案设计的简约性、可行性等，都有着启迪意义和启示作用。

教学感悟：教师追问意识的加强，渗透于教学过程的各个环节。从教学内容的研究、学生认识能力的分析，到课堂教学的每个流程，贯穿教学的始终。在教学实施过程中，教师要认识到，教学要随课堂的实际状况而及时调整、改变，追问是必不可少的，也是能够付诸实施的。

3. 教师追问能力的提高

在教学实践中，教师仅仅是了解追问的意义所在，强化追问意识，还不足以充分发挥其对课堂教学的促进作用。教师追问能力的提高，是特别关键的方面。教师对于追问，不仅要有意识，还要有方法、有策略，能够在课堂教学中随机而动，适时、适度地加以实施，而不是在不需要时多此一举，在需要时却后知后觉。这样，才能够打造灵动、自如、和谐的师生共进的课堂。

（1）把握恰当的追问节点。教师追问能力的提高，首先体现于对追问节点的恰当把握。追问在课堂教学中，也不能是随意的，毫无章法，想问就问的。不恰当的追问，反而有可能分散学生的注意力，影响正常的课堂氛围和教学节奏。因此，教学中的追问也是有节点的。什么是追问中的节点？简而言之，就是在需要的时候追问。例如，在生疑之处追问，利用追问有效地解疑释惑。

教学示例 3-6　"一定物质的量浓度溶液配制"误差分析

教学分析： "一定物质的量浓度溶液配制"是学生在高中阶段学习的重要定量实验，对于可能造成的实验误差，通常以设问、问题解决等方式，在教学中逐一引导学生进行分析。在需要之处，加以追问，使学生能够通过认真的思考，对于定量实验有深刻的认知。例如，对于"移液"这个实验步骤，以问题推进能锻炼学生的思维能力。

教学实施：

问题 1：将溶液转移至容量瓶之前，需恢复至室温，为什么？

追问 1：溶解于水时，能产生明显热效应的常见物质有哪些？

问题 2：如果用浓 H_2SO_4 配制稀 H_2SO_4，未恢复至室温就移液，会造成怎样的误差？为什么？

追问 2："热胀冷缩"在这里主要是指容量瓶还是溶液？为什么？

再追问：若是用 NH_4NO_3 固体配制溶液，未恢复至室温移液，又会造成怎样的误差？如何理解？

教学评议： 对于问题 1，学生结合已有知识，容易得到答案。而对于追问 1，多数学生能立刻想到浓 H_2SO_4，在互动交流中，会陆续谈到 NaOH 固体、CaO 固体等。对于 NH_4NO_3，学生往往需在教师提示之后想到 NH_4NO_3 固体溶于水后会明显吸热。问题 2 的解答，学生常存在困难，大多学生一时不能确定。追问 2 其实是对问题 2 的启发与提示，对于追问 2 如果能有正确的认识，问题 2 也就迎刃而解。而对于再追问，大多学生因为前面问题解决的相关提示，能很快得到正确答案。

在需要之时追问，常常能够起到补充完善学生认知体系的作用，追问1就能够达到这样的目的。说到热效应，学生会因为思维定式，只想到放热而忽略吸热，追问1引导学生全面认识热效应，为后续热化学方程式的学习打好基础。在生疑之处追问，所以追问2并不是在提出新的问题，而是通过追问，提示学生考虑热胀冷缩更大的影响所在，提示学生解决问题的思路。由此，我们可以认识到，追问也可以形成梯度提出问题、分析问题、解决问题的过程。在教学中，在学生困惑之时，教师不要急于求成，以直接讲解代替学生的思考过程，可应用追问的方式，给学生提供解决问题的"扶手"。这样，依然是通过学生的积极思考，自主解决问题，对于学生的成长和进步更为有利。而再追问则起到了巩固战果的作用。通过这个追问，学生从相反的角度，运用刚刚习得的思路和方法解决问题，品尝收获喜悦的同时，强化认知。

教学感悟： 教学中，我们要关注追问的节点，在生疑之处追问，一方面完善认知，另一方面也可起到导向、提示的作用。教学中，在需要之时，在必要之处，充分发挥追问的作用，无疑能对我们的教学多有帮助和促进。

（2）以追问调整教学设问的深度和广度。核心素养背景下的高中化学教学，凸显育人思想。因此，课堂教学要以学生而动，将教学预设与课堂生成有机结合，及时调整教学节奏、教学问题的设置和教学互动的方式等。而通过追问来调整教学设问的深度和广度，是及时调整课堂教学的重要方法和方式。

教学示例 3-7 难溶电解质溶解平衡 $Mg(OH)_2$ 与 NH_4Cl 反应

教学分析： 难溶电解质溶解平衡的学习中，有一个重要的实验：向生成 $Mg(OH)_2$ 沉淀的试管中加入 NH_4Cl，学生可以观察到 $Mg(OH)_2$ 的溶解，以此学习沉淀溶解平衡的移动等相关原理。对于这个实验的分析，可在设问的基础上，结合课堂教学中学生的信息反馈，以追问的方式，及时调整设问的深度，增强学生的学习参与热情，提升学生的综合分析问题能力、实验方案设计及优化能力。

教学实施：

问题1：加入 NH_4Cl 后 $Mg(OH)_2$ 溶解，溶解的原因可能是什么？

追问 1：对于 Mg（OH）$_2$（s）$\rightleftharpoons$ Mg^{2+}（aq）+ 2OH$^-$（aq），c（OH$^-$）减小，平衡如何移动？结果会怎样？

再追问 1：加入 NH$_4$Cl，可能是什么粒子与 OH$^-$ 结合？

问题 2：如何通过实验的方法，证明是 OH$^-$ 直接与 NH$_4^+$ 结合，还是与 NH$_4^+$ 水解所产生的 H$^+$ 结合？

追问 2：请大家回想，CH$_3$COONH$_4$ 水溶液的酸碱性是怎样的？为什么？

问题 3：向含 Mg（OH）$_2$ 沉淀的试管中加入 CH$_3$COONH$_4$，我们同样可以观察到沉淀的溶解，这说明什么？如何理解？

追问 3：改用（NH$_4$）$_2$CO$_3$ 可以验证相应的结论吗？为什么？

教学评议：问题 1 有许多同学不能全面说出可能的原因，在追问 1 与再追问 1 之后，能给出比较全面的分析。

问题 2 对于大部分学生有难度，而且学生提出的方案设计"五花八门"。例如，借助酚酞的颜色变化判断等。这些实验方案或不严密，或缺乏可行性，在师生互动中，通过追问 2 的问题解决，部分学生才能提出合理的、简单易行的实验方案。

对于问题 3 的分析与解决，由于学生认知能力与基础的不同，往往会出现分化，有些学生很快理解，但也有学生陷入困惑，因而，师生互动、层层分析与引导非常必要。在问题 3 得以明晰的基础上，追问 3 的解决对于大部分学生而言相对顺利。

化学实验及实验方案的设计，是学生对所学化学知识的应用，在培养学生能力、培育学生化学学科核心素养等方面有着非常重要的作用和意义。但是，对于很多学生来说，关于化学实验的学习，也是学习过程中的困难和短板所在。因而，在这个问题解决的过程中，追问适时适度地调整教学设问的深度，对于学生学习自信心的增强，学生真正参与教学活动，起到了必不可少的引导和促进作用。追问 1 和再追问 1 是对问题 1 深度的减弱，是对学生解决问题 1 的思路启发，以直观、具体化的问题设置提供找到方案的切入点。同时，是学生将已有知识与难溶电解质溶解平衡相关原理相结合的学习过程，是对已有知识进行的回顾与应用。

追问2同样是对问题2解决思路的启迪，相对于教师直接讲解，这样的问题呈现与问题解决更有利于学生在学习过程中的真正参与和深入思考，学生能收获更多。而追问3是在以上问题解决基础上的再提升，能拓宽学生的认识层面，强化学生对相关原理的深度理解。

教学感悟：追问是对教学设问广度的拓展，包括认知、方法、学生参与度多个层面。因而，在很多教学过程中，追问有着不可替代的作用，教师对追问的恰当使用，也是教学中值得关注的方面。课堂教学应是随着学生的反馈而变化的过程。通过问题的设置和追问，及时调整教学设问的深度，提供问题解决的入手点和切入点，可增强学生学习的热情和信心，增强教学互动的有效性。因而，在问题式教学实施中，问题设置的深度以追问的方式，可进行层次化的适时适度调整，也是增强教师课堂驾驭能力不可忽视的方法。

（3）善于启发学生追问。追问，是教师在教学设问之后常见的课堂教学方式，而学生在学习过程中的追问意识和追问能力，反映的则是他们在学习过程中主动发现问题、提出问题的能力和对教学过程的真正参与，是学生在高中学习乃至未来发展中不可或缺的优秀品质。而追问的意识和能力，对于大多数学生而言，需要教师不断地启发和鼓励，才能在他们对学习有足够热情和自信的基础上，不断地形成与强化。很多学生，由于羞于表达或认知基础薄弱、能力欠缺等原因，在学习过程中可能更习惯于等待教师提出问题，而不是主动发问和追问。因此，教师课堂驾驭能力的提高，还要体现于课堂教学中引问意识和引问能力的加强，即重视与善于启发学生追问。怎样做到使学生善于追问呢？教师的抛砖引玉是一种重要的方式，即教师在教学中有意识地抛出问题，而这些问题又能启发和调动学生积极追问。这就要求教师对于课堂教学问题设置要善于留有余地，给学生提供追问的方向，同时，也要留给学生追问的时间和空间。这些，其实都是教师的教学能力和教学思想的体现。因而，归根结底，教师还是要通过认真的学习和钻研，改进教学理念，提升教学能力，真正做到在教学实施中"眼中有学生"，做到教师主导与学生主体有机融合。教师对于教学问题的设置，要努力做到恰如其分，充分发挥其对学生追问的导向和激励作用。

教学示例 3-8 向 NaHSO$_4$ 溶液中滴入 Ba（OH）$_2$ 溶液的离子方程式书写（高三复习）

教学分析：与量有关的离子方程式书写，能够引导学生对化学反应由定性认识到定量分析，更加深入理解反应实质。学生要学习和运用"定 1 法"等重要思路和方法。例如，向 NaHSO$_4$ 溶液中滴入 Ba（OH）$_2$ 溶液，教学中以问题设置引导学生思考：为什么反应物量不同，化学反应也不同？如何按照题设要求书写相应的离子方程式等。因为在高中化学的教学中，对应不同的学习内容，不可能一一讲解。因而教学重在方法，教师要有意识留给学生找出问题的机会，引导学生发散思维，自主深入。

教学实施：

问题 1：向 NaHSO$_4$ 溶液中滴入 Ba(OH)$_2$ 溶液,同时有几个离子反应发生? 为什么反应与量有关?

问题 2：向 NaHSO$_4$ 溶液中滴入 Ba（OH）$_2$ 溶液，应将哪种反应物定为 1 mol 来书写离子方程式？依据是什么？

学生可能的追问：那么，若向 Ba（OH）$_2$ 溶液中滴入 NaHSO$_4$ 溶液，是否应将 Ba（OH）$_2$ 定为 1 mol？

问题 3：向 NaHSO$_4$ 溶液中滴入 Ba（OH）$_2$ 溶液至中性，相应的离子方程式如何书写？请思考方法和步骤。

学生可能的追问：向至中性后的溶液中，继续滴入 Ba（OH）$_2$ 溶液，反应是怎样的？离子方程式如何书写？

问题 4：向 NaHSO$_4$ 溶液中滴入 Ba（OH）$_2$ 溶液至沉淀完全，相应的离子方程式如何书写？请思考方法和步骤。

学生可能的追问：此时溶液的酸碱性是怎样的，是强碱性吗？

教学评议：问题 1 第一问学生容易解答，但第二问学生陌生，需要教师引导分析的角度。

问题 2 是对所学方法的回顾与应用，通过问题强化，将方法内化为学生的能力。在问题 2 之后，教师提示，学生追问，是对"定 1 法"的理解与强化。

问题 3 是对"定 1 法"的具体应用，通过师生互动，共同完成。学生通过表述，梳理和内化问题解决的过程。同样，教师引导，学生追问，对于离子反应的量化分析加深认识。

对于问题4，大部分学生对于此类问题已有较为清晰的认识，对于"定1法"也学会了应用，因而问题4的解决可谓水到渠成，追问也是自然而然提出。

教学感悟：教学过程中，通过教师的有意停顿和提示，学生经过认真的思考，在对教师设置的问题正确理解、明晰的基础上，才可能有追问。因而，学生的追问，反映出的是他们对所学原理的深层理解，对相应离子反应的进一步认识，对学习的深度思考，反映出他们在学习过程中的收获和自信。因而，在问题式教学实施中，教师要有学生是学习主体的强烈意识，善于适度放手，引导学生自主发现问题、提出问题。而学生在追问中，可感受思考带来的成就感，感受获得知识和方法的喜悦，收获学习化学的乐趣、自信和热情。教学过程中，通过教师的有意而为，引出学生的自然追问，由此及彼、由表及里、由特殊到一般、由个例到类别、由具体的步骤到方法的提炼总结，对于教学广度的扩展、教学深度的加强、学生参与度的提高，都具有非常重要的作用。因此，教学中教师善于引问，善于"留白"，与学生能够追问，能够在学习中深思，是相辅相成、互相促进的，是我们在教学中需要提倡和加强的。

综上，对于教师对课堂驾驭能力的认识与提高，问题式教学实施能够起到非常重要的推动作用。教师在教学中对课堂生成关注程度的提高，对课堂生成处理能力的增强、追问意识及能力的强化，无一不与教学中的问题意识、问题设置能力、问题解决的过程和方法等密切相关。我们需要在教学实践中关注、研究、优化教学过程和教学方法方式等，要通过持之以恒的努力和磨炼，通过问题式教学实施，日复一日、年复一年，坚持不懈地提升在不同教学环节、不同课型，以及面对不同层次教学对象、针对不同教学内容等各类课堂时的驾驭能力。

第三节　教师课堂教学评价能力分析研究

一、对教师课堂教学评价的认识

关于教学评价，有广义的教学评价，即从整体、外界的层面上对学校等系统，从各个角度进行的分析和绩效考核等。这里所谈的是狭义的教学评价。

简而言之，就是在课堂教学中，在教学活动中，教师依据一定的评价标准，对学生在课堂中的行为给出评议、分析和反馈。有怎样的课堂教学评价，就有怎样的课堂教学。因而，课堂教学中教师的教学评价意识和能力，也是教学理念、课堂观、课堂驾驭能力的具体体现之一。合理、恰当、有效的教学评价，能够推动教学互动的深入和有效，推动学生的深度思考和学习，能使课堂教学氛围和谐融洽。相反，教师在课堂教学中评价意识欠缺，以及空洞、主观、不当的教学评价，往往容易使教学陷入冷场，学生失去学习的方向，教学氛围过于严肃、紧张，不利于学生在学习中进行表达和探究，不利于教学效率的提高和学生的成长。新课程的教学理念、核心素养的育人目标，都要求教师能够在课堂教学中重视教学评价的作用。我们应认识到，课堂教学评价能力也是教师的重要素养，从而能够在教学实践中进行学习、思索与积淀，以使课堂教学评价发挥积极的作用，使得高中化学课堂教学真正有利于学生的成长与发展。

　　1. 课堂教学评价意识的强化

　　在高中化学的课堂教学中，教师教学评价意识不足的状况是存在的。教学互动的过程中，常有这样的情景：学生回答问题或提出自己的观点之后，以热切的目光眼巴巴地望着老师，急于得到老师的肯定或评价。结果，等来的却可能是老师的一个手势加上一句淡淡的"请坐"。旁观这样的教学情景，可以深切地感受到学生的失望和失落。不难想象，这样的场景出现多次以后，学生的学习热情还会剩多少，是否还会有参与意识。还有些时候，教师急于完成自己的教学计划或预定的教学流程，会在课堂教学中简化或淡化教学评价，甚至省略应有的教学评价。之所以会出现这种情况，内在的原因是教师对学生的学习主体地位认识不足和漠视。在教学实施过程中，单方面注重教师的主导作用，导致课堂教学在实质上变成了师讲生听的过程，学生的主体地位难以真正体现，不利于学生的能力提高和素养的培育。由此，对课堂教学评价意识的强化，关键还在于教师教育教学理念的转化，以及教师对于高中化学课堂教学育人目标的真正深入认识。所以，教师在课堂实施中，要努力做到"心中有学生，眼中有学生"，要从每一堂课做起，从每个教学环节做起，将教学理念的改进落实于课堂教学的点点滴滴，充分认识到课堂教学评价对于课堂教学、学生发展不可或缺的作用，从课堂教学评价意识的加强做起，从教学评价能力的提高做起，不断提升课堂驾驭能力。

2.课堂教学评价能力的不足与提升

课堂教学评价意识的强化，并不意味着就能充分发挥课堂教学评价的积极作用，因为，课堂教学评价能力的强弱，才是课堂教学中的具体体现。在高中化学的课堂教学中，提升课堂教学评价能力，也是需要特别关注的方面。教师课堂教学评价能力不足，可能表现为评价方式的单一和空洞：在很多时候，都是简单的一句"很好，请坐"，或者是"大家说，他说得好不好啊？掌声鼓励"，或者是"说得太好了！你真棒！"，不一而足。这样单一、空洞，言之无物的教学评价，学生并不能从教师的言语中得到真正的收获，往往是既不明白自己的回答好在哪里，也不知道自己尚有哪些不足和需要改进之处。而且，对每位同学的评价都是相同或相似，学生感受不到教师对自己的重视和激励，久而久之，就会视教师的评价为客套或敷衍，对教师的课堂教学评价会不在意、不关注，对学习的热情和学习过程的参与度，都会逐渐减弱。教师课堂教学评价能力不足，还可能表现为评价的随意性。在教学互动中，不给学生思考的时间和空间，急于评价，任意打断学生的表述，干扰学生的思路。甚至，不等学生表达结束，就代替学生思考和解决相关问题。这样的教学评价，一方面是教师对课堂教学中学生的应有地位和作用的忽视和漠视；另一方面，对于学生而言，也易造成学习自信心的缺失和独立思考能力的不足。教师课堂教学评价能力的种种不足，对学生能力、素养、思维品质的提高都会产生不利的影响。因此，不当的教学评价，也是教师在课堂教学中要努力改进的。我们在教学实践中，要善于反思，及时意识和发现教学实施中需改进和完善之处，从课堂教学评价意识的强化，进一步到课堂教学评价能力的提高，不断提升教学效果。要让学生通过教师的课堂教学评价，感受来自教师的爱心、关注和激励，能获知自己的优势和不足，增强学习中的自信心，明确努力的方向，以更加积极的态度投入学习之中。

二、问题式教学实施与课堂教学评价的结合

教师怎样才能做到在课堂教学评价中言之有物、指向明确？怎样才能做到使课堂教学评价对学生的自信心和热情、思路和方法、视野和深度都能起到积极的作用？以问题式教学实施与课堂教学评价相结合，是切实可行、易于实现的方法。而且，以这样的方式完成的教学评价，其本身具有的思考性，能带动学生更为主动地探究，能使教学中的师生互动更具活力、更为自如。

1. 以问题式教学实施实现课堂教学评价的具体化

教学中，常存在教师课堂教学评价空洞、单一，言之无物的状况，问题式教学实施可以对此进行改进。以问题设置的方式进行教学评价，每个问题既是对学生回答的评议，又是对问题的拓展和深入，学生通过对这些问题的思考和解决，能够体会自己在问题解决中已经明了和更需进一步完善之处。这样的教学评价，以问题的形式呈现了具体的内容，有效避免出现评价内容的空洞和评价作用的缺失。

教学示例 3-9 化学平衡的实质

教学分析：可逆反应化学平衡的学习，对后续"水溶液中的离子平衡"的学习等非常重要，因为同是平衡体系，有很多相似和相通之处。而对于化学反应原理的学习，要特别重视理解，只有从实质、深层次真正明晰，才有可能应用自如，学生才会具备自主解决问题的能力。而对于平衡状态的学习，通过学生的表达，教师才能更全面地了解他们的认知程度。因而，教学中的互动不可忽视。通过教学问题设置，聆听学生对问题的解决与认识，教师以问题式教学实施给予具体有效的评价，在不断的沟通和交流中，教师才能对学生学习中的困惑和不足更为了解，而学生也能逐步勇于表达、善于表述，在教师的有效评价引导下，做到使模糊的认识变明晰、浅层的认知达深入。

教学实施：

问题1：化学平衡是一种状态，怎样的过程才会出现平衡状态？

评价1：对于可逆反应，互为相反的两个过程指的是什么？

问题2：从速率的角度，如何理解化学平衡的实质？

评价2：v（正）等于v（逆）时，可逆反应达平衡状态。那么，v（正）与v（逆）是针对同一物质而言，还是不同物质？若为反应物，v（正）与v（逆）的具体含义是什么？若为生成物呢？

问题3：若改变条件，v（正）与v（逆）均改变，平衡状态一定会被破坏吗？怎样的状况，平衡状态会被破坏？

评价3：v（正）与v（逆）同等程度改变是什么意思？能以 N_2（g）+ $3H_2$（g）$\rightleftharpoons$ $2NH_3$（g）为例来说说吗？

教学评议：化学平衡状态与化学反应速率之间的关系是认识与理解化学平衡实质的关键。而对于初步学习的学生而言，教学内容相对抽象。因而，要尽可能消除学生的认知误区，尽可能化抽象为直观，具体化呈现学习内容。教学互动过程中，教师的课堂教学评价，是在学生回答的基础上进行的，使学生容易出现的模糊认识——明晰。从而，学生对化学平衡的实质，能从速率的角度知意义、会应用。同时，从速率的角度，为后续平衡移动的学习打好基础。

教学感悟：通过问题式教学实施与课堂教学评价相结合，以具体的问题呈现具体的评价和有效的引导，以此，教学能够更有针对性。以问题设置进行与完成的教学评价、教学设问不能是随意或盲目的，而是教师在熟知学生常出现的认识模糊及错误之处而精心设置的，因此，离不开教师对教学的深入研究和用心考虑。以此，对于学生的学习才能及时纠偏，发挥好教学评价的引导作用。

2. 以问题式教学实施凸显课堂教学评价的导向性

课堂教学评价，要起到引导教学过程向教学目标不断靠近，引导学生思考方向的作用。怎样凸显课堂教学评价的导向性呢？将问题式教学实施与教学评价相结合，以问题体现对教学对学生思维的导向，能够有效发挥课堂教学评价应有的作用。

教学示例 3-10　"电荷守恒"的应用（高三复习）

教学分析：高中化学学习中，对化学思想的体会和应用，对于提高学生的化学素养，加深学生对化学的认识和理解，加强运用知识和原理解决问题的能力，都具有非常重要的作用。而电荷守恒，对于离子方程式书写、化学计算、溶液中离子浓度关系分析等高中常见问题的解决，是特别常用而重要的化学思想和方法。对于不同情况下电荷守恒的含义和电荷守恒应用方法的区别，很多学生不能准确认识和判断，造成学习和问题解决困难。因而，在高三复习阶段，通过教学互动和教学评价的引导，对电荷守恒的内涵及其在不同状况下的应用方法进行梳理、熟悉和深刻认识是很有必要的。在教学评价中，通过问题式教学实施，分情况、分层次学习探讨，学生能够清晰认识，熟练应用。

教学实施：

问题1：电荷守恒在高中化学中主要有哪些含义？

评价1：离子方程式书写"电荷守恒"的含义是什么？如何应用？

问题2：溶液中的电荷守恒，其理论依据是什么？如何应用？

评价2：应用溶液中的电荷守恒进行相关计算，常做哪些近似处理？应用电荷守恒分析溶液中离子浓度的关系，与计算时的处理方法的主要区别是什么？

问题3：书写电荷守恒的表达式时，什么情况下给相关离子浓度前加"系数"？

评价3：因为 Na_2S 化学式中的下标2，Na_2S 溶液电荷守恒的表达式中，是否需在 Na^+ 浓度之前加系数2，为什么？

教学评议：在学生解答问题的基础上，评价1引导学生分情况思考，先易后难，对所学原理进行回顾。相关原理，即离子方程式中电荷守恒，在整个高中阶段学习中常常应用，对其含义和应用，以问题引导，顺利进行分层、分步学习。

而评价2是对溶液中的电荷守恒分不同角度的学习导向，同样的依据、同样的原理，在化学计算、离子浓度关系的分析中，具体应用往往是有差异的，其中，也蕴含着重要的化学问题解决思路。通过教学评价，教师可引导学生细思考、辨方法，能够清晰明了地自主处理问题。

评价3针对性很强，是在学生解决问题的基础上，引导其对电荷守恒应用中常出现的错误进行具体、深入的分析，帮助学生达到懂原理、会应用的认知层次。

高中阶段，对于电荷守恒的总体学习和应用，首先分为两种情况：离子方程式中的电荷守恒和溶液中的电荷守恒；其次，溶液中的电荷守恒，在用于计算时，常可忽略H_2O的电离，而在离子浓度的分析中，需考虑H_2O的电离。教学互动中的课堂教学评价，导向明确，引导学生分类逐层进行回顾与学习，对于易错之处进行辨析、强化。

教学感悟：通过问题式教学实施相结合的课堂教学评价，凸显其在学习过程中的导向作用，对于相关的教学内容，以问题设置形式呈现的教学评价，可体现学习的角度和学习的层次。这种方式，对于学生而言，可层次清晰地进行辨析学习，对于教师更好地完成课堂教学评价也是一种思路和启迪。

3. 以问题式教学实施促进教学评价深入化

课堂教学评价，通过深入递进的方式完成，可使学生从中获得更多的启示，得到深刻的思维训练。与问题式教学实施相结合的教学评价，可以层层递进的问题为载体，引导学生对比思考，对问题解决过程进行回顾与反思。在此基础上，通过教学互动，通过教师评价的有效引导，学生可继续完善认知体系，进行更为深入的学习。通过问题的提出和自主解决，教师以问题完成的富于思考性的教学评价，促成富有活力和探索氛围的课堂教学。

教学示例 3-11 Cu 与浓 H_2SO_4 反应

教学分析： Cu 与浓 H_2SO_4 的反应，是高中化学的重要代表反应。通过对这个反应的学习，学生可以了解以浓 H_2SO_4 为代表的氧化性酸的重要性质、化学反应发生过程中的动态变化、反应物"双重"性质的体现等。其中，相关的实验演示，包含对高中化学实验基础知识的构建。而对实验的深入分析，可引导学生对所学知识进行联系和回顾，特别是对离子反应、离子方程式书写，通过具体实例，进行再回顾、再深入。同时，提高对实验方法设计和选择的认识层次。

教学实施：

设问 1：$Cu+2H_2SO_4$（浓）$= CuSO_4+SO_2 \uparrow +2H_2O$，如何用实验的方法证明该反应的发生？

评价 1：以 SO_2 通入品红溶液，可以证明反应的发生。那么，用 $CuSO_4$ 的生成能否证明？

设问 2：实验中，我们能否直接观察到 Cu^{2+} 的蓝色？为什么？这个反应可以书写相应的离子方程式吗？应如何理解？

评价 2：怎么操作，才能观察到 Cu^{2+} 的蓝色？

设问 3：加水稀释的具体操作是怎样的？为什么？

评价 3：加水稀释之前，需要做什么？为什么？

教学评议： 对一个实验进行全面、深入的认识，由此及彼、由表及里，学生从中获得的学科知识和化学实验素养，有助于整个高中阶段的化学学习。

评价 1 可拓展学生的实验方案设计视野，对于同一个反应，从不同的角度加以验证，既是对 SO_2 性质的回顾和应用，又是对后续问题的提出与解决做好铺垫，导出后续深入的探讨和学习。

评价 2 是在设问 2 对离子反应、离子方程式书写回顾的基础上，引入对 $CuSO_4$ 与 Cu^{2+} 的对比，明晰模糊认知。

设问 3 需要学生仔细思考，判断 Cu 与浓 H_2SO_4 反应后可能存在的不同状况，以及浓 H_2SO_4 稀释方法等，对于所学原理的应用有更为深刻的体会。而评价3，又点出实验操作中应关注的细节，注重学生严谨细致良好习惯的培养。

教学感悟：教学互动中的问题式教学评价，从实验方法的设计拓展到原理、具体细节及元素化合物知识等方面，引导学生不断深入学习。从一个反应延伸至多方面、多角度的回顾、巩固和应用，教学评价的深入引导学习内容的不断拓展与多方联系，引导思考的延伸与加深，学生获益匪浅。

综上，问题式教学实施与课堂教学评价的结合，从具体化、导向性和深入化等方面，对教师课堂教学评价充分发挥其应有的作用提供了思路和保证。对于课堂教学评价，我们在重视的基础上，还应通过认真学习和思考，探寻提升教学评价能力的方法、方式和途径，坚持不懈地从高中化学的教学内容、教学理念和教学实施等层面进行细研细思。

第四章
以问题式教学实施促成学生学习主动性

对于高中化学教学以及教学效果，我们可能更多的时候是从教师层面上进行研究的。研究教师的教学思想、教学方法和教学能力等，而为了提高教学效率，更多的也是着眼于教师层面上的改进与提升。但是，教和学两方面，从某种意义上而言，教师只是外因，学生才是内因，外因只有通过内因，才能真正发挥应有的作用。因而，在教学中，我们无论是在教学意识还是教学行为，以及在教学的各个方面、各个层次上，都要充分认识和体现教师主导和学生主体的关系，对学生有更多的关注。

第一节　关注学生的学习主动性

学生在学习过程中的主动性对教和学两个方面均能发挥潜移默化的重要影响。从教的层面上来说，学生在学习中的主动性是每个教学环节得以顺利推进、每个教学活动得以顺利完成的有力保证。同时，学生的良好状态往往也会对教师的教学状态产生积极的影响。在学生能够主动投入学习过程、融洽互动的氛围中，教师的教学热情也能够被激发，教学机智能在课堂教学中释放意想不到的光彩。教学语言会比平时更幽默，笑容更明朗，教学评价更有利于学生内在学习动机的强化，使得课堂教学的师生互动更为顺畅有效。从学生层面而言，学习中的主动性更是不可或缺，也是教师在教学中需加以关注的方面。教师要通过教学方法和方式的改进、调整，在各个教学环节，激发并长久保持学生学习的主动性，提升教学效果。

一、主动性能增强学习的有效性

在教学中，学生在课堂中的所见所闻，只有经过自身的努力和不断探索，才能产生真正意义上的学习效果。有了学习主动性，学生对于教师的每个教学设问，才能积极思考，认真解答；有了学习主动性，学生在课堂中，才能自主发现问题、提出问题、解决问题，在这样的学习过程中取得真正的进步；有了学习主动性，学生才能在探究活动中，运用已有知识和方法，由此及彼，复习旧知，学习新知；有了学习主动性，学生才能在师生互动、生生互动中勇于表达、乐于思辨，在不断的交流中，取长补短、获取真知；有了学习主动性，学生才能在课后自主回顾反思，深入升华所学，巩固应用所知。总而言之，所有的教学环节，所有的教学活动，只有学生积极主动地参与，主动地学习、思考、探索，才能真正发挥作用，才能保证教师的教在真正意义上引导学生的学。学生的学习主动性，是增强学习有效性的强有力的保证。教师的很多教学活动，从某些层面上来说，就是要激发学生学习的主动性，保持学生学习的主动性，提升学生学习的主动性。因而，教师在教学中要努力尝试以问题的设置与解决等多种方式，灵活、综合应用于课堂教学，深层次激发并保持学生学习中的主动性，以保证教学和学习的有效性。

二、主动性能促进知识内化为能力素养

在高中化学的教学中，我们要明确地认识到，化学知识、原理学习的过程中，学生能力的培养与提高、学科核心素养的培育和形成是我们应该加以关注和强化的。我们常说"教书育人"，"育人"是我们教学的更为重要的目标。而教和学两个方面，前者是指教师层面上的各种教学行为，教师组织的各种教学活动。"教"的过程能否真正对"学"发挥影响和作用，学生的主动性至关重要。学生在课堂上所学的化学知识和原理，要转化为解决问题的能力，转化为内在的学科核心素养，需要一个内化的过程。而内化过程能否发生，能否顺利完成，学生的主动性是很重要的影响因素。有了主动性，学生才能对化学知识和原理主动地进行回顾。在回顾的过程中，可对知识体系的不完善之处，通过各种方式加以补充和构建；对于认知深度不足的教学内容，也能自主地通过拓展、联系和广泛的交流逐步深入。而知识体系的完善、

认知程度的深刻，才能说明学生对学习内容已真正学会、理解和掌握。学生能够运用化学知识观察生活和社会现象，分析问题、解决问题，意味着他们相关能力的形成。学生能够以化学的视野和观点，正确看待社会热点问题，全面、辩证、一分为二地对待化学和化学物质，既能认识到化学对于人类的重要贡献、化学与衣食住行密不可分的关系、化学在前沿科学和社会发展进步中不可或缺的作用，也能清醒地认识到化学科学、化学物质的不当使用可能对人类社会造成的严重危害等，意味着学生内在化学素养的形成。而这些，都是以学生在化学学习中的主动性为基础和前提的。主动性，能促进化学知识内化为能力和素养。因而，教师的教学促使学生学习主动性的形成，也是问题式教学实施的重要出发点和落脚点。

三、以时间、空间实现主动性的激发与保持

学生的学习主动性具有重要意义和作用，教师在明确认识和倍加关注的基础上，要在教学中以实际行动激发学生的学习主动性，并努力使其长久保持。问题式教学实施中，以教学情境的创设、教学活动的开展、教学互动的适时适度，引导学生在学习中主动参与，主动思考和探索，自主解决问题。学生在这样的课堂教学中，能够时时感受到学习的内在乐趣、收获的喜悦以及自主解决问题带来的成就感，从而能够在学习中始终精神饱满、积极主动。在教学过程中，学生学习主动性的长久保持，与教师在课堂中的一举一动密切相关。因此，特别是在教学实施的细节方面，教师需要重视自身教学行为对学生的影响。在教学问题的解决过程中，给学生合理的时间进行思考，不要因为急于完成教学流程，打断学生自主解决问题，甚至代替学生思考和完成问题解决。课堂教学中，学生能够主动参与到学习活动中的前提是教师给学生留有参与的空间。因此，过于传统的师讲生听的教学方式，是不利于学生学习主动性的激发和保持的。而课堂中教师对学生的积极评价，能有效增强学生的自信心，使学生能更加主动地参与教学活动，在学习中勇于表达自己的观点，乐于与教师、同学之间交流互动，不断进步与成长。总之，学生在学习中的主动性，很大程度上与教师的关注与鼓励有关。课堂中，教师应从学生参与教学活动的时间、空间、自信心、能力等方面着眼，通过对教学

节奏的调控，多使用富于情感和激励作用的教学评价，注重教学互动中的平等与善待等方法方式，从细节入手，从点滴做起，切切实实地激发并长久保持学生的学习主动性和参与热情。

第二节　问题式教学实施中学生学习主动性的促成

问题式教学实施，以问题的设置与问题的解决，思考性地呈现教学内容，探究性地完成教学过程，对于学生学习主动性的激发和长久保持是非常有益的。怎样能使更多的学生积极参与学习过程？怎样能使学生在学习中能够更有内在热情和主动性？对于教学中的问题设置和问题解决过程，我们需要更为认真地研究教学内容，依据不同教学内容的特点，使教学设问更能带动学生积极参与教学活动，教学过程能更富于激励性。从而，以问题式教学实施各个环节的精心设计和用心展开，使得学生学习主动性的促进和形成实现于课堂教学中。

一、以问题的趣味性促成学生学习主动性

问题式教学实施中，问题的趣味性能够在第一时间吸引学生的注意力、增强学生的关注程度，为学习主动性的激发和保持提供可能。但问题的趣味性从何而来？

1. 借助化学实验的独特魅力

从化学以实验为基础的学科特点着眼，增强教学设问的趣味性，促进学生学习主动性的形成，是一个重要的思路。化学实验，本身就具有直观、鲜明、色彩缤纷的吸引力，如果与具体的教学内容相结合，灵活创新，辅之以问题引导下的探究性和思考性，能够做到既有外在的生动，又蕴含内在的趣味，对学生学习主动性的促进和形成有着独特的、不可替代的促进和推动作用。

教学示例 4-1　"血菊绽放"（铁盐的性质）

教学分析： Fe^{3+}（铁盐）的重要性质之一，是其与KSCN的反应。在教材中，这个性质以演示实验的方式呈现，学生可以观察到：给试管中的$FeCl_3$溶液，滴加几滴KSCN溶液，出现血红色溶液。同时，学生可了解到这是检验铁盐

溶液（Fe^{3+}）的常用方法。如果在教学中，将这个实验改进为"血菊绽放"：用 $FeCl_3$ 溶液提前在白纸上画一朵美丽的黄菊，再用喷壶将 KSCN 溶液喷在花朵上，瞬间，黄色的菊花变为艳丽的红色"血菊"。在相应教学内容的教学引入等环节，可将这个有趣的实验展示给学生，同时设置问题带动学生思考。在趣味盎然的教学过程中，学生的学习主动性增强，积极思考的状态油然而生。

教学实施：

问题1：请大家观察白纸上这朵美丽的黄菊，大家能够猜出它是用什么溶液画出来的吗？

问题2：我们想把美丽的黄菊变成红艳的"血菊"，有无方法实现呢？哪位同学能谈谈自己的想法？

问题3：当喷上化学试剂后，美丽红艳的"血菊"绽放在我们眼前。这是为什么呢？发生了怎样的化学反应？

教学评议：把铁盐与KSCN的重要反应以"血菊绽放"创新实验呈现，同时伴随教学问题的设置和教学问题的解决，一步步完成教学过程。有外在的美丽颜色转换带给学生视角之趣，又有教学问题设置带来的化学原理探究内在之趣，使得教学过程生动且富有生趣，学生的学习主动性油然而生且积极持久。而教学问题的设置，起着推动学生始终自主参与学习过程的作用。不是淡然无味的直接讲述和讲解，而是每一步都需应用化学知识和原理认真分析和思考的教学过程，对学生更具内在的吸引力。

问题1是以实验现象设疑，既是对已有知识的复习和应用，也是对实验室方法和步骤的分析。可能会出现学生一时无思路的状况，教师可以稍加提示：显黄色的常见溶液有哪些？学生可在回顾常见有色溶液的基础上，顺利找到答案。

问题2并不需要学生立刻解决，而是对学生思路的启示、探究热情的调动。大部分同学能想到利用化学反应实现这个过程。但是，对于相关反应原理和具体的反应还需进一步学习。尽管如此，学生对于实验现象很期待，对其原理探究也兴趣浓厚。学习中，学生热情高涨、积极主动。

而问题3的提出，能够激起学生对实验奥秘主动进行学习和探索。黄色的菊花瞬间变为红艳的"血菊"，美丽的实验现象中隐含的奥秘是什么呢？学生迫不及待地想揭开谜底，对于化学反应的学习顺利完成的同时，学生可得知铁盐的重要性质，并且对其现象、应用印象鲜明、记忆深刻。

教学感悟：化学实验的独特魅力与问题式教学实施的结合，能够使学习过程富于生机和活力。而与实验创新、实验现象的丰富多彩相结合的教学问题设置，使得问题的探究趣味与实验的现象变化之趣有机结合。教学问题设置因化学实验而增强趣味性，学生能更主动地参与学习过程，思考、应用、感悟和收获。化学学习能够让学生乐在其中，鲜活而生动地获取知识，激活思维，提升能力。因此，我们在教学中，要多方思考、创新实验，借助化学实验本身具有的吸引力，以教学中问题设置和问题解决的趣味性，更好地促成学生学习主动性的形成与保持。

2. 强化其内在的思考性

教学问题的设置能力，也是教师教学能力的具体体现之一。之所以进行教学问题的设置，就是期待学生能够通过问题解决，强化对已有知识的应用，达成更深层次的认知，对新知识能够通过自主思考和自主探究进行学习和认识。从而，使学生能够在化学知识和原理的学习中得到更多的思维训练和思维品质的提升，能将所学化学反应原理和知识转化为解决问题的能力和丰厚的化学素养，更好地以化学的视角认识世界。而在教学过程中，对于教学设问的解答，若学生总能脱口而出，轻松解决，则教学设问就有可能因为缺乏思维含量而失去内在的吸引力和趣味性。久而久之，一方面会造成教学设问失去应有的作用和意义，影响教学效率；另一方面，学生对于学习过程也会缺少认真思考和内在主动性。因而，对于教学问题的设置和解决，我们还需强化其内在的思考性，增强其内在的趣味性。简而言之，就是教学中需要设置"真"问题，解决"真"问题，学生只有经过分析、判断、比较等思维过程方能解决的问题，才能使学生在问题解决中真正有所收获。

教学示例 4-2 Si 与碱的反应

教学分析：Si 在常温下只和 F_2、HF、NaOH 等强碱反应。其中 Si 与强碱的反应，要从氧化还原等角度学习反应的实质。例如，要认识到氧化剂是

H_2O 而不是 NaOH，为什么 1 mol Si 对应生成 2 mol H_2 等。在此过程中，类比学生已学的 $2Al+2NaOH+2H_2O = 2NaAlO_2+3H_2\uparrow$ 这个反应，通过问题式教学，帮助学生通过迁移，降低认知难度，提高学习效率。同时，体会高中化学学习中，从定量的角度探求反应实质，从本质上归类、对比等重要的思想和学习方法。与直接学习 $Si+2NaOH+H_2O = Na_2SiO_3+2H_2\uparrow$ 这个反应相比较，应用已学反应 $2Al+2NaOH+2H_2O = 2NaAlO_2+3H_2\uparrow$ 进行对比、迁移，以强化内在思考性的教学问题设置和解决推进的教学过程，学生能够自然参与其中，能在深入思考中更主动探究和学习。

教学实施：

问题 1：$Si+2NaOH+H_2O = Na_2SiO_3+2H_2\uparrow$，与我们已经学习的反应 $2Al+2NaOH+2H_2O = 2NaAlO_2+3H_2\uparrow$，反应原理和实质非常相似。大家能从氧化还原的角度，找出两者的共同点吗？

教学中，通过对反应 $2Al+2NaOH+2H_2O = 2NaAlO_2+3H_2\uparrow$ 的复习回顾，学生可从不同角度找出两者的共同点，有表面上的共同点，如产物中均有 H_2，也有深层分析，如氧化剂均为 H_2O。教学互动中，教师要启发、鼓励学生，共同深入学习 Si 与 NaOH 反应的实质。

问题 2：对于反应 $Si+2NaOH+H_2O = Na_2SiO_3+2H_2\uparrow$，请从电子转移的角度分析，为什么 1 mol Si 反应生成 2 mol H_2？

互动、讨论、师生交流是解决问题的必要环节，从反应实质的分析思考中使问题得到解决。

问题 3：若 1 mol Si 反应，需要氧化剂 H_2O 的物质的量是多少？为什么？对于反应方程式 $Si+2NaOH+H_2O = Na_2SiO_3+2H_2\uparrow$，Si 与 H_2O 的物质的量关系应如何理解？

抓住氧化还原反应的实质：电子转移及守恒，引导学生体会 $H_2O \rightleftharpoons H^+ + OH^-$ 中的量的关系，类比 $2Al+2NaOH+2H_2O = 2NaAlO_2+3H_2\uparrow$ 反应中 Al 与 H_2O 的物质的量关系，学生可自主找到答案。

教学评议：高中阶段对于化学反应的学习，如果还停留在学生记住反应方程式等即可的层面上，是貌似省事、实则费力的学习方式。因为这样学习之后，可能很多学生依然不能自主解决学习中遇到的问题，根本原因在于学习过程中未能深入到反应实质，而很多时候学生面对的是深层次、需认识化学反应实质的学习要求。因而，通过问题式教学实施，以内在的思考性引导学生的深入学习是必要的，只有这样，学生才能真正在学习中有所得、有所悟，习得方法、获得能力。

问题1引导学生类比。不同的学生在发散思维中，可能认识的层次不同，但在交流互动中，可以互相促进、补充完善。不同认知基础的同学都能参与问题解决，在学习中有信心、有行动。

问题2的解决，是对学生处理同类问题的思维启迪、方法启示。

而问题3中的相关原理和量化关系，在高中阶段的学习中应用很多，对于学生来说也是重要的原理体会和方法强化。

通过对这些具有思考意义的问题进行分析和认识，对于 Si 与 NaOH 反应的学习，学习过程是主动而富有探究性的，学习的结果是深入而全面的。而学生在学习之后，收获的不止是对一个反应的认识，而是重要的方法与思路。这样的学习过程，有助于他们在学习中做到独立自信而又游刃有余。

教学感悟：教学问题的设置和解决，通过强化其内在的思考性，从而增强趣味性，对学生不仅仅是学习主动性的激发和保持，而是具有深层而又深远的影响。因为思考力的训练和增强，对于学生的积极影响不仅限于化学学科的学习，不止是高中阶段的学习，其结果是，各科都可从中获益，学习潜能能够被发掘，是未来发展和进步必须具备的能力和先决条件的形成与储备。因而，我们要认识到，在高中阶段引导学生对化学反应本质的学习，对高中化学学习内容的归类与迁移，对教学问题的精心设置和用心安排，着眼点都不止是学生的现阶段学习，更多的是他们更为广阔的未来。我们在教学中积极倡导通过增强教学设问的趣味性等方法，努力激发并保持学生的学习主动性，不仅有益于他们在高中阶段的成长，而且在他们的未来发展中，也能够帮助他们战胜很多困难，使他们不断地进步。因而，我们对教学从宏观层面的掌控，从微观细节的精心处理，都需要高瞻远瞩，既要立足学生的现在，又要面向学生的未来；既要站得高，看得远，有开阔的教学视野，又要能够静下心来，具备精雕细琢每一节课的教育教学能力和素养。

3. 以化学的视野关注社会热点

当教学中的问题设置与问题解决能与学生的实际生活相联系，特别是以化学的视野关注社会热点时，学生能够在学习中自然地集中注意力，更加热切探究谜底，主动投入学习。高中阶段的学生正处于精力充沛，对世界充满好奇、充满热情的年纪。他们目光敏锐、思维敏捷，渴望了解世界，渴望更深入地认识世界，向往以自己的力量让世界变得更美好。当学生感觉所学知识离自己的生活很近，和自己关心的社会热点密切相关时，会在倍感亲切的同时，参与热情高涨。因此，教师在问题式教学实施中，同样要从学生的认知特点着眼，注重从教学内容入手，将其与生活实际、社会热点相联系，开发课程资源，设置教学问题。以学生的认知需求、认知兴趣为出发点的问题式教学实施所蕴含的趣味性，对学生而言是由知识本身所具有的力量决定的。

教学示例 4-3 **氯的化合物**

教学分析：含氯物质在生活中应用广泛，与我们的生活息息相关，是我们在教学中需重视并且要充分体现的内容。例如，Cl_2 用于自来水消毒，漂粉精可用于游泳池消毒，84 消毒液的有效成分为 $NaClO$，各种含氯的农药等，更不用说人类离不开的食盐 $NaCl$。2003 年"非典"期间，2020 年新冠肺炎期间，$NaClO$ 等更是在一段时间内成为稀缺的重要物资。在 Cl_2 及氯的化合物学习中，教学设问与问题解决从生活应用、社会热点着眼，使学生的课堂所学可以应用于生活。在使用相关物品的过程中，学生可联想到化学原理，而化学原理又可以帮助他们更清楚明白地使用这些物品。在这样的经历中，学生会由衷地感受到：化学，原来离我们这么近，化学知识在生活中有着这么多的重要应用……对化学的学习自然会更有动力，会更加主动和积极。

教学实施：

问题 1："非典"、新冠肺炎时期，84 消毒液一度成为稀缺物资。对于84 消毒液，你知道些什么？

因为是"发散式"设问，不同层次的学生均可参与问题解决的过程。他们谈 84 消毒液主要成分 $NaClO$，也可以谈通过 Cl_2 与 $NaOH$ 的反应来制取

84 消毒液等等。教师要注意引导学生关注其使用的化学原理，主要是利用强氧化性等。

问题 2："洁厕灵"大家听说过吗？它的主要成分是什么？使用原理是什么？

不同的学生，可能对这种生活用品的了解程度不同，通过交流互动，学生容易了解到其主要成分为 HCl。而 HCl 是学生相对熟悉的化学物质，从 HCl 的性质分析，学生容易推测"洁厕灵"的使用原理。

问题 3：若将 84 消毒液与"洁厕灵"混合，可能会出现怎样的状况？为什么？请从氧化还原反应的角度分析。

因为在问题 1 的解决过程中，学生已经有相应的知识铺垫，而且教学问题设置也有分析方向的提示，运用已有氧化还原反应的知识，通过交流互动，学生可以理解相关化学反应及其原理。

问题 4：生活中常用的 84 消毒液与来苏尔消毒液这两种消毒液，不能混合使用，大家能猜猜来苏尔消毒液的主要成分有什么性质吗？若混合使用，可能有什么物质生成？会产生怎样的后果？

学生应用课堂所得所悟，容易解答这个问题。同时，也能了解重要的生活常识。

教学评议：学习 Cl_2 及含氯化合物的化学性质，主要是从氧化还原的角度进行学习。同时，对所学氧化还原的重要原理，在应用的过程中加深理解、巩固强化。以上教学问题的设置与解决，就是这个学习思路的体现。教学问题的设置与生活、社会热点的结合，在学习化学原理的同时，丰富和增长学生的生活经验和体会。

问题 1 的设置，可以立刻唤起学生对生活体验的思考，使学生能立刻进入积极的学习状态。

问题 2 是从化学视角对生活用品进行的科普，可使学生对熟悉的物质在生活中的应用有所了解，可增加学生对化学的亲切感。

问题 3 是对于化学反应原理的应用和强化，着眼于学生的认知基础，对于学生自主解决问题提供了切入点。

而问题 4 的设置，重在对化学原理的认识和生活常识的普及。84 消毒液和来苏尔消毒液是生活中两种常用的消毒液，因为混合使用生成 Cl_2 而造成危险的事，确实是时有发生。对于生活中"真"问题的化学分析和再认识，对学生来说是有意义的学习。

教学感悟： 高中化学内容很多与生活密切相关，这也是化学学科的重要特点。因此，高中化学教学内容、教学过程和教学问题设置等与生活的广泛联系，也是学生学习化学的兴趣所在，是我们需重视、应用和强化的方面。同时，教学问题的设置要注重问题的开放性，以使不同认知基础的学生可以有不同层次的解答角度和结果，以利于全体同学参与教学活动的主动性的增强。在问题解决中，要关注适时、适度的思路和方法的启示，能够让学生在思考和探索中努力自主解决问题，体验学习中的成就感和快乐，在学习中能更为主动。化学在实际生活中丰富多彩、无处不在的应用，是高中化学教学中取之不尽的宝藏。放眼广阔的时空，我们要有善于发现的眼睛，以生活中的"真"问题，增强教学设问与解决的趣味性，带领学生翱翔于化学的世界。

二、以问题的实践性增强学生学习主动性

深刻地认识和体会所学知识在生产实践中的重要应用，即知识不仅仅停留在书本上和脑海中，而是有真正意义上的应用，了解在工业生产、人类社会的发展进步中发挥着不可替代的重要作用，能使学生更为主动热情地投入学习中。因而，在高中化学的教学中，我们要努力做到在知识、原理的学习中拓展延伸，体现学习内容对生产实践的重要意义。在问题式教学实施中，注重在问题设置与问题解决中，围绕知识、原理的应用，一方面是学科知识学习的必要延伸，通过开发课程资源丰富学生的认知，另一方面，也是增强学生学习主动性的重要路径。

教学示例 4-4 化学平衡

教学分析： 关于化学平衡的学习，历来是学生觉得比较难的地方。学生在初学之时，不明白化学平衡的相关原理可用来解决哪些问题，有什么重要的应用，可能是学生感觉学习困难的原因之一。不了解其重要应用，一方面

学习过程中只有抽象的原理，本来就会造成学习困难；另一方面，因为不明确相关学习内容的重要意义和作用，可能也会造成学生学习中一定程度的懈怠。如果在教学过程中，将所学原理与生产实践相结合，突出其重要应用，则可化抽象为具体、形象，也能增强学生的学习热情和主动性。例如，在学习平衡移动时，将其原理应用于工业制硫酸、合成氨等反应的生产条件的选择，通过设疑解疑等教学过程，让学生在学习原理的同时了解原理的重要应用，使其能够积极求知、主动探索。

教学实施：

问题1：工业制 H_2SO_4 时，对于反应 $2SO_2(g)+O_2(g)\rightleftharpoons 2SO_3(g)$，原料 SO_2 与 O_2 哪者生产成本高？为了提高 SO_2 的转化率，在生产过程中应该不断补充 SO_2 吗？为什么？

学生熟知 O_2 可由空气制得，所以第一个问题易得正确解答。第二个小问题，是针对应用勒夏特列原理时，需关注的"减弱不是抵消"进行的强化。学生可通过问题解决，纠正可能存在的认知误区。

问题2：对于反应 $2SO_2(g)+O_2(g)\rightleftharpoons 2SO_3(g)$，通过不断补充空气而提高 SO_2 的转化率，由此可总结出化工生产的重要原理是什么？

化学原理中的"减弱不是抵消"，应用在化工生产中，通俗表达就是"成本低的原料多加，增大成本高的原料的转化率"。学生能够形成这样的认识，能够以自己的方式自主表达，就能够形成对一类问题的深入认知。

问题3：对于反应 $2SO_2(g)+O_2(g)\rightleftharpoons 2SO_3(g)$，分别从速率和平衡的角度进行分析，理论上应该是加压生产还是减压生产？为什么？但事实上，是常压生产，又是为什么呢？

单纯从原理的角度分析，学生易得结论：增大压强，速率加快，平衡正向移动。因而，会认为应是加压生产。后续小问题的提出，形成认知冲突，激发学生的探究热情。教师要提供相关数据，通过引导分析，使学生明白其中的原理，初步体会将化学原理应用于生产实践时，还需综合思考、全面分析。

教学评议：工业制硫酸是重要的化工生产，以反应 $2SO_2(g)+O_2(g)\rightleftharpoons$ $2SO_3(g)$ 为研究对象，以平衡移动原理在实际生产中的应用为中心，进行的问题式教学实施，使得化学原理的学习有了具体的"依托"，变得形象而又生动，易学、好懂，且凸显化学原理的实践意义和重要性，使得学生的学习主动性能够伴随学习过程的始终。

问题1的设置针对学生常有的认知误区，通过对实际应用的分析，强化和深入对勒夏特列原理的学习和理解。

问题2是对化工生产原理的学习，同时也是化学原理与生产实践密切联系的典型实例。

而问题3的理论分析与生产实践之间的不一致，激发认知冲突，引发探究热情，使学生对于化学原理的应用能够认识得更为"立体"。

教学感悟：化学原理在生产实践中的应用是广泛的，我们在进行的问题式教学实施中，要关注其实践性，即以学生对重要应用的感悟促进学生的学习主动性。同时，要重视原理和实际应用的不同，以此设置疑问，在问题解决的过程中丰富学生认知，养成和强化学生全面认识、周密分析的良好习惯。同时，教学中不能仅着眼于传统的化工生产，还要认识到很多高科技领域和前沿科学的发展都与化学学科、化学原理有着千丝万缕的联系。在高中化学的教学中，教师自身的学习与知识更新、完善不能停止，要密切关注科学领域及尖端技术等的发展，以此引导学生以敏锐的眼光注视世界的千变万化，感受知识的力量和伟大，从而在学习中能有高远的目标、源源不断的动力。突出实践性，以问题式教学实施促成学生学习主动性，要重视对学生认知能力和认识基础的分析，要明确即使是同一教学内容，对于不同阶段的学生，学习目标也存在差异。对于化学原理在生产实践中的应用，同样要"以生为本"。在问题设置和问题解决中，以对学生认知水平的精准分析，以对学习目标和育人目标的明确认识，选择恰当的教学内容和教学方法方式，达到教学过程中学生能够主动参与，能做到主动思考和探究。

三、以问题的探究性增强学生学习主动性

我们提倡在教学中研究"真"问题。这个"真"，一方面是问题来源于真实生活，是生产实践和生活实际中真正存在的问题，是所学化学知识和原理的实实在在应用；另一方面，指的是问题有真正的思考性，有真正意义上

的探究需要。对教学中的问题，可能出现不需要之处设置的状况，也可能出现设问空洞、无意义和缺乏思考性的状况。这些状况的存在若多次出现，有可能造成学生对问题解决的不重视，从而使其缺乏认真主动参与教学活动的动力。因此，教学问题是否有真正的探究意义和探究价值，也是我们在问题式教学实施中需要特别关注的方面。以问题的探究性促进学生的主动探索和深度思考，也是实现学生在学习过程中真正成长所必需的。

教学示例 4-5 pH 计算

教学分析：pH 计算中有一个重要规律：碱性条件下，包括稀释、酸碱中和反应之后等，计算 pH 或溶液中的 $c(H^+)$，必须先要计算出溶液中的 $c(OH^-)$，然后再进行后续的计算。这个重要规律，容易被学生忽视或不能理解，经常导致失误。怎样避免这种情况呢？通过探究性问题的设置和分析，让学生真正理解为什么要这样做，可避免出现失误。

教学实施：

问题 1：室温下，pH = 12 的 NaOH 溶液与 pH = 10 的 NaOH 溶液等体积混合，所得的溶液中 $c(H^+)$ 为多少？

很多学生一看到需要计算混合溶液中的 $c(H^+)$，常会用这样的方法：$c(H^+) = (1 \times 10^{-12} + 1 \times 10^{-10})/2$，从而得出错误结论。此时，教师可以因势利导，抛出后续问题，使学生继续探究。

问题 2：请大家思考，上述混合溶液中 $c(H^+) = (1 \times 10^{-12} + 1 \times 10^{-10})/2$ 为什么是错误的？正确的计算方法应是怎样的？

这个问题对于大多数初学者而言有疑惑。但是，正是因为认知冲突造成的疑惑，使得学生探究兴趣浓厚，能认真思考。在学生的思索中，通过师生互动，引导得出正确结果的方法：先计算溶液中的 $c(OH^-)$。在计算时，常采用近似处理，得出混合溶液中的 $c(OH^-)$ 数值。然后通过水的离子积常数（K_w），求得溶液中的 $c(H^+)$。此时，很多学生还是颇为疑惑：为什么要这样处理？教师引导学生继续探讨。

问题 3：稀释、混合、酸碱中和反应等溶液的 pH 计算，若为碱性，要先计算溶液中的 $c(OH^-)$，然后再算 pH。为什么呢？

学生往往对这个问题的解答存在困难，教师可引导：H_2O 的电离的存在；碱性溶液中 $c(OH^-)$ 与 $c(H^+)$ 的相对大小；碱性溶液中，通常从 $c(OH^-)$ 与 $c(H^+)$ 哪者的角度考虑，可忽略 H_2O 的电离。经过这样的逐步逐层分析，学生可从原理上真正理解相应的正确方法。

问题 4：碱性条件下，求得溶液中的 $c(OH^-)$，可有哪些途径求得溶液的 pH？

学生运用已有知识，能够自主得到常用的两种计算途径和方法。教师可引导强化，进一步强调方法，清晰思路。

教学评议： 溶液 pH 计算中这条规律很重要，但学生应用时常会出现失误，通过这组问题的探究，学生能主动思考、深刻认知。

问题 1 是以习题的形式设置，"期望"学生出现失误，引发认知冲突。在学生的疑惑中进行探究，学生能积极参与问题解决。

问题 2 继续设疑、解疑，学生初步了解方法，更为主动地探究。

问题 3 是思辨性较强的设问，从正反两个方面进行分析，在得出正确方法的同时，对学生的学习思路、思维方式都有所启示。

而通过问题 4 的解决，在知识应用、方法获得中，学生可形成完整的认识。

对于 pH 计算重要规律的学习，以问题的探究性，促成学生主动思考，形成深刻认知，理解规律。在高中化学教学中，应该重视、研究和强化这样的教学思想和教学方法。

教学感悟： 教学中需关注问题设置的探究性，更要重视问题解决的探究性。问题设置的探究性强，往往学生会在问题解决中存在困难。遇到这种状况，教师不能急于求成，以直接讲解代替学生思考，代替学生完成问题解答。若以教师单纯地讲解完成探究性问题的解决，教学又会演变成"师讲生听"的过程，失去问题设置的意义，也会减弱学生的学习主动性。因此，以问题的探究性促成学生的学习主动性，不仅要体现在问题设置上，更要充分地体现于问题的解决过程中。对于学习难点的攻克，教学中必须有学生的主动思考和内化。而教师要能以相应的教学方法和教学方式，引领学生主动学习。以探究性问题的设置激发和促成学生的学习主动性，结合高中化学的很多学习内容，是可行的思路和方法。特别是对于教学和学习难点，我们更要关注其研究和应用价值。

四、以问题的综合性促成学生学习主动性

综合性问题的设置和解决，对应的是学生对所学化学原理的综合应用和学生全面、深度的思考过程。在这种状况下，学习的主动性来源于思维的主动性。面对综合性的问题解决，要找到问题涵盖的原理，需要进行分角度、分层次的"拆解"，还要在分解的基础上进行对比、融合，这样的学习过程，必然伴随着主动的思维和积极的活动以及认真的探寻，能促成学习中的主动性。

教学示例 4-6 **防倒吸学习**

教学分析： "防倒吸"是中学化学实验中常见且重要的学习内容。对于防倒吸的原因，学生比较熟悉的是气体由于溶解或反应，消耗速率过快造成压强减小，从而引起倒吸。容易忽视或认识不清的是由于受热不均匀而造成的倒吸。因此，在综合性设问探究时需强化这一点。对于防倒吸的常用方法，如果不结合具体的实例分析，学生可能由于缺乏直观的感受，难以认识和感悟防倒吸的重要性及其原理。在高中化学学习中，Cl_2 的实验室制取中用 $NaOH$ 溶液吸收尾气，NH_3 溶于水、苯的溴代反应、乙酸乙酯的实验室制取等，都有相应的防倒吸装置及原理学习。在零散学习的基础上，对于防倒吸的原因和原理，都需要进行综合性学习。这样，才能形成比较系统和全面的认识，真正提升化学实验能力和素养。结合哪部分学习内容进行关于防倒吸的综合学习比较合适？在学习乙酸乙酯的实验室制备时，学生已陆续接触了较多防倒吸的实例，认知基础和认知能力也有所提升。因此，在乙酸乙酯的实验室制备学习中，结合其教学内容中的防倒吸装置及原因分析等，通过综合性的问题设置与问题解决，引导学生进行前后联系、对比，比较全面地学习化学实验中的防倒吸相关原理和方法。

教学实施：

问题1：请大家观察盛有饱和 Na_2CO_3 溶液试管中的导气管，其接近液面但没有伸入液面之下，为什么？为什么要这么做？

导气管没有伸入液面之下，是为了防倒吸，这是学生容易想到的。但是，这个实验中为什么要防倒吸，学生由于思维定式，往往认知模糊。教师需要引导分析乙酸乙酯的制备实验中加热及保持液体"微微沸腾"的原因，再联系学生初中所学实验制 O_2 时防倒吸的方法及原因，理解防倒吸的原因之一是受热不均匀，而乙酸乙酯的制备实验中，就是因为受热不均匀需要防倒吸。经过对这个教学设问的分析和思考，学生对乙酸乙酯的制备实验，也能有进一步的学习。

问题2：请大家回忆苯的溴代反应，若用 H_2O 或 $AgNO_3$ 溶液吸收 HBr 气体，有无类似的防倒吸装置？此时需要防倒吸的原因是什么？请总结，在哪些状况下需要防倒吸？

苯的溴代反应也常用导气管接近液面但不伸入液面之下的方法防倒吸，学生容易与乙酸乙酯实验室制备中的防倒吸方法进行类比，了解是因为 HBr 极易溶于水所以需要防倒吸。至此，易得出化学实验中之所以要防倒吸的两类常见原因：受热不均匀；气体由于溶解或反应消耗速率快，形成压强差。通过具体的实例分析，学生对于实验中的防倒吸能够形成较为完整和清晰的认识。

问题3：常见的防倒吸方法有哪些？请逐一分析其原理是怎样的？

对于防倒吸的常用方法，除了导气管接近液面，但不伸入液面之下这种方法，学生容易想到用倒置的漏斗防倒吸。教师要因势利导，及时拓展延伸，引导学生认识原理。通过师生互动，对于大多常见的防倒吸方法，如倒置球形干燥管、使用安全瓶等，学生能回想和正确分析，主动思考、细致整理。但有一种防倒吸方法，大多学生想不到或不清楚原理，因此，有必要继续设问强化。

问题4：试管中盛放 H_2O 和 CCl_4 的混合液，吸收 NH_3 等气体时可以防倒吸。大家能否分析其原理是什么？若换为 H_2O 和苯的混合液，是否可行？请分析原因。

学生对于"相似相溶"规律可能不是特别了解，因此，教师可在教学互动中进行必要的补充。通过在 H_2O 和苯的混合体系中，将导气管伸入不同位置进行对比分析，学生可理解 H_2O 和 CCl_4 的混合体系可以防倒吸，而 H_2O 和苯的混合液却不可以，同时，深入了解其中的原因。

教学评议：在学生零散学习的基础上对防倒吸的原因、方法和原理进行梳理和归整是必要的。这样，学生才能在体系化认知的基础上，游刃有余地分析和处理不同实验中的相关防倒吸问题。以综合性的问题设置和问题解决，进行综合性的学习和探究，学生能主动加工运用所学知识，完善认知体系，较高效率提升实验技能和实验素养。

问题 1 借助学习内容设问，将对防倒吸的探讨蕴含于实验室制备乙酸乙酯的学习中，相辅相成。

问题 2 也是以具体实例设置问题，有助于学生的自主思考和总结。

问题 3 属于发散性问题，促使学生对已有知识主动地进行深加工，完成对相关原理的体系化学习。

而问题 4 是拓展性的问题，是在具体的教学互动基础上进行的补充完善。

以综合性的问题设置，推动学生在主动的、积极的回顾探讨和归纳中，对于防倒吸从原因、方法及原理分析等方面进行深度学习，形成深层认识。

教学感悟：以问题的综合性促成学生学习主动性，应充分考虑学生的认知基础和认知能力，选择恰当的教学内容，适时提出。如果在学生对相关学习内容碎片化的认知还不够充足时进行这样的综合探究，学生的知识储备和认知能力的不足，使得学生主动参与教学活动会有困难，可能导致教学过程变成实际上的师讲生听，失去问题设置的意义和作用。但是，这样的综合性探究在高中阶段的学习中，是不可或缺的。缺乏这样的学习环节，形成体系化、深层次的全面认识就难以实现，从而会影响学生化学学科知识的学习，也会影响学生在能力、素养等方面的提升，是不利于学生进步和成长的。因而，以问题的综合性促成学生学习主动性，我们需关注教学内容的选择，也要关注教学时机的选择，以二者的恰当和适时，达成学生有基础、有能力和有信心主动参与的学习过程，使学生在学习中能够自我完善认知体系，自主提高能力和素养。以问题的综合性促成学生学习主动性，教师需逆向思考，认真仔细分析教学内容，将综合问题角度分明、层次清晰地进行分解。在教学问题的设置与解决中，以分解的角度逐一进行，最终又回归综合，形成框架性认知。这样，即使是有难度的学习内容，学生也能够从容参与其中。对于问题的解决，也应充分认识到学生只有真正参与了，才是学习主动性的体现和实现。因此，在需要之处，需充分借助学生已有知识，提供问题解决的着眼点和思考的角度，以利于学生能够主动应用所学。在积极的参与中，不断增强学生学习中的信心和自信，逐步完善认知、提高能力，为学生的后续学习和未来发展进步产生积极的影响。

要想以问题解决促成教学活动中学生的主动性，教师对于设置教学问题的能力要加以关注，并且要在不断的研究和学习中，提升问题设置能力。要研究教学内容的特点，要认识到不同的教学内容、教学问题设置的方法、方式、角度和层次等方面都是有差异的。因而，教学问题的设置要与教学内容充分结合，体现其特点和教学需求。同时，教学问题的设置也要研究学生的学习特点及最近发展区，要能激发学生的学习和探究热情，符合学生的认知基础和认知能力，提供学生主动参与问题解决的"抓手"，从意识和行动两方面落实对学生学习主动性的促成。对于教学问题的设置，要学习和研究其策略、方法和方式，在不同课型、不同教学环节等，要使教学问题设置能够成为有效设问，对教学过程起到积极的推动作用。在教学问题解决中，努力落实学生的主体地位，不仅有设问，还要有追问、引问等。教学中关注课堂生成，适时恰当地进行教学评价，在生机勃勃的学习氛围中，学生积极进取、乐于参与，也能够真正参与到学习活动中，真正做到主动学习、热情探究，不断成长。

第三节 以"问"之"交响曲"强化教学

在高中化学问题式教学实施中，需凸显学生的主体地位，明确教学中的育人目标。教学内容的呈现、教学方式的选择、教学活动的开展，其落点都应是学生的发展与成长。因此，我们一直在强化"眼里有学生"的教学意识，有了这样的教学意识，才会有相应的教学行为，才能获得相应的教学效果。

一、教学方式丰富多样的重要意义

教学要做到"眼里有学生"，就需要关注学生、研究学生，了解高中每个学习阶段学生的个性心理特征、认知特点和学习需要。教学实施既要有利于学生高中阶段的学习，更要为他们今后的发展提供知识储备、方法和思路以及良好的学习习惯和意志品质。基于高中阶段的学生特点，课堂教学不能单调、沉闷和乏味。这样的教学氛围容易出现学生"人在曹营心在汉"的状况，学生表面上是在认真听课，实则注意力分散，不能真正地全身心融入学习之中。长此以往，影响的不仅是学生的学习，更会对他们的行为习惯、思维品质和内在学习热情产生不利的影响，长久地影响他们的未来发展和进步。因此，在高中化学问题式教学实施中，教师设问是很重要的教学方法方式。但是，教学中不能仅有教师的设问。课堂教学中，设问之后应有追问、引问，更为重要的是，学生能在学习过程中积极进取、乐于钻研、勇于探究，能够在孜孜不倦的学习中，自主发现问题、提出问题、解决问题，以此不断强化学习能力，不仅能从容应对高中学习，在未来发展中也能举重若轻、游刃有余。因而，高中化学的课堂教学方式，应该丰富多彩且灵活恰当，是设问、追问、引问和发问的"交响曲"，高中化学的课堂也因此兼具深度、广度和厚度，有利于学生多元发展，不断从各方面自我完善。

教学中的设问，指的是教师结合教学内容，着眼于学生的学习需要和教学流程推进需要而设置问题。在教学中，教师提出问题，围绕问题解决，进行师生互动、生生互动。在问题解决过程中，学生学习原理，感悟方法，获得真知。以问题设置和问题解决完成教学实施过程的探究性和思考性，对学生具有内在的吸引和趣味，能够激发学生积极自主投入学习。

追问指的是在教学实施中，教师要在教学预设的基础上，关注课堂生成。在问题解决过程中，有针对性地进行问题的追加，以此引导学生进行更为深入的学习和拓展，完善知识体系，强化探究意识，优化思维品质。以追问实现教学预设与课堂生成的有机结合，强化教学互动，实现课堂以学生而动，形成生机勃勃、富有活力的课堂。

引问，指的是教师通过问题设置和问题解决，引发学生自主深入思考，自主发现新的问题、提出新的问题，通过师生互动等解决新问题。在学习过程中，以此培育学生的创新意识、科学态度等学科核心素养，使学生能够在学习中始终保持热情，具有不断深入钻研的精神。在潜移默化中，形成勤奋、认真和努力的良好学习习惯，使得高中阶段的学习能对其终身发展产生有益的深远影响。

而发问则是指学生通过积累和积淀养成自主思考和探究的好习惯，在学习中能够积极探索，勤于发现问题，主动提出问题，乐于与教师、同学交流互动，努力解决问题。只有在学习中真正投入，用心感悟，学生才能有主动找问题的意识、乐于提出问题的自信、准确表述问题的能力以及想方设法解决问题的精神。而这些难能可贵的个性品质，需要教师长期关注和不懈培养。首先教师要有培养学生积极发问的教学意识和教学视野，还需要具备将其落实于课堂教学的能力和素养。通过教师长期的、有意识的、目标明确的强化，在教学中点点滴滴地渗透和自始至终地贯穿，学生才能在耳濡目染中，勤钻研，乐发问，日益进步和成长。

高中教学，要为国家培养未来建设者和接班人，因此，教师要有开阔的教学视野，在教学中目光长远、目标明确。我们需要的是具有丰厚的文化素养、坚韧不拔的意志品质，会学习、能思考、善发展的现代化的国家未来主人。因此，我们的教学必须通过精心巧妙的教学设计、用心恰当的教学实施，使其具备应有的深度、广度和厚度。而课堂中，教师主导和学生主体恰到好处的结合，教学预设与课堂生成的相辅相成，设问、追问、引问和发问的适时交错、有序进行，都有助于形成学生乐于学、勤于思的良好学习氛围。所以，不断地研究教学，提升能力，也是教师必须持之以恒进行的重要工作。

二、课堂教学中以设问连追问

高中化学问题式教学实施互动中，教师需关注学生在问题解决中的信息反馈。这些信息，包括学生的语言表述、表情、眼神，甚至身体语言。教师通过及时地进行分析和判断，在设问的基础上，面对不同状况，进行不同出发点、不同层次和不同角度的追问。若是学生对于设问不能很好解决，教师应以追问的方式，给予学生一定的启发和提示，帮助学生运用已有知识，经过认真思考，自主解决问题，而不要急于代替学生解决问题。若需要在设问的基础上，进一步完善、加深和拓展，教师可以运用追问的方式进行引导。在设问之后，也可运用追问引导生生互动，以此增强问题解决过程中学生参与的深度和广度。总之，在教学互动中，以设问连追问，更能体现课堂教学的思维训练和优化，课堂生成能够得到更充分的应用，进而增强教学的内在吸引力，使学生能够在学习中具有持久的探究热情。怎样做到在设问之后自然地进行追问呢？一方面，应从教学问题的设置入手，确保教学问题的设置本身具有追问的需要和意义；另一方面，在教学实施中，教师要有关注学生反馈的强烈意识，还要有迅速捕捉学生的反馈信息、恰当地处理课堂生成的能力。因此，教师需在增强教学问题的设置能力和课堂驾驭能力等方面勤思考、多磨炼，以更好地在问题式教学实施中体现教师的引导作用。

1. 设问之中"续"问，以"联系"追问

依据相应的教学内容，在教学问题设置中隐含可广泛联系的学习内容，在课堂教学中依据学生的反馈，继续追问，可对学习起到加深、拓展和丰富的作用。同时，能养成学生在学习中广泛联系的好习惯。

教学示例 4-7 Al_2O_3 的"两性"（高三复习）

教学分析："两性"是 Al_2O_3、$Al(OH)_3$ 的重要化学性质。若能对"两性"从不同的层面上加深认识，可对化学反应的判断以及对相关化学反应方程式的书写起到很好的引导作用，形成规律性的认知和相应的方法，减轻学生的记忆负担。同时，学生对于两性以及与之相关联的酸性、碱性等往往存在一些认识误区。因此，在高三复习的过程中，需在教学设问的基础上，目标明确地进行追问，帮助学生纠正认识误区，完善知识体系。

教学实施：

问题1：Al_2O_3 最突出的化学性质是什么？由此可知哪些对应的化学反应？请写出相应的离子方程式。

追问1：请分析 $Al_2O_3+6H^+ = 2Al^{3+}+3H_2O$，$Al_2O_3+2OH^- = 2AlO_2^- + H_2O$ 有无化合价升降？由此可得什么结论？

问题2：已知反应 $2NO_2+2NaOH = NaNO_3+NaNO_2+H_2O$，$2Na_2O_2+$

$4HCl = 4NaOH+2H_2O+O_2\uparrow$，能否由此得出，$NO_2$ 是酸性氧化物、Na_2O_2 是碱性氧化物的结论？为什么？

追问 2：体现物质酸性、碱性和两性的化学反应，从氧化还原的角度有哪些共同点？

问题 3：已知反应 $SiO_2+2NaOH = Na_2SiO_3+H_2O$，$SiO_2+4HF = SiF_4\uparrow + 2H_2O$，可得 SiO_2 是两性氧化物的结论吗？为什么？

追问 3：通常，两性物质与怎样的酸碱发生反应？

教学评议："两性"是高中化学元素化合物学习的重要内容。在高中阶段，两性化合物的代表是 Al_2O_3、$Al(OH)_3$，通过对对角线规则的学习等，学生可逐步了解到 BeO、$Be(OH)_2$、ZnO、$Zn(OH)_2$ 等也为两性化合物。对于"两性"的学习，在高三复习阶段，适当地联系酸性、碱性，并认识到这些性质对应的化学反应的共同点，在了解规律的基础上，学生对相关化学反应的学习能够更为得心应手。

问题 1 强化基础认知，大部分学生对所学知识印象深刻，可以在顺利解决问题的过程中巩固所学。对问题 1 进行的追问，目的是引导学生强化认知，如两性对应的化学反应是非氧化还原反应等，对于学生书写相关的化学反应方程式及离子方程式都能有所帮助。

问题 2 以高中阶段的重要反应为例，进一步将两性联系延续至酸性、碱性，以相关的追问引导学生找出这些性质对应的化学反应的共同之处，厘清基本概念的同时，凸显高三复习阶段学科内广泛联系和综合的必要性和特点。

问题 3 以代表反应，复习 SiO_2 的酸性及其特性，以追问对两性进行深入认识，即通常只与强酸、强碱反应。这样，对于 $Al(OH)_3$ 不能溶于氨水，不能与 CO_2 反应等学生易模糊之处，可达触类旁通的学习效果。

以对"两性"的复习为线索，多方联系相关学习内容。相应的教学问题设置都包含着可继续追问的"伏笔"，使得教学实施中教学问题设置与相应的追问衔接紧密、自然顺畅，课堂教学流程在师生互动中顺利推进；对相关复习内容有广泛联系与整合，课堂教学的深度和广度得以实现和体现。

教学感悟：在高中化学教学中，设问基础上的追问可通过问题本身自然的联系、延伸与拓展而得。这需要教师在对教学内容熟悉的基础上，能够深入实质、纵横联系地进行深加工，做到对教学中所要达到的认知层次清晰明了。这样，才能做到设问之中恰当续问，可在教学实施中通过联系拓展，从容自如、自然而然地进行追问。在设问和追问的引导和推动下，学生对所学内容可由表及里、由此及彼，不断加深、不断拓宽，及时有效地进行内化与梳理，进而转化为自主解决问题的方法和能力。

2. 设问之中"藏"问，以"发掘"追问

高中化学课堂教学中的设问，可本身带着能发掘的问题。教学实施中，可就设问本身的内容进行剖析和发掘，顺利进行追问。这样的教学过程，可培养学生深入钻研的良好习惯，可使其在学习中理解"前因后果"，认识相关学习内容之间的内在逻辑关系。在优化学科知识学习效果的同时，学生能够学会学习，掌握高中化学学习的方法和思路，促进思维的深刻性，从而更有利于其学业进步和未来发展。

教学示例 4-8 Cl_2 复习

教学分析： Cl_2 是高中化学学习的重点物质，是活泼非金属单质的代表。学生通过对 Cl_2 的学习，可对氧化还原反应规律的深入理解和应用，实验室制取气体的基本方法和基本实验素养，化学物质在生产、生活中的重要应用，以及从化学的视角认识生活等，都能建立初步而重要的认识。而在高三阶段对 Cl_2 的复习中，要更多体现出 Cl_2 的物理性质、化学性质、制取、储存和用途等之间的内在关联，更多强化学生对知识的应用，更多体现教学内容的联系性和综合性。在教学中，通过教学问题设置和问题解决之后的追问等方法，强化联系、突出应用。

教学实施：

问题 1： Cl_2 如何储存和运输？此时， Cl_2 的状态通常是怎样的？

追问 1：储存和运输时， Cl_2 是以液氯的状态存在，这与其什么性质有关？常见的易液化气体有哪些？常压下，它们的沸点与其他气体相比，相对高还是低？

问题 2：储存运输液氯时，对钢瓶的要求是怎样的？为什么？

追问 2：若钢瓶潮湿，可能的反应有哪些？请写出相应的离子方程式。

问题 3：由液氯可储存于干燥钢瓶中，对 Cl_2 与 Fe 的反应条件我们有什么认识？

追问 3：Fe 与 Cl_2 在怎样的条件下反应？若 Fe 过量，反应产物是什么？

教学评议：这组问题设置与追问涵盖了 Cl_2 的物理性质、Cl_2 的重要化学反应和 Cl_2 的储存与运输方法，还对相关的重要学习内容进行了拓展与综合，充分体现了高三复习教学中关注联系、重视应用、综合性强，具有发散思维、需要深度思考等特点。以对 Cl_2 的储存、运输方法的讨论为起点，以设问及问题解答中隐藏的知识点等进行追问，对相关原理进行复习、应用和深化，明晰因果关系，形成深刻认识。

问题 1 一方面引导学生了解 Cl_2 作为有毒气体，在生产实践中储存、应用时应采取的相应方法；另一方面，可从问题解答所得"液氯储存于干燥钢瓶中"发掘其中隐含的重要知识和原理，进行后续的追问和设问。追问 1 复习了 Cl_2 易液化这一重要物理性质，同时对高中阶段常见易液化气体 Cl_2、SO_2、NH_3、NO_2 等进行归纳。易液化的气体，沸点相对比较高而不是低，这里学生往往会出错，通过追问对此也进行了强化。高三复习中，常采用由一种物质拓展至一类物质，及时进行归纳、纠正认知误区这样的教学方法，以体现复习的拓展和加深作用。以设问和追问的方式完成这个过程，可促进学生主动思考，增强学习实效性。

问题 2 强化钢瓶干燥的重要性，以追问引出 $Cl_2 + H_2O \rightleftharpoons H^+ + Cl^- + HClO$，$Fe + 2H^+ = Fe^{2+} + H_2\uparrow$ 这些重要反应和原理。学生在温故知新的过程中，可以更深刻体会方法与原理之间的内在关联、化学知识在生产实践中广泛而重要的应用。同时，也能认识到高三复习要强化基础知识和基本技能，通过点滴渗透与穿插的方式，将基本化学用语，例如常见化学反应及其离子方程式的书写等落在实处。

问题 3 类似于"证据推理"的方式，可使学生认识到化学反应条件的重要性。对于问题的解答，也是逆向思维的训练。而对于追问 3，亦是针对 Fe 与 Cl_2 反应的基础知识和常见误区进行的。学生可了解 Fe 与 Cl_2 发生反应所需的条件，因 Cl_2 的强氧化性，变价金属生成高价态产物等。同时，从反应物量的角度进行进一步分析。因为 $2Fe^{3+}+Fe = 3Fe^{2+}$ 反应的发生，常有学生会认为 $2Fe+3Cl_2 = 2FeCl_3$ 这个反应，在 Fe 过量时，产物会转化为 $FeCl_2$，而忽视 $2Fe^{3+}+Fe = 3Fe^{2+}$ 是溶液中的反应，而 Fe 与 Cl_2 点燃的反应，是非水溶液中的反应这些因素。通过追问，进一步引导学生对化学反应发生的条件有足够的重视和准确的认识，避免形成似是而非的认知。由"液氯储存于干燥钢瓶"，抓住关键词"液氯""干燥"中隐藏的重要原理进行发掘，进行后续的追问及设问，以点带面，完成了 Cl_2 物理性质、化学性质及应用之间的综合与强化，以此促成学生思考习惯的形成、学习方法的习得以及应用知识能力的加强。

教学感悟： 设问之中"藏"问，发掘追问，需要的是对教学内容之间的关联的熟知，对所需强化的学习内容的敏锐发现与洞察，对课堂教学方法方式的驾轻就熟。因此，教师对教学过程的深入研究是必不可少的。研读教学内容，对教学内容细致入微地了解，方能纵横联系，深入拓展；研究学生，深知学生在学习过程中的困难和困惑，才能进行针对性强的设问与追问，在此过程中的解疑释惑，才能有的放矢，更能增强学生的学习信心和学习热情；研究教学方法，才能迅速而准确地接收学生在问题解决中反馈出来的信息，做到课堂教学随学生而变，教学预设与课堂生成有机结合，探究氛围浓厚，教学相长。所以，任何时候，教师都要做到在教学过程中处处留心、时时积累，从各个层面不断丰富教学素养，更好地在问题式教学实施中发挥主导作用。

3. 设问之中"连"问，以"拓展"追问

在高中化学教学中，对于化学反应及其原理的学习，都要重视其在实验、生活和生产实践中的应用。在学习过程中，多方拓展，以原理知应用，以应用深层次学习和理解原理，相辅相成。以设问和追问的方式，对所学化学反应、原理进行拓展，教学实施可环环相扣、步步深入，吸引学生不断地深入思考、学习。同时，也有利于教学中的师生互动与生生互动以问题为中心，有序而高效地开展，在浓厚的探究氛围中，达成对学习内容的拓展与延伸。

教学示例 4-9 HNO_3 的化学性质

教学分析： HNO_3 作为氧化性酸的代表物质，其化学性质主要包括酸性、强氧化性和不稳定性。其中,强氧化性和不稳定性这两点特性与HNO$_3$的保存、HNO$_3$的实验室制备等关系密切。因此,在学习HNO$_3$化学性质和化学反应的同时,以设问、追问的方式,引导学生主动探究,进一步了解应用,以及与其他学习内容之间的内在联系。这样的教学,使学生对于HNO$_3$的学习是深入而全面的,对于HNO$_3$的认识是深刻而清晰的,学生在学习过程中思考力、问题解决能力也能获得应有的训练和提高。

教学实施:

问题1:HNO$_3$不稳定,分解产物中有NO$_2$和O$_2$,请写出相应的方程式。

追问1:书写HNO$_3$分解的化学反应方程式,产物可依据什么原理进行分析?配平的方法和步骤是怎样的?

问题2:请依据HNO$_3$的特性,即强氧化性和不稳定性,分析HNO$_3$应如何保存。

追问2:常见的装有哪些物质的试剂瓶不能用橡胶塞?它们有什么共同的性质?应保存在棕色试剂瓶中的试剂有哪些?它们有什么共同的性质?

问题3:久置的浓HNO$_3$可能呈现什么颜色?如何使其颜色消失?请写出相应的化学反应方程式。

追问3:为什么不能用加水的方法使久置发黄的浓HNO$_3$恢复无色?

问题4:若将HNO$_3$分解所产生的气体全部收集于试管中,将其倒置于水槽中足够长时间,试管中将会有怎样的现象?为什么?请写出相应的化学反应方程式。

追问4:对于反应$4NO_2+O_2+2H_2O = 4HNO_3$,若反应后气体有剩余,有几种可能?请分别分析。

教学评议:在高中的化学学习中,往往会有学生心存困惑:感觉上课听懂了,为什么遇到问题还是不会处理?究其原因,很多时候是因为对化学反应、原理的学习过于表层化。例如,对于化学反应,若只知道反应的发生、反应方程式如何书写,对其实质、应用及与其他学习内容的关联都没有深层认知,那么遇到问题时,学生往往找不到其与所学内容之间的关联点,找不到问题解决的切入点,束手无策。因此,高中化学的教学,应该是多维度、深层次的,在学习的过程中对化学反应、原理多方拓展，重联系、重应用、重方法。这样，教学才真正能从授人以"鱼"转化为授人以"渔"。学生有认知、有思路、有方法，才能在自主解决问题的过程中真正对化学反应、原理有深入认识，进而灵活应用。对于 HNO_3 化学性质的学习，也是如此。通过从不同角度对反应进行分析，探求其与实验、已有知识的联系，以设问、追问相结合的方式，逐层递进，对 HNO_3 这种氧化性酸的代表物质进行全面而深入的学习。同时，以问题设置引导学生触类旁通，对同类物质形成共同的认知，对问题解决获得相应的方法。这样，学生才能拥有独立自主完成问题解决的能力。

问题1是对氧化还原反应方程式书写、配平方法的训练，以追问强化其对应的质量守恒、电子转移守恒等原理，对于高中阶段的重要方法，即氧化还原反应方程式的书写和配平加以应用和巩固。

问题2学生可根据 HNO_3 的性质和已有关于化学实验的基础知识，通过教学互动得出 HNO_3 保存于棕色瓶、置于冷暗处、不可用橡胶塞等结论。而通过问题2的追问，学生可在对已学氯水、浓 H_2SO_4、酸性 $KMnO_4$ 溶液等的强氧化性进行归纳的同时，得出强氧化性试剂不可用橡胶塞的结论性认知。同时，对 $HClO$、$AgNO_3$、HNO_3 等物质的不稳定性进行归纳，得到不稳定试剂常保存于棕色试剂瓶、置于冷暗处的结论性认知。这些结论，是对已学内容的深化，也是解决问题的方法所在。

问题3对于久置的浓 HNO_3 可能发黄，学生容易推测得出，但对于如何使其黄色消失，学生可能会有"五花八门"的想法和方法。课堂中学生兴趣盎然，但要进行进一步的问题探究，往往需要在教师的提示之下，联系反应 $4NO_2+O_2+2H_2O = 4HNO_3$，进而得到问题解决的最佳方法。而对问题3的追问，是因为在课堂教学中，学生往往联想反应 $3NO_2+H_2O = 2HNO_3+NO$，想到使久置的浓 HNO_3 黄色消失的方法是加水稀释，而对于这个方法不可行的原因加以探究，也能帮助学生形成对"浓度不同的同一物质，性质可能不同"这类问题形成共识。

问题4复习所学氮的氧化物计算，加强所学知识之间的内在联系，训练学生的逆向思维。而问题4的追问，则是对氮的氧化物计算的进一步复习，从量的角度学习化学反应。

课堂教学中，以设问与追问的结合，既学习了 HNO_3 的重要性质，又了解其性质的重要应用和对应的现象，还有进一步的拓展、延伸与联系，对 HNO_3 的学习深入而富于探究性。

教学感悟：在高中化学课堂教学中，设问之中连问，拓展追问，能够对教学的深度与广度起到提升作用。那么，连问连的是什么呢？是化学反应、原理的应用，是相应的实验现象，是已学的重要学习内容。拓展什么呢？拓展的是思路和方法，是学生勤于思考的意识，以及学生在判断、归纳、概括的基础上自主解决问题的能力。这样的教学过程能使学生真正学会和深刻理解所学化学反应化学原理，使其在面对问题时能迅速联系课堂所学，接收信息、处理和加工信息，找到问题解决的切入点，有条不紊、从容有序地自主解决问题。在学习过程中，学生能习得化学学科知识，感悟方法，不断增强自信心和学习热情。

高中化学教学实施中，设问之后必要的追问是教学中教师深入了解学生学习状况的需要。通过追问，教师可在洞察学生困惑或认知误区的基础上，调整后续教学活动，通过联系已有知识，结合生活及生产实践中的应用及化学实验原理，有的放矢，解疑释惑，拓宽学生视野，优化思维，强化方法，使学生获得全方位的发展。同时，设问之后必要的追问，也是学生不断进行自我提升的需要。追问，往往是另外一种方式的教学评价，在追问的教学互动中，学生可以更明确地认识到自身认知中存在的误区或不完善之处，能够及时纠正和补充完善，发现需要进一步拓展加深的学习内容，形成更为完备的知识体系。学生能够在学习过程中积极主动，不断深入思考和探究，习得解决各类问题的基本方法，养成良好的学习习惯。同时，还能逐步形成创新意识、科学态度等学科核心素养，而良好的方法、习惯和素养，都将成为学生学习和进步的动力。

三、以设问、追问促使引问

教师在教学中的设问，在设问之后适时适度的追问，很多时候是为了引发学生能够自主深入学习，养成探究的意识和习惯，能够在深入的思考中，不断发现新问题、解决新问题，在这样的过程中逐步形成方法，强化能力，使学生真正实现自我成长。因此，在问题式教学实施中，教师不能满足于只是自己在课堂中提出问题，而是要着眼于学生问题意识的培养和加强，以多种方式培养学生发现问题的敏锐性，有思考问题的智慧头脑，有日益增强的自主解决问题的自信和信心、不断丰富的解决问题的方法以及灵活周密的解决问题的能力。因而，在教学实施中，不仅要有恰当的设问、适时的追问，还要积极促使引问，引发学生主动发问、主动探究。

1. 以设问、追问的角度促使引问

在高中化学的教学中，很多学习内容是围绕一个核心问题，需要从不同的角度加以分析和思考的。在问题式教学实施中，教师可以从一些角度进行设问和追问，在设问和追问的过程中，有意识地引导学生从另外一些角度发现问题、提出问题。以此，逐步强化学生的问题意识，以及发现问题和提出、解决问题的能力。

教学示例 4-10 **合成氨生产条件的选择（高三复习）**

教学分析： 合成氨 $N_2（g）+3H_2（g）\rightleftharpoons 2NH_3（g）$ 反应对于人类有着重要意义，人们为了提高合成氨的产率，对其反应条件曾经做了很多研究和探索。其中，德国化学家哈伯做出了重要的贡献。在高中化学的学习中，从化学反应速率和化学平衡两方面，从主要的影响元素，如浓度、压强、温度和催化剂等角度进行讨论，学习合成氨的生产条件，是化学理论、原理应用于生产实践的典型实例。学生可在应用所学知识的同时，体会思辨，综合分析，会抓主要矛盾。在学习理论对实践的重要指导作用时，体会化学原理、理论与真正的生产之间的不同，对于学生以化学的视角认识生活实际和生产实践起到启示和启发作用。教学实施过程，要突出高三学习的综合性和知识之间的广泛联系，以设问、追问引发学生积极探究、深入学习的同时，关注从不同的角度引发学生补充、完善相关学习内容，在认真、全面思考的基础上，使学生能够主动提问，有效互动解决问题，真正做到在教学实施中以设问、追问促使引问。

教学实施：

设问 1：研究合成氨反应 $N_2(g) + 3H_2(g) \rightleftharpoons 2NH_3(g)$ 的生产条件，我们应从哪些方面考虑？

追问 1：化学反应速率和化学平衡，分别是从什么角度研究化学反应？

设问 2：研究化学反应速率和化学平衡，主要从哪些外界条件入手？

追问 2：$N_2(g) + 3H_2(g) \rightleftharpoons 2NH_3(g)$，$\triangle H < 0$，请概括该反应有哪些特点？

设问 3：合成氨目前的生产条件为 500 ℃左右，加压 20 ~ 50 MPa，以铁触媒为催化剂。这些生产条件的选择，哪些与平衡无关？

追问 3：选择生产条件 500 ℃左右，主要考虑了哪些方面？与平衡有关吗？请具体分析。

在设问、追问基础上，可能引发学生的自主发问：合成氨生产从浓度的角度考虑，理论上可采取哪些方法？实际采用的方法是什么？

对于合成氨反应从理论上分析，从速率、平衡的角度都是压强越大越好，为什么加压 20 ~ 50 MPa？这个数值有无可能变化？主要受什么因素影响？

工业制硫酸的反应 $2SO_2(g) + O_2(g) = 2SO_3(g)$，从速率、平衡的角度进行理论分析，同样均为加压有利。为什么实际上是常压生产？而合成氨必须加压生产？

教学评议： 化学反应速率和化学平衡的相关原理，在生产实践中应用广泛。以合成氨这个重要反应的生产条件选择为核心，以设问、追问促使引问，对于相关原理的学习与应用，进行了全面的探讨。通过教学设问的引导、追问的启发和学生自主提出问题的深入和完善，学生能思考化学反应速率的主要影响因素，从反应快慢的角度进行合成氨生产条件的选择；同时，思考化学平衡的主要影响因素，从反应限度的角度进行合成氨生产条件的选择。教学中，引导学生认识到在生产实践中，对于生产条件的选择，不仅要兼顾速率和平衡两个方面，还要考虑原料、动力、设备等因素。对于学生常见的认知误区，在教学实施中，通过问题设置和问题解决，有效地加以辨析。教学中，不仅问题设置要有针对性的引导，在教学过程中，还要以追问和学生自主提出问题，从各个角度进行深入学习。

设问 1 是一个总的框架性的问题，教学实施要结合学生信息反馈，引导得出速率和平衡两个方面。设问 1 的追问，是对其进一步分析。学生要明确，速率研究反应的快慢，而平衡研究反应的限度，这是两个不同的方面。化工生产中，既要考虑生产速率，又要考虑产率。

设问 2 也是进一步延伸的框架性问题。学生复习已有知识，确定化学反应速率、平衡的主要外界影响因素：浓度、压强、温度和催化剂。这样，学生对于合成氨生产条件的选择，能有思考和分析的方向。设问 2 的追问，也是对学生综合分析问题方法的引导，学生可明确对于生产条件的选择，要从反应本身的特点入手分析。

设问 3 是为了提高学习效率，着眼于高中学生对于化学反应在生产实践的应用相对陌生这样的认知基础，但同时又是高三复习阶段的课，教学任务和教学目标有不同于高一、高二的较高要求，学生也有着较为丰富的学科知识和较强的知识应用能力进行问题设置。设问 3 没有从正面设置问题，没有从浓度、压强、温度、催化剂逐一进行设问和分析，而是逆向设问，直接给出结论。学生通过问题解决，熟悉目前合成氨所选择的生产条件的同时，对于常见的认知模糊之处也进行了辨析。而设问 3 的追问，是因为学生对于生产条件 500 ℃ 的选择，往往会存在很多不明确之处，是为强化相关原理的学习而进行的。教学实施中，通过这个追问，学生对于 500 ℃ 左右温度的选择，能了解其中所包含的化学原理，同时学习生产条件的选择，在兼顾各方的基础上，又有主次之分地处理问题的思路和思想。

在教学实施中，在以上设问、追问分角度分析和处理的基础上，学生可自主提出问题，这是一个自主发散、加深和拓展的过程。因为学习中已经有较为明确的方向和角度，学生很容易想到浓度这一影响因素，从而提出自己的问题和见解。其他方面，教学实施中教师可能需要适时适度地进行点拨和引导，对需要强化的学习内容，通过学生自主发现、探究，完成对相关化学原理的深入学习和应用，完善认知体系。

教学感悟：综上，设问、追问以及基础上的引问，三者的有序推进，密切结合，真正意义上实现了"双主体"的课堂教学。以合成氨生产条件的选择为核心，对化学学科知识进行系统、深入、立体的复习和应用，顺利完成高三学习任务的同时，对学生从书本走向实践，也有着良好的引导和启示，对于他们未来发展中不可缺少的方法、思想和思维也能产生积极的影响。

以设问、追问促使引问，这种教学思想和教学方式，适用于很多高中阶段的学习内容。在高中化学的学习中，帮助学生建立框架性的认识，然后在此基础上进行细化和深入，这样的学习思路是非常重要的。这种学习思路，能够引导学生条理清晰、有序合理地完成学习，而不是杂乱无章，陷入混乱无绪的学习状态。而在建立框架性认知时，常有不同的角度和层次。如弱电解质的电离平衡、H_2O 的电离、盐类的水解平衡、难溶电解质溶解平衡等的影响因素；定量实验的装置、操作和误差分析；元素化合物性质和对应化学反应等，都具有这样的特点。因此，在问题式教学实施中，教师可依据教学内容和学生认知状况，有效地以设问、追问促使引问，帮助学生形成和强化问题意识，引导学生在学习中积极地思考、认真地探究，做到在学习中找问题、提问题、解问题，不断进取和成长。

2. 以设问、追问的层次性促使引问

高中化学的学习内容和其他学科相同，有其内在的逻辑性和系统性，前后联系，层次递进。在问题式教学实施中，在设问、追问充分体现教学内容层次性的基础上，促使学生进一步探究，发现和提出自己的问题。学生能够自主提出问题，需要对学习内容有认真和深入的思考和分析。因此，这样的教学实施，对于促进学生在学习过程中开展研究的主动性，养成周密思考的良好习惯等均能有积极的帮助。

教学示例 4-11 原子核外电子排布规律的学习

教学分析：高中化学对于原子核外电子排布规律的学习，层次递进是非常明显的。从教学内容来看，电子的运动状态从能层、能级、空间伸展方向到自旋方向逐步递进；电子排布规律从构造原理到能量最低原理、泡利不相容原理、洪特规则、能级交错、洪特规则特例不断深入；核外电子运动的表示方法，从电子排布式、电子排布图到价电子排布式、价电子排布图，再联系以往学习的结构示意图、电子式等，不断丰富。从教学过程而言，也有非常明显的层次性和条理性。教学实施过程以教学内容的逻辑性为依据，以学生的认知基础为出发点，由浅到深，由一般到特殊，逐步扩展、深入，层次清晰，有序推进。同时，由宏观到微观，对比联系，紧扣核外电子运动不同于宏观运动的特殊性这个核心，教学中突出核外电子描述采用的方法等重点，以举例子、打比方、找联系等方式，突破学习内容抽象、繁多等造成的学习难点。以问题式教学实施，充分体现教学内容的层次性进行设问、追问，并且以学习过程内在的层次性促使引问。

教学实施：

设问 1：以 Fe 原子为例，由构造原理我们可得到 Fe 原子的电子排布式为 $1s^22s^22p^63s^23p^63d^64s^2$。请大家观察，s 能级电子数有什么共同点？p 能级呢？请思考为什么会这样？

追问 1：s 能级有几个轨道？p、f 能级轨道数分别是多少？

设问 2：s 能级有 1 个轨道，最多排 2 个电子；p 能级有 3 个轨道，最多排 6 个电子。这说明什么？为什么同一个原子轨道最多能排 2 个电子？原子轨道确定，对于核外电子的运动状态而言，确定了哪些方面？

追问 2：为什么 Fe 原子 3d 能级排 6 个电子，而 4s 能级排 2 个电子？

设问 3：由泡利不相容原理可知，N 原子核外有 7 个电子，运动状态有多少种？我们可得出怎样的结论？请写出 N 原子的电子排布式。请分析 $1s^22s^22p^3$，2p 能级的 3 个电子所占的轨道应是怎样的？

追问 3：24 号元素 Cr 的电子排布式为 $1s^22s^22p^63s^23p^63d^54s^1$，而不是 $1s^22s^22p^63s^23p^63d^44s^2$，29 号元素 Cu 的电子排布式为 $1s^22s^22p^63s^23p^63d^{10}4s^1$，而不是 $1s^22s^22p^63s^23p^63d^94s^2$，依据的原理是什么？

设问、引问可进一步能引发学生自主发问：为什么会有能级交错现象？O 原子的电子排布式为 $1s^22s^22p^4$，那么，2p 能级的三个轨道 $2p_x$、$2p_y$、$2p_z$ 哪个轨道排布 2 个电子？硅原子的电子排布式为 $1s^22s^22p^63s^23p^2$，按照洪特规则特例的相关原理，为什么不是 $1s^22s^22p^63s^13p^3$？这样，3s 与 3p 能级都是半充满，不是更为稳定吗？

教学评议：原子核外电子排布规律的教学内容对学生而言，存在一定的学习困难。一方面因为学习内容抽象，另一方面因为学习内容繁杂。因此，整体教学需要剥茧抽丝般地逐步理顺学习思路，层层递进，逐一细化。同时，教学实施要调动学生积极思考和探究，通过学生自主发现规律、应用规律，让学习过程更具思考性和吸引力，使学生能够形成更为深刻的认知。对于相关规律的学习，不要单纯凭借教师的讲解，而是要以问题化的方式呈现，充分发挥学生在学习中的主观能动性。教学问题的设置、教学实施中的追问，都要有利于学生的自主发问。课堂教学中，要留给学生思考、分析和回顾的时间和空间，以师生之间、生生之间的充分互动和探讨，达成对原子核外电子排布的主要规律理解和应用。

设问 1 以 Fe 为例，以问题启发学生找出规律，带着问题进入学习。而对设问 1 的追问，起到承前启后的作用，复习旧知，启发新知。

设问 2 为学生自主发现规律提供思路，直接切入实质，通过追问，学生可以顺利得出泡利不相容原理的内涵，同时，以追问引出学生对能级交错的思考。

设问 3 引出泡利不相容原理的重要结论，进一步递进至洪特规则，通过设问 3 的追问，对典型特例 Cr、Cu 核外电子排布的分析，深入至洪特规则特例。至此，初步学习了泡利不相容原理，以及由此得出的重要结论；了解能级交错现象的存在。洪特规则及其特例等，学生存在颇多疑惑，教师要关注到这点，给出相应的时机，让学生可自主发问。他们提出的问题，是对学习内容的进一步发掘。例如，氧原子 2p 能级的 4 个电子在 $2p_x$、$2p_y$、$2p_z$ 哪个轨道排布 2 个电子是否有差异？为什么 Si 原子的核外电子排布式不是 $1s^22s^22p^63s^13p^3$？这些问题，若非学生提出，教师通常不会想到。而这些问题的提出，一方面学生只有经过认真的学习和内化，才有可能提出，体现的是学生的自主发现和提出问题，对他们的学习主动性有着巨大的推动作用。另一方面，这些问题的提出，也能使教师更为深入地了解学生的困惑之处，为其教学增添更多的实践经验，为后续的教学提供更多的启示。可见，教学实施中学生自主发现问题和提出问题，对教师也起着提升教学能力的作用。我们经常倡导教学相长，这也是促进教学相长的一种途径。

教学感悟：以设问、追问的层次性促使引问，教学问题的呈现与教学内容的层次性密切联系的同时，还要关注问题呈现的方式。对于化学中的概念和规律，不要总是以"是什么"这样的方式设问。例如，设置"什么是泡利不相容原理"这样的问题后，学生往往就是通过教师的讲解或阅读教材等方法最终知道泡利不相容原理的内容，学习过程缺乏"悬疑"，因此缺乏实质上的探究性、思考性和内在吸引力。而相反，先呈现出相关实例或事实，以此为基础引导学生发现、研究得出规律的问题设置方式，能够让学生复习已有知识，应用已有知识，专注、热情地主动探究、积极参与，从而自主发现、总结规律。经过自己的努力和探索获得新知，学生更能兴味盎然地完成学习，并且能增强学习的自信心和学习热情。因此，我们要充分地认识到，在高中化学的问题式教学实施中，设问、追问等教学问题的呈现方式对教学流程、教学互动和教学活动的开展均有着重要的影响，我们对于教学问题的呈现方式要重视，要研究，要结合教学内容在教学过程中不断地进行积极探索和积累。

3. 以设问、追问的连续性促使引问

教学中结合教学内容，通过课程资源的开发与整合等，在认知上体现出连续性。相应地，在问题式教学实施中，以连续性的设问、追问促使引问，也是重要的思路和方法。化学反应的连续性，由化学反应到其应用的连续性，由原理应用到方法习得、思维训练的连续性等，在教学中，可通过问题引出和体现这些连续性。在这样的学习过程中，设问、追问和引问相互促进、共同作用，能够完成学习中的深度发掘、广度拓展、思维优化以及能力提升。

教学示例 4-12 工业制 HNO_3

教学分析：在氮的重要化合物 NO、NO_2 和 NH_3 的相关学习中，化学反应多、学习容量大。因此，教学中要进行整合，进行深入的联系和必要的拓展。从而使学生能够认识到化学反应之间的内在关联和连续性、化学反应的重要应用、化学反应在应用过程中对应的方法等。例如，以 HNO_3 的工业制法将一系列的化学反应联系起来。同时，学生可了解化工生产中为了提高原料的转化率而采取的方法，学习关系式法的应用等。学习中，在设问、追问中体现连续性，以连续性促使引问。学生可通过探究性的问题解决过程，熟悉化学反应，开阔视野，强化知识应用能力。

教学实施：

设问 1：我们学习过的生成物中有 HNO_3 的化学反应是什么？以此逆推，工业制 HNO_3 的起始原料是什么？

追问 1：工业制 HNO_3 与工业制 H_2SO_4，原理和方法相似吗？

引问 1：$3NO_2+H_2O = 2HNO_3+NO$，工业生产中是用水吸收 NO_2 吗？怎样增大 HNO_3 的浓度？

NO 怎样处理？反复循环利用之后，工业生产 HNO_3 的尾气中，还有无 NO 和 NO_2？

设问 2：起始原料是 NH_3，最终产物是 HNO_3，要计算原料的利用率等，可如何确定相应的关系式？

追问 2：化学计算中常用的关系式法有几种情况？

引问 2：工业制 HNO_3，NH_3 与 HNO_3 之间的关系式是 $NH_3 \rightarrow HNO_3$，还是 $3NH_3 \rightarrow 2HNO_3$，为什么？代入关系式计算，单位用摩尔还是克？

设问 3：工业制 HNO_3 的尾气中常含什么气体？为什么？原理上可如何处理？

追问 3：汽车尾气中的 NO、NO_2 是如何产生的？常用什么方法进行处理？

引问 3：从反应 $2NO_2+2NaOH = NaNO_3+NaNO_2+H_2O$，可认为 NO_2 是酸性氧化物吗？为什么？

反应 $NO+NO_2+2NaOH = 2NaNO_2+H_2O$ 与反应 $2NO_2+2NaOH = NaNO_3+NaNO_2+H_2O$ 的发生，理论上，什么情况下 NO 能被完全吸收？

教学评议：围绕工业制 HNO_3，教学实施以问题为线索，以生产原理的分析巩固和应用所学重要化学反应，以产率计算学习多步反应的关系式法，对于尾气处理的方法，从化学原理上进行了多角度的分析。学习内容中有工业生产 HNO_3 的三步反应之间的连续性，从生产对应的化学反应到计算、尾气处理的连续性，学生已有知识到新的学习内容之间的连续性。以这些连续性在教学实施中进行设问、追问还有引问，使学习内容有纵向的加深，也有横向的对比，丰富且条理清晰，学生学习自主而深入。在教学中，既能顺利完成相关学科知识的讲授，也能从思维、能力、素养等方面，达成高中化学教学中的育人目标。

设问 1 采用了类似于有机化学学习中的"逆合成分析法"的思路进行逆推设问，学生可顺利从 $3NO_2+H_2O = 2HNO_3+NO$ 的反应开始，推至 $2NO+O_2 = 2NO_2$，$4NH_3+5O_2 = 4NO+6H_2O$，复习重要反应，了解生产原料和生产原理。教学中对于 NO 的生成，有学生可能会想到放电条件下 $N_2+O_2 = 2NO$ 这个反应，教师可从化工生产的实际生产条件等方面引导学习，使学生对将化学理论应用于生产实践能有更进一步的认识。对设问 1 的追问，是对工业制 H_2SO_4 原理的复习、对比，也是对学生的引导，能让学生自然地联想到反应 $SO_3+H_2O = H_2SO_4$ 与反应 $3NO_2+H_2O = 2HNO_3+NO$ 的相同点和不同之处，从而引发学生自主发现问题，进一步对工业制 HNO_3 与工业制 H_2SO_4 进行对比学习。

设问 2 是对多步反应关系式法的学习，通过对其追问，对于高中阶段关系式法的两种常见情况，进行对比学习和了解。而引问则针对学生常见的困惑，通过他们认真思考之后自主提出，在师生互动中，使学生通过问题解决可以收获更多的方法和思路。

设问 3 关注的是"科学态度与社会责任"这一学科核心素养在高中化学课堂教学中的贯穿和渗透，通过追问进行同类问题的拓展和对比。同样是对 NO_x 的处理，通过对工业制 HNO_3 尾气和汽车尾气处理思路和方法不同的认识，学生可体会将化学原理应用于生活实际、生产实践时的复杂性、灵活性和多面性，为他们未来发展和学习打好认识和思想方面的基础。对于从设问 3 可能得到的引问，教学实施中可通过习题的形式来呈现和解决。而要使学生能够自主提出这些问题，需要教师提供足够的思考和发现的时间、空间，还需要学生对化学原理、化学反应的学习具备探究热情，具有相当的认知基础和认知能力。因而，引问本身就是学生在学习过程中，具备思考意识和思考能力的体现，是需要在教师的耐心指导下，不断积累和发展的。在工业制 HNO_3 的学习中，化学反应原理的连续性、认知体系的连续性、学习进程中的连续性，有利于形成问题设置的连续性。以设问、追问的连续性促使引问，有联系、有对比、有拓展。在高中化学教学中，认识和发掘教学内容的连续性，以问题设置体现连续性，能够促成学习中的深入和提升，特别是培养和促进学生的问题意识。学生能在积极主动的思考中，发现和提出问题，在问题解决中完善认知，增强能力，对于其自身的成长是极为有利的。

教学感悟：课堂教学中，以设问、追问促使引问，教师有意识地进行引导和强化，起着非常重要的作用。其中，提供给学生引问，即自主发问、提问、解问的时间和空间是前提。引问的时机应怎样选择？怎样付诸实施？应灵活掌控，可以在相应的学习内容结束后进行，也可以穿插在每个设问、追问之后进行，不一而足。总之，应在教学真正需要之处进行引问，着眼点应是学习内容的特点、学生的认知需求，有利于学生发展的需要。教学实施的过程应该是灵活、有效的，随课堂教学的实际状况而变化的，而不能是固守于某种模式，一成不变。以设问、追问促使引问也应是方式多样，方法灵活，引问的时机也应在有计划、有预设的基础上随课堂而动。这样，课堂才能富有生机和活力，教学设问、追问促发的引问，才能真正反映学生的所疑所惑、所思所想、所感所悟，师生之间才能实现真正有效的交流和互动。

四、以学生的自主发问促成长

学生在高中阶段的学习和成长会对他们的未来发展产生巨大的影响。在这个阶段的学习中，对于学科知识的学习是以怎样的方式开展和完成的，会对他们的学习方法、思路和习惯产生潜移默化的影响，会促使他们的学习能力和思考能力获得不同的发展。学生思考能力的发展和提高，是我们在教学中要特别重视和关注的。有思考，才有真正的学习。而思考能力的形成和提升，又需要在不断的学习中实现。在高中阶段，怎样做到既能使学生在思考中顺利完成学习，又能在学习中不断加强思考能力等的发展和相关技能的提高？从教学中的问题入手，通过教师在教学中的贯穿和渗透，强化学生在学习过程中，在思考和探索中发现问题的意识，进而形成努力解决问题的行动力。以学生的自主发问开启学习中的探究之旅，可以促进学生不断成长。

1. 以问题提出和解决的方法方式促自主发问

在教学中，问题解决是贯穿始终的。从某种角度而言，教学就是问题解决的过程。因为对未知领域、未知世界心存好奇，有许许多多的问题需要探究，才会产生学习的动力、探索的热情。发现、提出一个个问题，应用已有知识，在问题解决中，习得新的知识，学会新的方法，再发现、再提出新的问题。学习，在这样的不断发现问题和解决问题的过程中，逐步得以深入和拓展。而在这样的学习过程中，问题提出和解决的方法方式，对学生的成长有着重要的影响。纵观高中化学教学，存在着教师自身问题意识不强，设问能力欠缺，教学实施中对学生自主解决问题能力的培养有待加强的状况。因此，对于教学如何更好地以问题推进，以增强教学过程的思考性、探究性和内在魅力；以怎样的方法方式提出问题和解决问题，更有利于增强学生的问题意识；怎样能够以自主发现问题、提出问题和解决问题的过程，促进学生自身生长，这是我们在教学中要努力付诸实施的重要方面。

教学中，教师要结合不同的教学内容，时时刻刻关注学生在学习中的积极参与，要善于"抛砖引玉"，即在教学的问题设置中，能够调动学生思考、研究和自主发问。而对于问题的解决，教师不能大包大揽，不能只是单纯讲解，而是要适时适度地点拨与启发，促使学生能够通过自己的思考解决问题，进一步发现和提出新的问题。在教学中，问题式教学实施更要凸显学生的主体地位，以便更好地将教师主导与学生主体有机结合，将学习的"主动权"交给学生，使他们能主动地发问，主动地解疑解惑。这样，才能做到使学生在思考中完成真正的自主学习，以及自我完善与成长。总之，教师在教学实施中要以"导"的方法方式，而不是以"讲"的方法方式完成问题的提出和问题的解决过程。教学中，教师要善于"留有余地"，善于"留白"，从而促使学生自主发问、真正成长。

教学示例 4-13 **对角线规则**

教学分析： 某些处于周期表中对角线位置的主族元素及其化合物性质相似，称为"对角线规则"。这个规律的学习，可以促成学生对已学知识进行回顾和应用。同时，教学中要避免学生常出现的"扩大化"，认为只要是处于周期表中对角线位置的元素及其化合物，都会体现这个规则。因此，教师的教学设问要"导"学生在应用中对已学知识的再认识和巩固强化，要"导"学生在自主思考有"新"发现、"新"问题。教学实施中，要从时间和思考空间上"留白"，使学生能够充分运用已学知识和原理，对对角线规则进行学习、体会和应用。

教学实施：

问题1：请大家阅读教材第20页的相关内容，思考什么是对角线规则？大家可以找出常见的哪几对？

学生容易通过阅读教材，找出 Li 和 Mg、Be 和 Al、B 和 Si 这三组对角线规则的实例，对于教材所谈相似点：Li 和 Mg 在空气中燃烧的产物；Be（OH）$_2$ 和 Al（OH）$_3$ 的两性；H_3BO_3 和 H_2SiO_3 酸性的强弱，会自然联想并提出问题，例如，对角线规则还有哪些实例？

氧和氯的单质都具有强氧化性，是不是对角线规则的实例？为什么？Li 和 Mg、Be 和 Al、B 和 Si 的单质及化合物，还有哪些相似之处？

对于学生提出的问题，不采用教师单纯讲解的方法，而是继续以问题设置和问题解决的方式进行解答。

问题2：Li 和 Mg 及其化合物性质相似之处还有哪些？大家讨论列举。

经过学生讨论和师生互动，Li 和 Mg 及其化合物性质相似的还有：LiOH 与 Mg（OH）$_2$ 均为中强碱；Li_2CO_3 与 $MgCO_3$ 均能受热分解；Li_2O 与 MgO 均为碱性氧化物……至此，学生可以体会到 Li 与同族的其他碱金属性质有较多不同，而与处于对角线位置的 Mg 有很多相似之处，从而对对角线规则有了具体化的感受，易于理解，同时，对于所学相关知识进行回顾、巩固和深层次认识。

问题3：Be 与 NaOH 溶液能反应吗？请写出相应的化学反应方程式。Be（OH）$_2$、BeO 的两性如何体现？请写出 Be（OH）$_2$ 分别与 HCl、NaOH 溶液反应的离子方程式。

这个问题一方面指导学生学会对角线规则的应用方法，即运用已学的、熟悉的知识类推未学的、陌生的元素化合物性质，引导学生对于方法、原理的重视和应用。另一方面，提示学生在应用旧知，利用对角线规则解决相关问题时，需关注"相似"并非完全相同，对于已有知识和原理的应用，要灵活善辨，而不能生搬硬套。BeO、$Be(OH)_2$ 与 Al_2O_3、$Al(OH)_3$ 均为两性，但化合价不同，因此与强酸、强碱反应后，产物的化学式不同于 $AlCl_3$、$NaAlO_2$。这些不同之处，学生只有在亲身体会中，在出错、纠错的过程中，在广泛的交流、互动中，才能有深刻的体会和感悟。因此，教学中的问题解决，教师不可以急于求成，追求表面上的效率，偏重师讲生听，这样，其实不利于学生真正意义上的成长。教师要善于适时、适度地放手，让学生试错，在错误中发现问题，在问题解决中真切地感受真正意义上的思考和学习。

教学评议：类似对角线规则这样的教学内容，既和学生的已有知识相关，又是对学生已有认知的应用与拓展延伸。因此，教学过程的问题设置与问题解决，一方面要研究学生的认知基础，以问题促进学生对已有知识的回顾、思考与应用，完成更为深入的学习；另一方面要针对学生思考能力和思维品质的培养，以问题提出和问题解决的方法方式，促使学生在不断辨析的过程中积极探究，自主发现新的问题，解决新的问题，以问题的不断深入与递进，完成对教学和学习的完善与丰富。

教学感悟：在问题式教学实施中，以问题提出和解决的方法方式，促进学生在学习中能够自主发现问题，实现自我成长。教师在课程资源开发的基础上，设置的引导性、启发性问题，起着带动学生的作用。对于设问中的课程资源开发，要关注对教材内容的深入发掘和多角度应用。在实际的教学中，课程资源的开发要与教学内容密切联系，不可为增强教学对学生的吸引力抛开教材过分追求"新，奇，特"，即追求新颖、少见、特别的事物，造成教学中的偏离主题、喧宾夺主。在教学实施中，对教材本身内容的充分开发和合理应用是我们应该更加关注和强化的。以教材已有问题为中心，在运用的基础上延伸、拓展，突出教学主题，促使教师的教学有序、学生的思路清晰、教学过程有理有据，易于学生积极和有效参与。因此，问题式教学实施中，课程资源的开发与教材的发掘，二者需有机结合，相辅相成，互为补充，互为促进。

2. 以师生的互动方式促自主发问

在高中化学的问题式教学实施中，我们以问题的提出和问题的解决等促进师生互动、生生互动。那么，师生互动的方式怎样才有利于促使学生的自主发问，怎样才能更好地促进学生成长，是需要我们用心去想、去做的重要方面。在问题式教学实施的互动过程中，教学中的问题应以教学内容为依据，通过引导，将教师的教学设问和学生的主动发问相结合，贯穿于教学始终。教学互动，也不再是教师单方面提出问题，大家围绕教师设问及问题解决进行讨论、分析等，而是以民主、融洽的课堂教学氛围为基础，使学生能在学习中举一反三，主动提出需要解决的问题。这样，教学过程以师生共同的问题推进，逐步深入和拓展。在这样的互动过程中，需要学生积极思考、主动探究。而要使学生具备这样的学习能力和习惯，在平素的教学中，教师要具备民主、平等、教学相长的思想和教学视野，培养学生主动发问的意识，强化学生学会类推、对比、联想的教学方法，营造富有生机、活力和浓厚探究氛围的课堂教学的能力。

教师在教学互动中，要在思想上、行动中都能视学生为"学友"，平等、平和地对待学生，尊重和信任学生，在每节课、每个教学环节贯穿始终，点滴积累，多方鼓励和激励学生。以这样的师生互动方式，潜移默化，增强学生在学习中的自信心，积淀和丰富学生的化学学科知识和素养，从而使学生敢自主发问，能自主发问，善自主解问。进而，化学学习能够在"良性循环"中，使学生在思考中学习、在探究中提升。

教学示例 4-14 氧化还原的综合分析（高三复习）

教学分析： 在高中阶段，对于氧化还原相关原理的学习，需要与生产、生活的应用相联系，与元素化合物性质相关联，从结构的角度进行深入分析，才能达到融会贯通、运用自如的学习效果。特别是在高三复习中，要通过广泛联系，举一反三，形成对氧化还原原理多层次、多维度的"立体化"认识。这样，学生才能真正理解氧化还原反应，才能以原理为依据，以方法为核心，自主解决相关问题。在教学过程中，以教师的教学设问与学生的自主发问相结合，以问题解决为中心，进行师生互动。对于氧化还原反应原理，从结构分析到性质体现，以及相应的化学反应方程式书写及理解，进行广泛而深入的讨论和学习。

教学实施：

问题1：依据"惰性电子对效应"，碳族元素 C、Si、Ge、Sn+4 价稳定，Pb+2 价稳定，大家可以写出 PbO_2 与浓 HCl 反应的化学方程式吗？

刚开始时，部分学生对于"Pb+2 价稳定"的含义往往不是很理解，不能将其与氧化还原反应相联系。通过师生互动讨论，学生能够理解 PbO_2 具有较强的氧化性，顺利完成方程式书写：$PbO_2+4HCl（浓）= PbCl_2 + Cl_2\uparrow +2H_2O$。教师因势利导，引导学生进行类比，找出相关的原理和反应。后续的教学互动，可运用学生自主提出的问题展开：CO、C_2H_5OH 等物质具有还原性，能否以此原理来认识？Sn^{2+} 具有较强的还原性吗？为什么？能和 Fe^{3+} 反应吗？除了碳族，还有哪些族的元素，也有"惰性电子对效应"的体现？……

教师也可以补充问题：$NaBiO_3$ 从氧化还原的角度分析，具有什么性质？为什么？

问题2：从结构的角度分析，Fe^{3+} 与 Fe^{2+} 哪者相对稳定？为什么？

对于 Fe^{3+} 与 Fe^{2+} 的性质学习，学生在初步的学习中，是依据 Fe 常见价态为：0，+2，+3，推测 Fe^{2+} 显中间价态，既有氧化性又有还原性，以还原性为主，具有较强的还原性；而 Fe^{3+} 显常见价态的最高价态，因而具有较强的氧化性。而在高三的学习中，可联系结构化学所学 $3d^5$ 为"半充满"，更为稳定等原理进行分析。从结构的角度来认识性质，是更深刻的认识，也是重要学习思路的启示。在教学互动中，学生很容易联想到 Fe 的 +6 价化合物，如 Na_2FeO_4、K_2FeO_4 等，提出问题：Na_2FeO_4 具有强氧化性吗？为什么？其还原产物通常是 Fe^{3+} 吗？为什么？显然，这些问题的提出，是学生经过认真思考，对所学原理能够清晰认知且灵活应用的结果。我们常说教学要增强学生的能力，能力从何而来？从知识应用中感悟，从感悟中获得是重要的途径。而以教学互动凸显学生的自主思考、自主发问为开端，才能有学生应用知识、增长能力的时间和空间。而教师作为学习中的引导者，可据此联系生活实际，提出问题进行讨论与分析，从而学生能够形成更为全面和"立体"的认知。

问题3：Na_2FeO_4 被称为多功能新型水处理剂，其中蕴含的化学原理有哪些？

以问题3展开的教学互动中，学生易得出 Na_2FeO_4 具有强氧化性，可杀菌消毒的原理分析。但是，学生往往会忽视"多功能"的含义，因此，教师要适时提醒学生全面分析，继而认识到 Na_2FeO_4 还原产物 Fe^{3+} 可水解得 $Fe(OH)_3$ 胶体，吸附水中的色素和杂质，同时可以净化水，从而明白"多功能"的含义。教学中，特别是在高三复习中，这样适时适度的拓展，对于学生形成纵横联系所学化学原理，综合应用所学知识的能力是非常有益和重要的。教学中提到了新型水处理剂，学生进而会联想到 ClO_2，或者，由教师引出 ClO_2，将其"高效低毒"与 Na_2FeO_4 的"多功能"进行对比分析，可将学生对氧化还原的学习和认知进行提升和拓展。至此，从 PbO_2 开始，到 Sn^{2+}、Fe^{2+}、Fe^{3+}，再到 Na_2FeO_4 和 ClO_2，对氧化还原反应原理的学习不再是单一的规律、表层化的记忆，而是融规律、结构、应用为一体的学习，有助于学生在学科知识、能力和素养等方面均有提升，均能完善和成长。而以"问题"为主线的教学互动，教师"穿针引线"的设问和学生积极主动的发问相结合，真正意义上形成了生长性的、富于生机和活力的、有利于学生成长和发展的课堂教学。

教学评议：对于氧化还原等相关原理的学习，以教师的问题设置与问题解决引发学生自主发问，是对课堂教学互动开展和延续的促进，也是课堂教学互动有效和实效的保证。特别是学生的自主发问，是他们在学习中深入思考和积极参与的体现，对于他们真正意义上的进步与成长，有着不可忽视和不可替代的重要作用。而要实现课堂教学中学生不断自主思考与自主发问，充分实现与发挥教学互动的作用，教师教学问题的设置和教学实施的方式，在教学过程中能否给自主学习与思考提供机会，能否给予学生自主发问的时间与空间等起着重要的影响。因此，教师在开展教学互动的过程中，要关注学生自主发问，以多种教学方法与教学方式鼓励学生深度参与教学互动。

教学感悟：以师生的互动方式促自主发问，对于学生而言，问题意识的增强是重要方面，而能够提出问题的能力是更为重要的方面。而无论是问题意识还是提问能力，归根结底源于学生对化学知识和化学原理深入的学习和理解，源于他们勤于思考的良好学习习惯，善于思辨、联系、分析和对比的学习能力。这些，需要教师在教学中有足够的重视，耐心细致、方法恰当地引导和培养。特别是以归类的思路和方式，将学习中的同类问题进行归整，寻找共同之处，探求不同点，学会通过这样的方法对所学知识进行深入的理解和内化。如同氧化还原的综合分析中，分别将 PbO_2、$NaBiO_3$ 和 Na_2FeO_4，Sn^{2+} 和 Fe^{2+}，Na_2FeO_4 和 ClO_2 从不同的角度进行归类，在归类的过程中进行辨析，强化思考，完成深度的学习。以类似这样的学习过程，日积月累，学生才能有发现问题的基础、提出问题的意识和解决问题的能力。师生互动、生生互动、教和学的过程才能是有源之水、有本之木，以师生的互动方式促进学生自主发问，促进学生不断成长，才有实现的前提和可能。总之，对于学生方方面面的培养，不是一蹴而就能实现的，所有的教学方法和教学方式，都是以学生的认知基础和认知能力为前提的。因此，对于教学和育人，我们要清醒地认识到"任重而道远"。既要有长远的规划，又要有脚踏实地的行动。教师的教学行为与学生的认知水准相符合，教师的"教"与学生的"学"相辅相成，相互促进，真正意义上做到教学相长，才能达成教书育人的教学目标。

3. 以民主和谐的教学氛围促自主发问

在高中化学问题式教学实施中，我们努力促成学生能够自主发现问题和提出问题，因为，这其实是学生主动投入学习活动，积极思考、探究的外在表现。而在高中阶段，处于青春期的学生，敏感、自尊心强，往往不能在学习过程中坦率地发表自己的疑问和观点，做不到畅所欲言。甚至，有个别同学，特别是女同学，胆怯到不敢提问，"被动"发言也常常是结结巴巴、语无伦次。因此，教师在面对学生时，要换位思考，意识到学生存在的个性、情感、能力等方面的特点、差异与不足，要以自己的实际行动帮助学生克服种种困难，努力做到使学生能够坦然面对学习，坦诚提出自己的疑惑，勇于发表自己的观点，使其在课堂互动以及课后交流中能以积极投入的心态参与，自主发现问题，努力解决问题。具体来说，从教学心态上，教师需"放下架子"，多从学生的角度考虑，做学生的导师和学友，与他们共同面对学习中的困难；从教学行为上，教师要注意自己的一言一行，教学语言、教学过程中的表情，甚至眼神，以及细微的身体语言。教师所有的教学行为，都要真心实意地表现出对学生的鼓励和激励，以及积极的正面引导，让学生能够感受到教师的善意和召唤，能以良好的心态参与学习，做到认真思考，积极表达自我。在教学过程中，教师要以自己面对具体问题时的态度和行动，让学生感受到老师也有可能出错，从而在自己的学习中出现错误或不当时，能勇敢直面、正视，而不是遮遮掩掩。教师要让学生慢慢感悟到，及时纠错与完善才是最重要的。学习的过程，从某种角度而言，就是不断发现问题和解决问题的过程，就是不断出现错误和纠正错误的过程。这样，特别是教师在面对失误和不当时的平和心态，会传递给学生信念和信心，使得他们在学习中，也能够以平和的心态面对错误和失误，不再过于担心出错；进而使其能够在学习的过程中，努力找到问题，勇敢地提出问题，积极地解答问题，不断地自主成长，提升自我。同时，教师在教学中出现失误，需要补充完善时，可将其转化为课堂生成与教学资源设置问题，与学生共同讨论、探究，在融洽师生关系的同时，真正做到教学相长。

教学示例 4-15 原子光谱

教学分析： 教材中有"锂氦汞"发射光谱和吸收光谱的谱图，教师先让学生观察相应谱线，在引导学生学习光谱分析的相关原理和应用时，谈到"发射光谱是暗的，吸收光谱是亮的……"，有同学立即提出不同观点，指出教师的表述是不准确的。教师在反思之后，同意该同学观点，立即向大家承认自己的表述确有欠妥之处，将其转化为相应教学设问。

教学实施：

问题 1：请大家观察课本提供的"锂氦汞"发射光谱图片，说下可以分为几部分？

经过讨论和提示，学生明确发射光谱分为背景和谱线两部分。同时，教师引导学生观察相应的吸收光谱，也应分为两部分，即背景和谱线。

问题 2：请大家比较，并具体描述，发射光谱的明暗如何？吸收光谱呢？

在问题 1 的提示下，学生可以比较准确地说出：发射光谱的背景是暗的，谱线明亮；而吸收光谱的背景是连续的、明亮的，而谱线则是暗的。

问题 3：请大家分析老师所谈的"发射光谱是暗的，吸收光谱是亮的……"，主要的不妥之处在哪？我们以后在表述原理、概念时应注意什么？

学生们各抒己见，提出自己的观点。也提出了疑问：为什么发射光谱谱线是亮的，而吸收光谱谱线是暗的？同一元素，发射光谱谱线与吸收光谱谱线明暗不同，谱线呈现对应关系吗？为什么？……

教学评议：在课堂教学中，教师对发射光谱与吸收光谱的明与暗进行分析时，没有区分背景与谱线，对于初学的学生而言，显然可能造成误导。在学生提出不同观点时，教师能虚心接受，承认不足，本身对学生而言就是一种引导。同时，将学生提出的观点转化为课堂生成资源，以问题引导学生进行讨论、分析。在问题解决的过程中，学生又提出了新的问题。可见，民主、和谐的教学氛围，有利于促成学生自主发现问题、提出问题，也有利于促进教学的深入和拓展。因此，我们在教学中，自我反思、反省的意识和能力，抓住课堂生成的能力，也是需要我们时时关注和加强的。民主和谐的教学氛围，是通过教师的一言一行、一举一动，时时向学生传递信息、树立榜样，逐步营造和强化的。

教学感悟：总之，高中化学的教学，不能视之为单纯的学科教学和学科知识的学习，而是要在真正意义上做到在学习中育人。在教学实践中，我们要真正明白和体现"学高为师，身正为范"。这样，才能做到，在学习中是学生的导师和学友，在人生发展之路上是学生的引路人，将教书和育人有机融为教学的整体。教师教学观念发生转变，才能有教学行为的转变。而教师教学行为的点点滴滴，对于学生的影响是重要而又深远的。因此，我们要努力提升教学思想，开阔教学视野，以教师自身的言行，营造适合学生成长进步的民主和谐、师生共进的教学氛围。

第五章
问题式教学实施与课堂教学

第一节　不同教学环节问题式教学实施的特点及作用

从问题式教学实施的角度来讲，教师的教学视野、素养以及课堂驾驭能力等，归根结底，都将落实于课堂教学，体现于教学实践。因而，我们有必要从课堂教学的基本环节，如教学引入、重点突出与难点突破、知识的回顾与反思等层面，对问题式教学实施进行系统化的思考。既要考虑不同教学环节各自应具有的特点与不同，又要探寻它们之间内在的、不可分割的联系。事实上，在教学实践中，对于每一堂课，我们必须从整体的视角来研究、实现问题式教学实施，以使每个教学环节，都能在问题式教学实施中发挥其相应的作用。这些作用，既是递进的，又是互为基础和相互促进的。在课堂教学的完整体系中，教师和学生也可形成课堂教学的有机整体，共思考、共探讨、共学习。

在课堂教学中，不同的教学环节发挥着不同的作用。因而，在问题式教学实施中，对于不同教学环节的问题设置、问题解决的方法方式、相应的问题设置应发挥的作用，我们都应有明晰的认识和相应的教学实施策略，着眼于课堂教学的完整性和系统性，层次化地完成问题式教学实施。而要做到这些，就要对不同教学环节的问题式教学实施特点进行分析和认识。

一、教学引入环节的问题式教学实施

总体而言，教学引入环节的问题式教学实施的着眼点，应该是学生的认知基础和认知能力，落点于对学生的全面了解，对教学内容进行合理的分析

和处理，引导学生以饱满的热情、充足的信心顺利进入课堂学习。

1. 教学引入环节以问题式教学实施引发学习动机

对于每节课的学习，学生学习动机的引发对于整个学习过程是良好的基础。学习动机的产生，意味着对学习内容有内在的兴趣和热情，在学习中，更能以积极的心态面对，课堂中能够专注投入，对于新知识的学习充满渴望。而在教学引入环节实施问题式教学，以问题设疑激趣，学生的学习动机可油然而生。

教学示例 5-1 Na_2O_2 的化学性质

教学分析：Na_2O_2 的化学性质，对于 Na_2O_2 的重要应用、保存方法，金属 Na 燃烧的灭火方法等而言，都是重要的基础知识。因此，在教学引入环节，要充分调动学生的学习热情。教学引入中，我们可从 Na_2O_2 在生产实践中的重要应用入手，也可应用化学实验现象分析的方法，有多种思路和角度。例如，以化学实验为基础引入，我们可以适当地改进实验方法，设问引发学生认知冲突，让学生心存疑惑，有效地引发学习动机，使学生能以浓厚的探究兴趣和学习热情投入课堂学习。

教学实施：

以 Na_2O_2 与 H_2O 反应的实验为例：

问题1：水常用来灭火，那么"滴水生火"有无可能？请大家观察实验。

问题2：棉花团被引燃了，燃烧剧烈吗？可能原因是什么？

问题3：燃烧的发生，需要满足哪些条件？请从这个角度进行分析，"滴水生火"能够说明 Na_2O_2 与 H_2O 反应时发生了哪些变化？

教学评议：Na_2O_2 与 H_2O 的反应，也可以按常规演示：将 Na_2O_2 放入试管中，小心加入 H_2O，滴入酚酞，观察颜色变化，用带火星的木条检验气体等。而按照"滴水生火"的方式完成该实验，更易引发学生认知冲突，激发学生思考、探究的主动性。若只是给学生演示"滴水生火"实验，而没有相应教学问题的设置和引导，学生可能只停留在实验有趣这个认识层面上，缺乏深入的思考。因此，适当的实验方法的改变、恰当的问题设置与解决，能够引发学生更多的疑惑，激发认知冲突，从而使其产生强烈的探究热情，引发学习动机，有利于其以积极的态度投入课堂学习。同时，问题的设置促使学生主动应用已有知识对实验现象进行深入的分析和思考，为后续化学反应的学习提供了良好的认知基础。

教学感悟：教学引入环节的问题式教学实施，不能仅仅停留在有趣等表层认识上，而是应该以问题激发学生进行更深层次的疑惑和思考，产生更为持久的学习动力。这样，学习过程中的探究热情也更为持久，学生在学习中亦能收获更多。

2. 教学引入环节以问题式教学实施了解学习目标

我们常说"预则立，不预则废"，学生在课堂中的学习亦如此。因此，在教学引入环节，若能以问题的设置与解决，使学生对于学习目标有较为清晰的认识，可以更为充分地调动他们联系和应用已有知识和方法，对于即将学习的内容降低陌生度，能以足够的知识储备和自信心投入学习。

教学示例 5-2 Cl₂的学习

教学分析：Cl_2是高中化学学习中非常重要的物质。作为活泼非金属单质的代表物质，对于Cl_2的学习，既是对已学氧化还原反应规律的应用和巩固，又可为后续卤族元素、元素周期律和元素周期表的学习打基础、做铺垫。同时，在学习过程中，学生能够深刻地体会"结构决定性质"等重要化学思想，为整个高中化学的学习起到导向作用。而Cl_2的化学性质，学习内容相对繁杂，具有一定的学习难度。因而，在教学引入环节，以问题设置让学生初步了解学习目标，学生能对学习有充分的心理准备，能够以认真的态度投入学习，既重视又不畏难，进而积极应对学习过程中可能存在的困难，努力达成对Cl_2化学性质等的顺利学习和深度认知。

教学实施：

问题1：若Cl_2泄露，我们应该往高处跑还是往低处跑？常用什么方法处理？用H_2O吸收可以吗？

问题2：Cl_2有毒，实验室要进行尾气吸收，常用方法的原理是什么？

问题3：液氯可储存在干燥的钢瓶中，那么，Cl_2和Fe等金属反应吗？需要怎样的条件？工业上怎样制盐酸？与Cl_2的什么性质有关？

师生互动：上述问题的解决，我们需要了解 Cl_2 的物理性质以及重要的化学性质：Cl_2 与金属、非金属、H_2O、碱溶液的反应等。

教学评议：教学引入中的问题提出，是结合生活、生产实践与实验等对 Cl_2 物理性质和化学性质的分析。学生初步体会 Cl_2 的重要作用，认识到 Cl_2 不仅仅是有毒气体，而且还有重要的应用，从而能在学习中关注 Cl_2 的应用价值。问题设置之后的师生互动，清晰地点出了课堂教学的学习目标，建立对 Cl_2 重要化学性质的框架性认识，对于后续的课堂教学，指明了学习重点。同时，学生也可以初步认识到物质的用途与其性质之间的紧密联系。在问题设置的基础上，再了解课堂教学的学习目标，比直接叙述更易激发学生的学习热情，因为问题本身就因其思考性而具有内在吸引力。而学生认识到通过课堂学习，能够解决与生活实际、化学实验相结合的重要问题，在了解学习目标的同时，学习的内在动力油然而生。

教学感悟：在教学引入环节，以问题式教学实施让学生了解学习目标，使课堂教学一开始就呈现出思考性、探究性和吸引力，在课堂教学中能够起到激发、导向的重要作用。

3. 教学引入环节以问题式教学实施明确学习方法

高中化学学习中，因为每节课的教学内容不同，具体的学习方法也存在一定的差异。因而，在教学引入环节，常常需要以问题设置的方式引导学生明确对应学习内容的具体学习方法。这样，在学习过程中，学生能更加明确方向，有的放矢，做到对目标心中有数，井然有序地展开学习。

教学示例 5-3 SO₂的化学性质

教学分析：高中化学关于元素化合物性质的学习，容量大、化学反应繁多，因而，学习过程中的思路和方法非常重要。在教学中，教师要引导学生重视迁移，能利用已学知识和原理构建知识框架和体系。同时，以明确的学习方向，做到层次清晰、条理分明地学习。在学习 SO_2 之前，学生已学习了 CO_2、SiO_2 等重要化合物的性质。因此，以已有知识为基础，在 SO_2 化学性质学习的教学引入环节，设置问题，明确学习的角度和思路。同时，给学生提供高中阶段学习元素化合物知识的整体思路和方法。

教学实施：

问题 1：SO_2 与 CO_2、SiO_2 同为酸性氧化物，酸性氧化物有哪些共同的化学性质？

问题 2：S 元素的常见价态有哪些？从氧化还原的角度看，SO_2 应具有什么性质？为什么？

问题 3：学习物质的化学性质，常从酸碱性、氧化还原、特性等角度入手，SO_2 有什么特性呢？

教学评议：高中阶段，对于物质化学性质的学习思路清晰，方可条理清楚，方法恰当。常从酸碱性、氧化还原和特性等角度进行学习。对于 SO_2 化学性质的教学引入，问题 1 是从酸性的角度，类比已学 CO_2、SiO_2 进行梳理。问题 2 从 S 的常见价态切入，应用氧化还原的相关规律推测，SO_2 既有氧化性又有还原性。问题 3 一方面帮助学生厘清学习思路，另一方面引出 SO_2 特性的学习。

教学感悟：教学引入环节的问题讨论，使学生对课堂学习能有总体思路，能够构建框架认识，同时可应用已知原理实现迁移，为课堂学习明确方法，有序顺利展开。

综上，问题式教学实施在教学引入部分，以问题引发学习动机，使学生了解学习目标、明确学习方法，进而带领学生以浓厚的兴趣、饱满的热情和积极的态度投入学习，营造良好的学习氛围。对于教学引入部分的问题设置，需力求趣味性强、简洁明晰等特点，能密切结合学生的最近发展区，在问题解决的过程中，易于找到切入点。同时，要有适度的存疑和留白，使学生能够对后续学习保持探究热情。在教学引入部分的问题式教学实施中，教师要注意给学生提供参与问题解决的时间和空间，调动学生参与教学活动的积极性，实现课堂教学的"双主体"。在课堂教学的起始阶段，教师主导和学生主体有机结合就得以充分体现，能够形成师生共研共进的课堂教学的良好开端。

二、课堂教学重点与难点的问题式教学实施

在课堂教学中，对于教学重点的突出和教学难点的突破，需要教师用

心琢磨和精心安排。学习中，学生真正的困惑是什么？为什么困惑？对教学内容应做怎样的构建？应突出的重点是什么？如何突出？要突破的难点是什么？怎样突破？课堂教学中如何开发课程资源？以何种方式组织教学活动？……以上的问题，都需教师在认真、仔细的思考之后，在教学中付诸行动而解决。而问题式教学实施在课堂教学的重点和难点环节，应有什么特点？又应起到怎样的作用呢？

1. 重难点环节以问题式教学实施梳理思路

课堂教学中的重点，往往容量大、内容相对庞杂。而教学难点，又经常让学生难以找到思考的切入点，难以找到逐步推进学习的线索和思路。因而，在课堂重难点教学环节，需以问题呈现和问题解决的方式，引导学生逐渐体会和厘清学习思路，在庞杂、困难的学习内容中，以点入手，以线索推进，以清晰明了的层面深入，从而达到对重点学习内容了然于心，难点学习内容游刃有余，学习中能够融会贯通，信心倍增。

教学示例 5-4 **化学平衡移动（高三复习）**

教学分析： 化学平衡的学习，一方面贯穿高中化学教学重点和难点，对于整个高中学习，有着不可忽视的重要作用；另一方面，通过对化学平衡的学习，学生对很多化学反应及现象，能够从平衡的角度加深认识和理解，开启化学学习中的一个新的领域。同时，与化学平衡相关的很多原理和思想，与其他学科的学习、自然现象乃至社会人文现象都是相通的。通过对化学平衡的学习，学生认识世界、学习原理的视野和角度都能得到开阔和提升。因而，对于化学平衡的学习，教师和学生都须努力达成熟习原理、深层理解和熟练应用。其中，关于平衡移动的学习，更是需要明确其内涵和外延，应用自如。因为，关于化学平衡的问题解决，很多是在判断和确定平衡移动的基础上，才能顺利完成的。而关于平衡移动的学习，以问题式教学实施突破难点，突出重点，可使学生思路清晰地逐步进行与完成。

关于平衡移动方向的判断方法是教学重点，需视问题情境而进行选择。常用的方法有哪些？对应的题设是怎样的？以问题解决逐一厘清思路，加深理解。而对于平衡移动内涵的认知是常见的教学难点。高中化学关于平衡的问题分析解决中，学生经常判断平衡移动是"正向"还是"逆向"，但往往对其内涵没有明确的认识，造成进一步学习的困难，进而在问题解决中易出现失误。通过问题式教学实施，在问题设置和解决中，明确以速率认识平衡及平衡移动的学习思路，有效地化抽象为形象，化难为易，突破学习难点。

教学实施及评议：

"突出重点"教学实施：

问题1：判断平衡移动的方向，常用的方法有哪些？

问题2：v（正）与 v（逆）发生变化，平衡一定移动吗？为什么？满足什么条件，平衡才会发生移动？平衡正向移动、逆向移动与平衡不移动的速率变化分别是怎样的状况？请总结规律。

问题3：试以温度升高时的平衡移动为例，分析勒夏特列原理中的"减弱这种改变"的内涵是什么？

结合物理楞次定律与老子"天之道，损有余而补不足"，如何理解勒夏特列原理？

如何应用勒夏特列原理判断平衡移动的方向？

问题4：若反应未达平衡，应用 Q_c 与 K 的关系，可以判断什么？应用 Q_c 与 K 的关系，可以判断平衡移动的方向吗？通常在什么情况下应用？

"突出重点"教学评议：在化学平衡的学习及其问题分析中，判断平衡移动的方向是重点。对于常用的判断平衡移动方向的方法，问题1是总体认识。教学实施中，学生往往不能全面分析与解答，通过教师引导形成对总体思路的引导和梳理。

问题2引导学生理解平衡之所以移动及平衡移动方向的本质原因。教学问题以"总—分—总"方式设置。教学实施中，通过师生互动，学生对平衡移动方向与速率的关系，先构建总体认识，再逐一分析，最终自然而然地导出速率与平衡移动方向的总结性规律。

应用勒夏特列原理是判断平衡移动方向最常用的方法，其重点在于对"减弱这种改变"的理解。问题3先通过升高温度时的平衡移动体会其内涵，又以物理的楞次定律，老子的"天之道，损有余而补不足"引导学生触类旁通，由此及彼，以更开阔的视野感悟应用勒夏特列原理判断平衡移动方向的核心思想。

而应用 Q_c 与 K 的关系判断平衡移动的方向，是学生容易忽视但又非常重要的方法。通过问题 4 的设置与解决，引导学生明确：若未达平衡，应用 Q_c 与 K 的关系可判断反应进行的程度；若已达平衡，题设中相关数值"无规律"变化时，常用这种方法判断平衡移动的方向。

"突破难点"教学实施：

问题 1：平衡移动的前提条件是什么？从速率的角度分析，改变外界条件，怎样的状况下旧平衡会被破坏？

问题 2：平衡移动的方向与化学反应速率是怎样的关系？以 $N_2(g) + 3H_2(g) \rightleftharpoons 2NH_3(g)$ 为例，从速率的角度思考：平衡正向移动、平衡逆向移动、平衡不移动各自的含义是什么？

问题 3：请分别分析平衡正向移动、逆向移动与平衡不移动，对于反应物的量将产生怎样的影响？对于生成物呢？

"突破难点"教学评议：对于平衡移动的学习，常出现的认识误区之一是旧平衡未建立，就以平衡移动的思路和方法解决问题，导致失误。

问题 1 针对以上常见误区设置，引导学生重视平衡移动的前提条件。引导学生从速率的角度学习平衡移动，既容易理解，又凸显实质。

而对于平衡移动具体内涵的认识不清，常会导致学生学习过程中的困惑和失误。问题 2 结合学生熟悉的化学反应合成氨，明确学习平衡移动的重要思路：以"速率"为切入点，以 v（正）与 v（逆）的相对大小为判断平衡移动方向的依据，明晰平衡正向移动、逆向移动和平衡不移动的具体含义。

问题 3 则是对平衡正向移动、逆向移动和平衡不移动，从反应物、生成物两个方面分析其变化，进一步提升对平衡移动含义的认知。

教学感悟：以上的问题式教学实施，对于化学平衡学习的难点与重点，即平衡移动的内涵及平衡移动方向的判断方法：在不同情况下应用何种方法，每种方法应如何理解，有什么注意事项等，以问题的设置与解决逐一逐层学习和思考。经过这样的学习过程，对于化学平衡学习的难点与重点，学生能够在真正理解的基础上，应用相关方法自主解决问题。

2. 重难点环节以问题式教学实施分解对比

课堂教学的重难点内容，若以设问的方式进行分解、对比呈现，学生能够在比较中体会不同，并认识之所以不同的深层原因。在分解对比中，对重点内容进行多角度分析，对于难点进行分层次学习，对于重难点教学内容的学习是全方位的，认识也是深刻而鲜明的。问题式教学实施，以问题的呈现引发学生深度思考，以问题的解决引导学生深度学习，能够以富有探究性的、有利于交流互动的教学过程，顺利实现课堂教学中的重点突出和难点突破。

教学示例 5-5　盐类的水解

教学分析：水溶液中离子浓度关系的分析，有助于学生形成重要的化学思想，如"电荷守恒""物料守恒"等，也要学会以这些化学思想为基础和依据自主解决问题。这些学习内容，对于学生的分析能力、综合能力的训练极为有益。同时，还可以帮助学生形成抓主要矛盾、全面认识、善于发现内在关联等问题解决中的常用思想和方法。但是，这些学习内容因为对学生的能力、思维要求较高，往往又是学习难点。因而，以问题式教学实施分解对比，以比较中理解、理解中应用、应用中认知的学习过程和方法，有利于学生的学习，也有利于学生的发展。教学中的难点，是对核心原理，如强弱电解质、离子浓度与溶液浓度的关系、电离程度与水解程度关系等的理解和应用。而教学的重点，则是对代表反应，如 CH_3COOH 与 $NaOH$ 反应的不同情况，代表物质，如$NaHCO_3$、$NaHSO_3$ 等结合原理的对比学习。学习过程既关联又区别，深入浅出，以具体实例形成对比分析，实现直观呈现与深刻思考认知的有机结合。

教学实施及评议：

"突出重点"教学实施：

问题 1：25 ℃ 0.1 mol/L CH_3COOH 溶液与 0.1 mol/L $NaOH$ 溶液等体积混合，反应后溶液中离子浓度由大到小的排列顺序是怎样的？

25 ℃ pH = 2 的 CH_3COOH 溶液与 pH = 12 的 $NaOH$ 溶液等体积混合，反应后溶液中的离子浓度由大到小是怎样的排序？

问题2：$NaHSO_3$ 溶液中，含 S 元素的粒子有哪些？其浓度由大到小是怎样的排序？为什么？

$NaHCO_3$ 溶液中，含 C 元素的粒子有哪些？其浓度由大到小是怎样的排序？为什么？

问题3：25 ℃ 0.1 mol/L KHC_2O_4 溶液显弱酸性，我们可以获取哪些信息？对溶液中的粒子浓度进行分析可得什么结论？

"突出重点"教学评议：应用电荷守恒、物料守恒、质子守恒等化学思想以及电离大于水解、水解大于电离等化学原理，对溶液中的粒子浓度关系进行分析和认识，也是盐类的水解教学中的重点内容。教师要充分认识这些教学内容的内在价值，认识其对于提升学生的能力和思维等方面所具有的重要意义，要避免学生在学习中不求甚解，甚至囫囵吞枣，减弱教学、教育应有作用的充分发挥。以问题式教学实施，通过问题设置和问题解决的分解对比，有效地突出学习重点，锻炼学生思维，增强学生能力，达成化学学科知识的学习与学生的发展相辅相成，互相促进。

问题1通过两种典型问题情境对比，让学生对酸碱反应后溶液中的"电离大于水解"进行具体应用、体会和感悟。在应用中，可形成更深层次的认知。

问题2以高中化学常见物质 $NaHSO_3$、$NaHCO_3$ 的对比，将弱酸酸式根"电离大于水解"与"水解大于电离"进行分解学习。通过这样的方式教学，使学生形成完整、全面的知识体系，经过对比中的分析与思考形成的认识也是深入的、清晰的。

而问题3则是对学习中的所得所获的应用，帮助学生增强信息获取能力、信息加工能力和知识应用能力。

"突破难点"教学实施：

问题设置：

问题1："电离大于水解"的内涵是什么？

对于 25 ℃，pH = 2 的 CH_3COOH 溶液与 pH = 12 的 NaOH 溶液等体积混合后的"电离大于水解"，如何理解？

对于 $NaHSO_3$ 溶液，"电离大于水解"如何理解？

问题2："水解大于电离"，其含义又是什么？

25℃，pH＝2的HCN与pH＝12的NaOH溶液等体积混合后，溶液中$c(Na^+)>c(CN^-)$，可由此得出怎样的结论？

25℃，0.1 mol/L NaHCO$_3$溶液的pH＞7，其原因是什么？

问题3：请回顾整理，"电离大于水解""水解大于电离"其内涵常对应哪两类状况？

"突破难点"教学评议：问题1首先引发学生的疑惑，使学生在疑惑中产生探究动力。以CH$_3$COOH与NaOH的反应与NaHSO$_3$溶液的酸碱性分析为例，将"电离大于水解"分解对比讨论，知其含义，懂其实质。

问题2与问题1是整体上的分解对比。学习过程中，学生会自然联想，有"电离大于水解"，那么，相应地是否有"水解大于电离"？是否也对应两种状况？因此，由问题1解决过程中的所知所获，对于问题2的自主思考与解决顺理成章。而问题2本身也进行了分解对比。对于学生而言，HCN与NaOH的反应相对陌生，因而，问题设置更为具体化，更为直观明了，为学生自主学习提供了入手点。教学中，教师引导学生应用电荷守恒，易知溶液显碱性。进一步分析溶液显碱性的原因，顺利学习这种情况下"水解大于电离"的含义。同时，提高学生对电荷守恒等原理的熟练应用能力。因为问题1的设置与解决，学生有了相应的认识基础和问题解决能力，因而问题2后续的分解对比，以NaHCO$_3$的溶液显碱性直接引入，使学生很容易自主分析和完成问题解决。

而问题3是回顾与整理，学生可从总体上对比认识"电离大于水解"与"水解大于电离"，进一步形成体系化的深入认知，为顺利完成重点内容的学习提供良好的知识和能力基础。

教学感悟： 以问题式教学实施对教学重难点进行分解与对比，在教学过程得以顺利推进的同时，学生获得的不仅仅是对化学学科知识和原理的感悟，更多的是能力、思维和素养在突破教学难点和突出教学重点过程中的增强与提升。

3. 重难点环节以问题式教学实施辨析升华

课堂教学中的重点和难点，若能通过灵活多样的方法方式进行知识与原理的辨析学习、认识与应用的提高升华，可有效避免认知误区，对于学习重点能够层层深入，形成完整、周密的认知；对于学习难点能够达成剥茧抽丝、逐步突破的学习效果。而问题式教学实施，通过系列问题的设置与思考解决，能使教学中的辨析过程与学生的自主思考有效结合，对所学原理认识的提高与升华也能够自然完成，从而顺利实现重难点教学环节，使学生能更全面、迅速地提升与成长。

教学示例 5-6 **燃烧热概念的学习及应用**

教学分析： 燃烧现象学生熟悉，而燃烧热是对燃烧认识的"量化"。相关概念的学习是重点，而应用是难点，前者是后者的基础。教学中，对燃烧热概念的学习，要多以问题辨析，了解其内涵与外延，才能够在应用中准确、清晰、无误地理解与认知。

教学实施及评议：

"突出重点"教学实施：

问题 1：燃烧热概念中的关键词有哪些？

问题 2：关键词有 1 mol、完全燃烧、稳定、氧化物，那么，"完全燃烧"的具体含义是什么？请以 S、P 等为例进行说明。

能否举例说明"稳定"的含义？具体如何应用？

问题 3：燃烧热的概念中，为什么要强调"氧化物"？请以 H_2 为例分析说明。

"突出重点"教学评议：

对于燃烧热概念中的关键词逐一进行辨析，认识其内涵，才能够对概念有全面、深入的学习，才能在应用时避免失误。

问题 1 是总体梳理，锻炼学生获取信息的能力。

问题 2 以问题解决为线索，引导学生结合学习中的具体实例，逐一进行辨析。通过自主思考辨析可准确理解燃烧热的概念。

而问题 3 是燃烧热概念学习中容易被忽视的，在教学中也常常是学生难以独立完成的。教师可通过教学互动引导学生，以所学化学反应 $H_2 + Cl_2 =$ 2HCl 为例，体会燃烧热概念中"氧化物"的含义，温故知新。

"突破难点"教学实施：

问题 1：已知 $2H_2$（g）$+O_2$（g）$= 2H_2O$（g）$\triangle H_1$，请问 $\triangle H_1$ 是 H_2 的燃烧热吗？为什么？

问题 2：C_2H_5OH（l）燃烧的热化学方程式与 C_2H_5OH（l）燃烧热的热化学方程式的书写，可能有哪些不同？为什么？以 $\triangle H_2$ 表示相关数值，请写出 C_2H_5OH（l）燃烧热的热化学方程式。

问题 3：已知 H_2 的燃烧热为 $\triangle H_3 = -a\ kJ/mol$，$H_2O$（g）$= H_2O$（l）$\triangle H = -44\ kJ/mol$，请计算 4 g H_2 燃烧生成 H_2O（g），理论上放出的热量为多少？

"突破难点"教学评议：在燃烧热概念辨析的基础上，对于燃烧热概念的应用，是学习的难点。通过具体的问题解决，学生可在加深概念理解的同时，对应用中常用的思路和方法，由简单到复杂，由单一到综合，逐步体会和熟悉，顺利攻克学习难点。

问题 1 是相对基础的设问，对应的是燃烧热概念中的"1 mol""稳定"等关键词的内涵。学生能够在独立解决问题的同时，应用所学原理巩固所学知识。

问题 2 是发散思维的设问。教师在教学中，可引导学生从不同的角度，尽可能多地找出不同。例如，从乙醇的物质的量、乙醇的燃烧是否充分、生成物 H_2O 的聚集状态等不同角度进行比较。进而，在分析物质燃烧的热化学方程式和物质燃烧热的热化学方程式时，可以明辨、严密和精准。

问题 3 则是对燃烧热概念的综合应用。问题解决可以有不同的方法，如应用盖斯定律或直接运算等。教学实施中，部分学生因为概念模糊、方法欠缺等原因，可能会遇到困难。通过教学互动，学生能在解决学习困难的同时，灵活运用所学原理和方法，加强解决问题的综合能力，提升思维的严密性。

教学感悟： 对于燃烧热的教学重点，即燃烧热概念的学习，以问题设置推进，在问题解决过程中，充分体现学生的主体地位(学生自主发现、自主思考、自主找实例，得答案)。对于重点概念的学习，学会找关键词、深入辨析的学习方法，有利于整个高中阶段的化学学科知识学习，有利于学生信息提取、加工、处理等能力的不断强化与提升。

以问题设置对教学难点进行具体化辨析，可将原理和概念应用以及难点的突破融合于问题解决之中。教学难点以梯度化、针对性明确的问题设置呈现，每个问题的设置，对应学习难点的分解和层次；每个问题的解决，结合对学习难点的辨析和逐一攻克。通过这样的教学思路和教学方式，教学难点亦可转化为良好的育人契机。在高中化学教学中，教师应努力开发教学重难点中蕴含的内在教育教学价值，将其以恰当的方式呈现于课堂，以利于学生在高中化学学习中真正成长。

三、课堂回顾反思与问题式教学实施

在实际的教学中，部分教师和学生对课堂教学的回顾反思环节不是特别重视，很多时候这一环节会被淡化。于教师而言，回顾反思环节可能被视为可有可无的点缀，在教学时间紧张的情况下，甚至会直接省略。于学生而言，在回顾反思环节，可能会感觉课堂学习已接近尾声，精神和学习状态会不由自主放松，注意力容易分散。若再受到教师教学状态有意无意的影响，就有可能在这个阶段游离于课堂之外，即出现所谓的"状态不在线"，学习受到影响。事实上，对于课堂教学的回顾反思环节，我们不仅不能轻视、忽视，相反，应该特别重视。回顾，是对课堂教学内容内化的基础。在这个过程中，能够在很短的时间内，过电影般地对知识脉络进行厘清，对知识框架进行构建和巩固，对于促使学生将课堂所学有效地转化为能力和素养有着非常重要的作用。而反思，有助于学生意识到学习中存在的不足，能够对学生课后自主学习指明方向，为提高学习效率、增加学习信心和能力提供有力的保证。因而，充分发挥课堂教学回顾反思环节应有的作用，是教师和学生都应重视，且应将其付诸实施的。而这些作用，如何能有效发挥呢？教师教学的方法方式能产生重要的影响。若教师在回顾反思环节，只是平铺直叙，只是将课堂教学中的主要内容进行罗列和叙述，学生自然会觉得是对所学知识的简单重复，不会引起足够的重视，因而不会有浓厚的兴趣，也就不会积极地参与相应的教学活动。而教师若能够以问题呈现进行回顾反思，重现、内化和升华教学内容，教学就能具有内在的思考性，对于学生能有天然的吸引力，能使学生在问题呈现和问题解决贯穿的巧妙引导中，热情投入、积极探索，进而

对课堂所学内容进行梳理、巩固，加深认识。因此，将问题式教学实施应用于课堂教学的回顾反思环节，以问题强化课堂教学的整体提升，以问题深化学生认知，也是需要我们在教学实践中，重视、探索和践行的。

1. 教学回顾反思以问题式教学实施升华课堂教学

课堂教学的回顾反思环节，很多时候要体现对课堂教学的升华作用。这里的升华，包括以人文思想的渗透，提升课堂教学在文化、视野方面的拓展，体现化学学科与人文知识和其他学科的交叉与联系，实现高中化学的育人功能和价值；包括了对化学学科知识在方法、体系等方面的强化和构建，体现化学知识与生活、生产实践的密切联系，在生活、生产实践中的重要应用，使学生形成"重原理"，更要"知应用"的化学学习思想；也包括指导学生，将化学学科知识内化为能力，转化为素养，使其能从化学的视角对常识性认识进行深度学习，对生活和社会现象进行更具思辨性的思考和探讨，学会一分为二地辩证认识事物，使得化学知识和原理成为学生观察世界、认识世界和改造世界的有力支持和内在力量。通过恰当的教学问题设置和解决，在师生互动的过程中完成课堂教学回顾与反思，使化学学科知识的巩固与思想的升华有机融合，互相促进，转化为学生学习化学的深远动力。

教学示例 5-7 SO_2 教学

教学分析：SO_2 是高中化学学习中的重要物质。对于 SO_2 的学习，内容应该是全方位的：物理性质、化学性质及其与生活、生产的联系等。而学习方法也是多样的，充分利用已学酸性氧化物 CO_2、SiO_2 的相关性质，应用氧化还原反应的重要规律，将实验现象的仔细观察与原理的深入分析相结合，将归类、对比与综合应用相结合。而在课堂教学的回顾反思环节，以问题设置将 SO_2 与 CO_2 进行对比，对课堂所学 SO_2 的化学性质与应用加深认识，在知识体系的构建、知识的应用方面得以强化和升华。

教学实施：

问题设置：

问题 1：为除去 CO_2 中的 SO_2 气体杂质，我们可以从哪些角度来考虑？

问题 2：从酸性的角度分析，CO_2 与 SO_2 的不同点是什么？以此为依据，可用怎样的方法除去 CO_2 气体中的 SO_2？

问题3：从氧化还原的角度，CO_2 与 SO_2 有什么不同之处？以此为依据，可用怎样的方法除去 CO_2 气体中的 SO_2？

问题4：CO_2 与 SO_2 在特性方面的差异是什么？能否以此除去 CO_2 气体中的 SO_2？为什么？

课后思考：化学反应 $C+2H_2SO_4$（浓）$= CO_2\uparrow +2SO_2\uparrow +2H_2O$，若水为水蒸气，如何设计实验方案证明这三种气体的生成？

教学评议：对于 SO_2 化学性质的学习，通常是从酸性、氧化还原和特性三个角度展开的，而在课堂教学的回顾反思环节，对应这三个学习角度逐一思考除去 CO_2 气体中的 SO_2 的方法，既是对知识框架的再次熟悉和构建，对学习思路的回顾，又是对所学知识的深入认识和应用。在这个过程中，学生的知识体系和知识应用能力都得以提升，对课堂教学通过问题解决中的应用而实现升华。

问题1是对问题解决整体思路的提示，学生可回顾对 SO_2 化学性质学习的角度和思路，对于高中阶段物质化学性质的学习方法，能有更为明晰的体会。

问题2是从酸性角度对 CO_2 与 SO_2 的认识升华。在课堂学习中，对于 CO_2 与 SO_2 同为酸性氧化物，往往更侧重于二者的相似之处，而问题2可以帮助学生转换角度，认识到二者即使从酸性的角度分析，也存在差异。二者对应的酸，H_2SO_3 的酸性强于 H_2CO_3，因而可以应用饱和 $NaHCO_3$ 溶液除去 CO_2 中的 SO_2 气体。问题2的解决，可以帮助学生联想和复习已学化学知识和实验原理，并进行对比、选择和分析。

而问题3从氧化还原的角度明确 SO_2 与 CO_2 的不同，从而得出用酸性 $KMnO_4$ 溶液洗气除去 CO_2 气体中的 SO_2 等常用方法。这样的教学过程，对于锻炼、提升学生综合应用所学化学知识和原理的能力，是很好的机会。

问题4引导学生避免认识误区，对 SO_2 的检验与 SO_2 的除杂进行区分。

至此，对应课堂教学中学习 SO_2 化学性质的思路和角度，对所学化学反应以问题为导向，在应用的基础上全面加深认识，学生的认知、能力和化学素养在教学回顾反思环节得以升华。

而课后思考中蕴含化学实验原理和化学知识应用的针对性和综合性，学生能够在辨析的过程中，加强对化学实验原理的综合认识和应用，并体会在不同情况下，除去 CO_2 气体中的 SO_2 方法选择的依据和重要性，在后续的学习和问题解决中，能够更具思考能力，认知更为深刻、思维更为严密。

教学感悟： 问题式教学实施在课堂教学的回顾反思环节，能以其本身就具有的思考性，增强教学过程的内在吸引力。通过问题引导师生互动，在学生的积极投入和专注学习中，实现课堂教学对知识体系的完善、对学生认知高度和深度的强化和能力素养培育的升华。

2. 教学回顾反思以问题式教学实施实现广泛联系

在高中化学的学习中，将化学知识转化为学生问题解决的能力，积淀为学生的化学素养、完善的认知体系，是对化学原理达到融会贯通的前提和基础。因而，在学习的过程中，要在广泛联系中比较、辨析，全面深入、明晰高中化学的知识和原理。而在课堂教学的回顾反思环节，以问题呈现进行联系，以问题解决比较分析，通过学生的积极思考和探究，顺利完成学习内容的纵向深入、横向拓展，从而通过广泛联系，在教学回顾反思环节有效实现学生多层面的进步和发展。

教学示例 5-8 同系物与同分异构体

教学分析： 高中化学学习中的四个"同"，即同系物、同分异构体、同位素与同素异形体，一方面是非常重要的基础知识，另一方面，学生往往很容易辨析不清，是学习难点。在学习了有机化学同系物、同分异构体概念等的基础上，回顾反思环节以问题展开对这四个概念的横向联系比较，纵向深入认知，可以有力帮助学生形成清晰的认识。

教学实施：

问题1：两种有机物，有无可能既是同系物，又是同分异构体？为什么？

问题2：同位素的研究对象是什么？同素异形体的研究对象是什么？请分别举例说明。

问题3：互为同系物、同分异构体、同位素和同素异形体时，其物理性质与化学性质之间分别是怎样的关系？请大家逐一进行分析。

教学评议：对于容易产生模糊认知的概念进行分析、比较，若以陈述性的方式简单重复，学生易产生认知疲劳，缺少兴趣，不能积极参与教学活动。久而久之，还容易对回顾反思、概念辨析等产生懈怠情绪，认为不过是课堂所讲知识的简单重复而已。因而，以问题式教学实施完成相关概念的联系与辨析时，也要关注教学问题设置的思考性，避免只设置"是什么""是怎么样的"这样浅层化的问题。这样的问题解决，事实上还是对概念、原理的简单重复，学生容易缺乏参与热情。因此，以问题的呈现与解决，在回顾反思环节进行广泛联系、比较，从而明晰易模糊概念的内涵和外延时，应多关注知识应用，较深层地进行问题设置。问题本身具有探究的需要和意义，学生才能有参与探究的热情和积极性。

问题1的提出和解决，能使学生对同系物和同分异构体的不同之处进一步明确。在这个问题解决的过程中，学生会自然地对同系物、同分异构体概念进行梳理和内化，辨内涵、析外延，认知其不同，清晰明了相关概念。

问题2从同位素、同素异形体的研究对象设置疑问，针对学生易产生模糊认识的根本原因，即对相关概念内涵和外延的不明确而设问。通过对问题认真思考，通过实例分析，学生自然可知同位素和同素异形体根本上的不同。

问题3是应用型、综合性的设问，对于这个问题的逐一解答，不仅仅是对概念的深层梳理，还是对相关化学原理的深刻认知和多角度的分析与应用。学生概念清晰、知识体系构建完整，才能逐一顺利解决问题。而在这个过程中，学生能自然而然地明晰原理，提升认知，增强问题解决能力。

教学感悟：课堂教学回顾反思环节，以问题为中心实现和加强所学原理和概念之间的联系，不局限于相似、易模糊学习内容之间的比较和辨析，而应该是纵向、横向、立体等各方面的广泛联系。高中化学的学习中，或相似，或相近，或递进，或扩展，很多学习内容之间存在着广泛的联系。例如，从大的层面上，可逆反应的化学平衡、弱电解质的电离平衡、盐类的水解平衡、难溶电解质的溶解平衡等，在知识体系构建方面具有的相似性；从小的节点上，电离平衡、水的电离与盐类水解平衡的影响因素，其知识框架的相似和不同，氧化还原反应原理与原电池、电解池原理之间不可分割、层次递进的联系……

因而，在课堂教学的回顾反思环节，适时适度地以问题设置和问题解决，实现和体现这种广泛联系，引导学生寻找相似，思量不同，感受关联，发现本质等。充满思辨的课堂教学回顾反思，有助于学生对化学学科知识的深层次学习，更有利于学生良好学习方法的形成，有益于学生更强的学习能力的积淀与形成。

3. 教学回顾反思以问题式教学实施实现多方拓展

在课堂教学的基础上，在回顾反思环节，自然地从化学原理知识与生活、生产实践的联系，在生活、生产中的重要应用，与其他学科知识的内在关联，与社会未来发展、前沿尖端科学密不可分的关系等层面，可对课堂教学内容进行多方拓展。一方面，能开阔学生的视野，对化学学习能有更强的探究意识；另一方面，学生也能更深刻地体会化学知识之用，对化学学习能更加充满热情。而以问题的呈现与问题的解决进行的拓展，能更加鲜明地体现课堂学习中应有的探究性和思考性，更有利于学生形成未来发展所需的关键能力和必备品格。

教学示例 5-9　难溶电解质的溶解平衡

教学分析： 难溶电解质的溶解平衡原理，如沉淀的溶解、生成和转化，在化学实验、生活生产实践中，有着广泛的应用，在高考工艺流程综合题目中也时常考查。在课堂教学回顾反思环节，通过问题设置多方拓展，凸显应用，学生可将课堂所学与其应用相结合，拓宽思路，拓展思维，多方应用，多有感悟，深刻认知与深度构建，完善知识体系。

教学实施：

问题 1：$BaSO_4$ 从溶解的角度而言，有什么特点？请结合本课所学，谈谈可以采用什么方法使 $BaSO_4$ 溶解？我们可得出什么结论？

问题 2：水垢的主要成分是什么？水垢中还常含有 $CaSO_4$，可用盐与酸发生复分解反应使之溶解吗？为什么？结合本课所学，想一想可用什么方法除去水垢中的 $CaSO_4$？

课后思考：请查阅 Fe^{2+}、Mg^{2+}、Fe^{3+} 开始沉淀和沉淀完全所需 pH 分别为多少？

除去 $MgSO_4$ 酸性溶液中的 $FeSO_4$，主要的步骤有哪些？分别用到的主要试剂是什么？

教学评议：在对沉淀的溶解、生成和转化等原理有所了解的基础上，在回顾反思环节，以问题提出和问题解决的方式，从认知深度、联系旧知、知识应用等方面加以拓展，能够充分发挥回顾反思教学环节应有的提高和提升作用。

问题 1 从 $BaSO_4$ 既难溶于水又难溶于酸的学生熟知的特点入手，学生自然会产生疑惑：那怎样才能使 $BaSO_4$ 溶解呢？探究兴趣立刻被激发，学习热情自然高涨。在问题解决过程中，需要学生清楚认知：通常，沉淀是向更难溶的方向转化，之所以 $BaSO_4$ 在加入饱和 Na_2CO_3 溶液时可以转化为 $BaCO_3$，是因为 $BaSO_4$ 虽然更难溶，但与 $BaCO_3$ 的溶度积（K_{sp}）相差不是很多。

为了避免可能出现的对于沉淀转化的认识误区，在问题 2 中有相应的问题设置。问题 2 也是在学生熟悉的化学知识基础上进行拓展，有利于增强学生自主解决问题的自信心。同样，以问题设置激发学生疑问，激发探究热情：$CaSO_4$ 通常可以直接应用复分解反应除去吗？既是对已有知识的再现与深入，又可以更深刻体会难溶电解质的溶解平衡相关原理在生产、生活实践中的重要应用。

"课后思考"更是将学生的自主学习与自主探究有机融合，是对所学原理和知识的进一步综合，是拓展面更宽、拓展深度更为强化的问题设置，是高中化学相应知识应用的具有代表性的问题探究。学生在问题解决过程中，原理认知的深度和广度、知识应用的意识和能力，都能得到富有指导性的启迪和提升。

教学感悟：问题式教学实施在回顾反思教学环节实现多方拓展，问题设置的梯度、层次性和目标指向性是需要特别关注的。以学生熟悉的原理和知识为入手点，以认知冲突产生疑问、激发探究和学习热情，以知识应用的加深、联系为拓展的基本方向。以这样的拓展，学生能将已学知识纵横联系，多维度发展，形成立体、多面的体系，知识应用能力、思维能力能得到充分的锻炼和提高。

第二节　不同教学环节问题式教学实施的关注点

课堂教学的引入、重难点、回顾反思等不同的教学环节，在课堂教学中发挥着不同的作用。因而，问题式教学实施在各个教学环节，有各自的特点，也相应有不同的关注点。

一、教学引入环节问题式教学实施的关注点

教学引入环节，需带领学生以饱满的精神、高涨的热情、专注的心态迅速进入学习，对学生的调动、启发、激发等是这个教学环节应起的主要作用。那么，问题式教学实施在教学引入环节，要注重问题设置和教学实施契合学生的认知基础和认知需要，关注以下方面：

1. 教学引入环节问题式教学实施不要过难

教学引入环节中，适当难度的教学问题有利于调动学生的注意力和思考热情。但是，如果问题过难，学生难以参与到问题解决的过程中，课堂实际上又会演变成"师讲生听"的局面，教学问题的设置与实施很难发挥应有的调动学生学习动力和激发学生学习热情的作用。

教学示例 5-10 金属铁的学习

教学分析：关于金属铁的学习，在不同的阶段都有相关内容。例如，初中阶段对铁的重要反应的陆续学习、高中必修1进一步的学习、选修3对铁的结构的学习等等。在不同的阶段，学生对于铁的认知基础与学习目标不同，因此，教学中的问题设置要与此相对应，而不能盲目设置教学问题，脱离教学的实际状况与需求。

教学实施：在必修1金属铁的学习中，教学引入环节若设置这样的问题：

铁在周期表中的位置是怎样的？铁的原子核外电子排布是怎样的？这样的核外电子排布，决定了铁的哪些性质？

教学评议：若这组设问出现在关于铁的高三复习课上，可将关于铁的相关学习内容进行联系，从结构的角度分析铁的化合价及其化学性质，有利于

学生在广泛联系中深入学习化学原理。但是，在铁的新课学习中，这组问题于学生而言过难。教师的出发点可能是想引导学生体会"结构决定性质"的化学基本思想，从铁的结构切入进行教学，学生深层认知铁的变价等等。但实际的状况是，学生还未学习元素周期律和元素周期表，铁是过渡元素等知识，他们并不了解，也无法运用已有知识分析铁的原子结构示意图。因此，这组对学生而言过难的问题，往往形同虚设，大部分学生只能凭借教师单纯的讲解学习，教学引入问题设置应有作用未能充分体现和发挥作用。

教学感悟：显然，类似于这样过难的问题，出现在教学引入环节，反而有可能对学生积极参与教学活动形成阻碍。所以，教学引入环节的问题式教学实施，要对教学内容进行全面分析，对学生的状况认真研究。这些工作，是教师设置难度恰当且能够对学生积极参与课堂学习起到推动作用的教学问题的基础和前提。

2. 教学引入环节问题式教学实施不宜过易

教学引入环节问题式教学实施若过易，缺乏思考性和思维含量，对于相关的问题解答，学生未经思索就能脱口而出，问题设置也不能很好地发挥应有的激发和带动作用。教学问题的设置和实施若过于简单，貌似师生之间一问一答，推进顺利，但在实质上缺乏深入思考的问题解决过程，并不能在学生脑海中激起波澜和思维浪花。学生对课堂教学，也难有发自内心的、真正的学习热情。

教学示例 5-11 SO_2 的学习

教学分析：学生在初中阶段对 SO_2 已经有所了解，而且，在生活实际中，SO_2 也是学生并不陌生的物质。例如，在空气质量预报中，作为大气污染物之一，SO_2 的含量是重要的预报内容。因此，高中对于 SO_2 的学习，教学问题的设置需关注学生已有的认知基础，应富于思考性和探究性，才能对学生的学习产生内在的吸引。

教学实施：

教学引入环节若设置这样的问题：

请大家回想：我们在初中学习的知识，S 与 O_2 反应生成什么？ SO_2 是一种怎样的物质？是有毒气体吗？……

教学评议：这组问题的设置，在教学实施中教师提问，学生应能立即应答，进行得非常顺利，对于大部分高中学生而言，这样的问题过于简单，轻而易举就能得到答案。虽然问题解决过程顺利，但所设置的问题缺乏思维含量，对于学生投入课堂学习的积极性以及对于后续 SO_2 性质等的学习热情，并没有起到调动作用。从态度上而言，教学引入问题设置与实施过易，学生就有可能散漫应对，并会将这种心态不自觉地带入课堂中，不利于后续学习；从习惯上而言，过易的教学设问和实施，久而久之，会造成学生在高中化学学习中浅层次和表面化，难以在学习过程中自主发现问题，缺乏探究，缺少深度思考；从收获的角度而言，问题式教学中教学引入过易，学生一方面在学科知识方面收获较少，另一方面，学生能力的提升、思维的训练、思考能力的提高也难以落到实处。

教学感悟：对于问题式教学实施的教学引入，不能将其视为一个"走过场"的环节，流于形式，而是要在学生思考能力的提升、创新意识的启迪等方面有全面考虑。教学问题设置既要难易适度，又要富于思考性，在教学引入环节"先声夺人"；既有利于学生自主思考，自主探究，又能使学生学习热情倍增。这样，才能以学生积极参与的问题式教学实施，带领学生以自信、进取的状态投入课堂学习。

3. 教学引入环节问题式教学实施不能过远

课堂教学引入环节，不可漫无边际，任意联系，分散学生的注意力，即这个环节的问题式教学实施不要过远。很多教师，在教学过程中喜欢多方联系，旁征博引。若适度，无疑对学生是有益的，他们能够在学习过程中，认识到联系的普遍性，能够视野开阔，举一反三，融会贯通，在学习中有更高的热情、更多的收获。但是，课堂教学如同写文章，是有主题和主线索的，即使是散文，也是形散神聚。教学引入环节的问题式教学实施亦如此。我们可以在问题设置和实施中适度联系、扩展，有利于学生浓厚兴趣的产生，进行发散思维的训练。但是，不可以冲淡甚至偏离主题，喧宾夺主，分散学生的注意力，即不能过远。

教学示例 5-12 同系物

教学分析： 在高中化学的学习中，对于同位素、同素异形体、同系物和同分异构体等学习内容，学生往往容易混淆，出现认知偏差和应用失误。因此，很多教师在教学过程中会进行对比分析，帮助学生厘清概念，加深认识。但是，在教学过程中，教学问题的设置需要突出学习重点，不可偏离教学主旨。

教学实施：

有机化学"同系物"的教学中，教学引入环节若设置这样的问题：

大家知道氧元素常见的单质有哪些吗？O_2 和 O_3 是什么关系？它们的物理性质、化学性质有怎样的关系？它们之间的相互转化是物理变化还是化学变化？……

教学评议： 教师设置这些问题的出发点，可能是想以同素异形体之"同"，引出即将学习的同系物之"同"，同时，进行两个概念的对比分析。但是，作为同系物课堂教学的引入，对于以 O_2 和 O_3 为例的同素异形体相关内容展开过多，学生的注意力过多集中于所学同素异形体的相关知识，对同系物的关注反而还需思维转折。因此，问题式教学实施中的教学引入离课堂教学的重点"过远"反而不利于课堂教学的顺利进行。

教学感悟： 教学引入，就是为课堂教学的重难点环节等作铺垫、打基础，促成学生在精神层面上能够专注于课堂、行动上能够积极参与课堂教学、知识准备上能够联系与课堂教学相关的已有知识。因而，拓展与回顾、加深与关联都要围绕课堂教学的主要内容，而不能有过多的旁枝末节，避免影响学生对于学习内容的注意力和专注程度。联系，是以"集中"为前提的联系；拓展，是以"重点"为核心的拓展；回顾，是以"主干"为线索的回顾，是我们在问题式教学实施引入环节中应关注并且要努力做到的。

二、重难点教学环节问题式教学实施关注点

课堂教学的重点突出与难点突破，需要适度的思维强度和恰当的思维密度。这个环节的问题式教学实施，教师需要关注学生的课堂反馈，及时了解学生和分析学生真正的认知困难，教学要跟随学生而动，及时调整课堂教学的节奏以及问题提出和解决的方法方式。教学过程要灵活多变，富于创新性和吸引力，结合学生的需要，做到使学生在学习过程中的多维度发展与成长。

1. 重难点教学环节问题式教学实施需关注教学节奏

在重难点教学环节，教学节奏可通过问题式教学实施加以掌控和调整。一节课，如同一首乐曲，有高潮迭起，也应有平缓从容，舒缓有度。在课堂学习中，学生的思维和情绪，在重难点教学环节，如同乐曲的高潮，要有节奏地进行问题的设置与解决。在思维高潮的迭起中，学生感受重点教学内容的铺排展现、难点教学内容的深入浅出，从容攻克。而教师也要在问题推进中，适时适度地放慢节奏，给学生回味、内化的时间和空间。在教学中，以对比问题的设置，使学生能够应用课堂所学自主解决同类的问题，既是在思维高潮之后的一个舒缓阶段，也是强化学生知识、方法的应用能力，增强学习信心的机会。在课堂前期的问题解决中，可能教师的主导作用在发挥主要的作用，因为学生首先要学会、体会和感悟；而课堂教学后期的问题解决，则常常以学生的主体地位为主，因为学生在这个阶段要内省、模仿和应用。而这两个相互关联的阶段，前者对应思维高潮迭起之阶段，而后者，则是平缓舒和之时光。教师以这样的组合和对比的问题设置和问题解决，完成重点、难点内容的教学，可在调整好教学节奏，使得大部分学生能够适应课堂教学，顺利完成学习任务的基础上，将方法原理的学习和应用有效整合，将教师的主导作用和学生的主体地位有机融合。在重难点教学环节，以学生能够从容适应的教学节奏，顺利完成学习任务。

教学示例 5-13 **盐类的水解之离子浓度比较**

教学分析： 在"盐类的水解"相关内容的学习中，离子浓度的比较对大多学生而言是学习困难之处。而这些学习内容，若单纯凭借教师的讲解，学生缺乏自主梳理和消化，对相关原理和方法不容易做到真正理解和应用。而只是学生自己琢磨，又因难度较大、综合性较强等原因，学习效率低且效果不佳。因此，教学中选择代表物质的组合，既有教师的引导和启发，又有学生的思考和内化，在对比中掌握原理，在类比中学会应用，才能有较好的学习效果。既有教师引导下的思维和思考的层层提升，又有学生认真的练习和学习中的心领神会，教学过程有节奏分明的逐步推进，可顺利攻克重点。

教学实施：

教师设问组合：

问题 1：常温，浓度均为 0.1 mol/L 的 CH_3COOH 与 NaOH 溶液等体积混合，反应后的溶液中离子浓度由大到小排序是怎样的？

问题 2：常温，0.2 mol/L 的 CH_3COOH 与 0.1 mol/L 的 NaOH 溶液等体积混合，反应后的溶液中离子浓度由大到小排序是怎样的？为什么？

问题 3：常温，0.2 mol/L 的 CH_3COOH 与 0.1 mol/L 的 NaOH 溶液等体积混合，反应后溶液中 c（CH_3COOH）$+2c$（H^+）$= c$（CH_3COO^-）$+ 2c$（OH^-）是否成立？请谈谈分析过程。

问题 4：请思考上述问题分析的基本步骤、思路和方法是怎样的？

学生对应练习组合：

问题 1：25 ℃，pH $=$ 2 的 HCl 与 pH $=$ 12 的 $NH_3 \cdot H_2O$ 等体积混合，反应溶液中离子浓度由大到小的排序是怎样的？为什么？

问题 2：25 ℃，0.1 mol/L HCl V_1 L 与 0.1 mol/L 的 $NH_3 \cdot H_2O$ V_2 L 混合，反应后溶液恰好呈中性，则 V_1 与 V_2 的大小关系是怎样的？反应后，溶液中离子浓度由大到小如何排序？应用什么方法可快速分析？

教学评议： CH_3COOH 与 NaOH，HCl 与 $NH_3 \cdot H_2O$ 的组合，是离子浓度关系分析中常见的组合。教学中，应用 CH_3COOH 与 NaOH 的组合进行教师方法指导的问题设置。在这组问题设置中，特别关注问题解决中的思维含量的逐步增强，选择典型题设，由易到难，梯度分明，每个问题都关注原理的发掘、方法的指导。

问题 1 是基础性设问，其中蕴含的思想和方法是：先分析反应后的状况；分析离子来源；常为"强大于弱"，即强电解质电离产生的离子浓度，要大于弱电解质电离产生的离子浓度。以上的思想和方法，是进行溶液中离子浓度关系分析的基础，是通用的、重要的方法和思想。

在问题 2 的解决中，由问题 1 所得的思想和方法同样适用。重点是通过师生互动，学习和了解这种情况下"电离大于水解"的含义。

而问题 3 是综合应用电荷守恒、物料守恒来解决的典型问题，从中获得的思想和方法对很多问题都是适用的。

问题 4 则是对思路和方法的再次强化，学生的梳理过程，既是内化的过程，也是将知识转化为能力的过程。

在"教师设问组合"的问题解决中，课堂教学容量大，以教师引导为主，进行方法的训练与习得。在此基础上，进入相对舒缓的教学节奏，以"学生对应练习组合"的问题设置，选择常见的另外一对典型物质组合 HCl 和 $NH_3 \cdot H_2O$ 进行学生的自主练习。由 CH_3COOH 与 NaOH，变换为 HCl 和 $NH_3 \cdot H_2O$，问题的设置也不是简单重复，而是原理相近、情境不同，训练学生思维的灵活度和创新能力。虽然教学节奏略作改变和调整，问题解决中的思维含量依然保持，教学中的思考性和能力训练并无减少。

问题 1 是"电离大于水解"的另一种常见问题情境，学生需应用已学知识形成较为完整的认知体系。

而问题 2 是灵活度高、综合性强的设问，学生对很多具有代表性的题设情境和原理真正理解，才能够顺利完成。在这个过程中，学生能进行深入的思考、深层的认识，体会问题解决方法的优化选择。

教学感悟：高中化学学习中，有许多教学内容可以通过类似的"教师设问"与"学生对应练习"组合进行问题设置，有效调控课堂教学节奏。这些教学内容，或相似，或相反，或对应。例如，强弱电解质中的 CH_3COOH 与 HCl、$NH_3 \cdot H_2O$ 与 NaOH 组合，盐类的水解 CH_3COONa 与 NH_4Cl、Na_2CO_3 与 $NaHCO_3$ 组合；酸碱中和滴定 HCl 滴定 NaOH 与 NaOH 滴定 HCl 组合，HCl 滴定 $NH_3 \cdot H_2O$ 与 NaOH 滴定 CH_3COOH 组合；等等。这些教学内容，通过对比、类比、分组的教学问题设置和问题解决，教学节奏面向大多数学生。教学中既有知识原理的学习体会，又有应用、内化和提升，恰当地融合教师的主导作用和学生的主体地位。这样的问题式教学实施，面向学生实际的学习困难和学习需求，有效地调整教学节奏，能够将教学难点的学习在思考和领悟中转化为学生迅速全面进步的契机。

2. 重难点教学环节问题式教学实施需要关注思维密度

1988 年，澳大利亚心理学家约翰·斯威勒首次提出认知负荷理论。认知负荷是指外部信息进入个体工作记忆中所需的心理活动总量。认知负荷分为三类：内在认知负荷、外部认知负荷和相关认知负荷。内在认知负荷是指与学习材料的复杂性及学生认知结构相关的认知负荷；外在认知负荷是由学习材料的呈现方式、教学设计及学习活动本身引起的认知负荷，一般与教学内容的组织和设计有关；相关认知负荷指学习者形成认知图式和知识结构过程中想要主动投入的认知资源数量。外部认知负荷和相关认知负荷都直接由教学设计者所调控，三种类型的认知负荷是相互叠加的。为了促进有效教学，在教学过程中，应尽可能减少外部认知负荷，增加相关认知负荷，并且使总的认知负荷不超出学习者能承受的认知负荷范围，否则，就会产生较低的认知效率。认知负荷理论以学习者认识结构所具有的特点为出发点，以教育心理学中所提出的记忆理论为基础，通过针对学习者的复杂学习来不断地评定学习者的认知负荷状态，以最大限度减少其他因素的干扰来促进学习者的最大学习效率。

认知负荷理论的发展倾向与新课程标准中的"以学生为本"的主题不谋而合。因此，我们在教学中，要尽可能充分地考虑学习者自身的认知状态和学习状态，进而在教学过程中，随时根据学生的情况而对教学进行不断的调整和改进，以制定符合学生特点的最佳教学策略和方法。依据认知负荷理论，在问题式教学实施的重难点教学环节，我们一方面要关注学生的思维密度，尽可能通过问题的设置顺序、分组和层次，使得教学做到符合认知规律的由易到难、思维密度由小到大，对每个层次的问题设置，要使学生能够参与其中，积极应答。另一方面，通过教学问题的设置和解决，尽可能减少外部认知负荷，增加相关认知负荷，以精心设置的教学问题、有序恰当的教学过程、热情有效的师生互动，在思维碰撞中，在层次递进中，认知重点，突破难点。

教学示例 5-14 **盐溶液的酸碱性分析**

教学分析： 在学习了"盐类的水解"相关原理后，对于盐溶液的酸碱性需要全面认识。这部分学习内容容量较大，也相对复杂。不同的盐，其酸碱性主要由电离过程还是由水解过程决定，需分类进行逐一分析。包括溶液的酸碱性只是由电离过程决定的，如 $KHSO_4$ 这样的酸式盐；单纯由水解过程决定的，如 Na_2CO_3 这样的正盐；也有电离过程与水解过程都发生的，如 $NaHCO_3$、$NaHSO_3$ 这样的酸式盐，又有电离大于水解、水解大于电离之分。如何在"纷乱"中找到有序的学习线索？如何在学习的过程中使思维密度更合理且逐步提高，学生始终能够自主参与问题解决，同时获得清晰明了的认知方法呢？如何有效运用认知负荷理论，使得教学更切合学生的实际状况及学习需求呢？教学中问题的设置，问题解决中的思想与方法的渗透，在此起着重要的作用。

教学实施：

问题 1：对于 K_2SO_4、（NH_4）$_2CO_3$、$KHSO_4$、$NaHCO_3$、Cu_2（OH）$_2CO_3$、$NaHSO_3$、NaH_2PO_4 这些盐，从酸碱是否完全中和的角度可分为几类？具体的分类情况是怎样的？

问题 2：K_2SO_4、Na_2S、（NH_4）$_2CO_3$ 溶液的酸碱性分别是怎样的？由此可知，如何判断正盐溶液的酸碱性？主要遵循什么规律？

问题 3：请写出 $KHSO_4$ 在水溶液中的电离方程式，其水溶液的酸碱性如何？是由什么过程决定的？由此可知，强酸的酸式盐显示怎样的酸性？如何分析？这些方法和结论，对于 NH_4HSO_4 适用吗？为什么？

问题 4：在 $NaHSO_3$ 溶液中，HSO_3^- 存在哪些平衡？如何判断其溶液的酸碱性？其中含硫元素的粒子，其浓度由大到小的排序是怎样的？

问题 5：$NaHCO_3$ 溶液中，HCO_3^- 与 HSO_3^- 情况相反，是水解大于电离，应如何理解？其溶液酸碱性如何？其中含碳元素的粒子，其浓度由大到小的排序是怎样的？

问题 6：请归类小结，常见盐溶液的酸碱性应如何判断？

教学评议：总体而言，在问题式教学实施重难点环节，思维密度过大时，可通过问题设置进行适度的分解；而在需要强化、提升的部分，又可通过问题的设置增大思维密度，落实教学实施中的思维训练和思维优化。在盐溶液的酸碱性分析判断中，若直接分类讲解，常有学生因为遗忘或知识漏洞等原因，会提出什么是"正盐"等非常基础的问题。问题 1 就是基于学生基础认识可能存在的需要完善之处设置的。通过常见的具有代表性盐的列举及分类，降低认知的切入点，增大思维密度。即具体物质的呈现，学生对于问题解决过程容易参与，但概念分析问题化的呈现方式，使得教学过程思考性增加，对学生的吸引力增强。

问题2的设置和解决过程为具体分析→方法→内在规律，层层递进中，思维训练和方法习得融为一体。

问题3也是从思维密度小的基础知识入手，然后过渡至思维密度大的方法提炼与特例分析，使学生获得深层次的认知。

问题4整体而言，对学生知识应用和原理分析的综合性要求较高。但是，通过问题设置提供低起点、直观呈现的思路，因而，学生在学习中能够自主发现，自主解决问题，获得认识上的提升。

问题5与问题4密切相关，相似、对应但又不同，以问题的引导，使学生能够举一反三。

问题6通过思维密度大的总体性的问题设置，对盐溶液的酸碱性的判断进行分类回顾、梳理，帮助学生形成完整的认知和全面的问题解决方法。

教学感悟： 在问题式教学实施的重难点教学环节，我们应以认知负荷理论为指导，通过调整问题设置的方法和角度等，对学生在学习过程中的思维密度加以调控。比如，将分散与增强相结合，较低的学习介入"门槛"和较高的思维训练、方法习得相结合。这样，使学生即使在面对重难点的学习内容时也能热情自信、积极参与，顺利完成学习，真正得以发展和提升。

3. 重难点教学环节问题式教学实施需关注提炼要点

重难点的教学内容，其特点之一往往是内容庞杂。因而，这个环节的问题式教学实施，需要关注问题的设置与解决，对于庞杂的、学生可能会感觉无绪的学习内容，可进行要点提炼与学习导向。这样，才可避免学生因为过程与思路的无序而陷入单纯记忆的学习状态。通过问题设置与问题解决，对庞杂的学习内容进行要点的提炼，对于学生的思维训练也是有益的。在高中化学的学习中，思维有序往往能在学习中起到非常重要的作用。化学学科的知识体系，有些内容从表面上看，确实是有些"乱而无序"。例如，化学反应若一一列举，的确"多"；基本规律在"一般"的基础上，往往有"特例"

与"特殊情况"，的确"乱"；一种物质，要学习物理性质，化学性质，用途、制备……而物理性质又分为若干点，化学性质又分为若干条，的确"杂"。因而，教学中不能被繁杂的内容所牵制，陷入"杂而乱"的无序状态，而是要研究教学内容，明确教学理念，厘清教学方法。一方面，教师要清楚地认识到，在高中化学的教学中，学生需要学习的不仅是化学学科知识，更为重要的是方法的学习和能力素养的培育。因此，教学不能是对教材的简单照本宣科，而是要进行课程资源的开发与整合，教学中渗透学科思想，贯穿方法学习；另一方面，教师对教学内容要善于找到内在的、本质的关联，善于整合和提炼。教师的教学思想和教学方式是有序的，学生的学习过程、思维训练才能是有序的。在教师精心提炼要点的教学中，学生在高中化学的学习中，方能有条不紊地学习，持续有序展开。

教学示例 5-15 **盐类的水解应用**

教学分析： 盐类的水解相关原理和知识，不仅与化学实验仪器的构造与使用，与化学实验以及现象等关系密切，同时，与生活实际、生产实践也有着千丝万缕的联系。如 $FeCl_3$、Na_2S 等化学试剂的配制，Na_2CO_3、Na_2SiO_3 等溶液的保存，泡沫灭火器的原料与原理，肥料的施用，胶体的制备，纳米材料的制备，等等，都与盐类的水解有关联。若在教学中一一列举，其内容非常庞杂，且乱而无序。因此，教学中若不加以要点提炼，则势必造成学生罗列加记忆的学习状态，不利于促进学生对学习方法的认识和体会，不利于学生思维和能力的提高。相反，若以教师的精心设问引导与提炼要点，看似无章可循的教学内容，可有序展开。并且，在学习的过程中，学生不仅能对盐类的水解的相关原理及应用加深认识，形成体系，还能够温故知新，能对 $Fe(OH)_3$ 胶体的制备等内容，从实验原理等方面有更为深入的学习和理解。

教学实施：

问题1：大家能否谈谈盐类的水解原理有哪些应用？

问题2：若从盐类的水解受到"抑制"的角度分析，盐类的水解有哪些重要的应用？

问题3：若从盐类的水解得以"促进"的角度分析，盐类的水解有哪些重要的应用？

问题4：请从制取、配制、使用等角度对盐类的水解的应用进行分析，有哪些具体实例？

教学评议：分类的思想和方法，对于高中化学的学习有着重要的作用和意义。高中学生学习了分类的基本方法，即树状分类法与交叉分类法。在问题式教学实施重难点环节，对于庞杂的学习内容需关注要点提炼，而多用分类的思想进行，显然是容易实施且学生易于接受的思路和方法。那么，怎样选择分类的角度呢？对于盐类的水解而言，提炼要点最好是既能加深学生对已学知识的理解，又能顺利推进新知识学习的角度。因而，选择盐类的水解"抑制"和"促进"两个方面，通过问题设置和问题解决进行整理与归纳，将温习旧知与学习新知一并进行。

问题1的设置，是对盐类的水解的应用进行学习的开端和基础，是对学生的启发，也是对学生发散思维的训练。同时，引导学生对已学知识进行回顾梳理，为后续的深入探讨提供学习资源。

而问题2则是引导学生依据设问提供的思考方向，进行要点提炼和深入认知。学生可能提到的事实有 $FeCl_3$、Na_2S 溶液的配制等，教师则可以教学的实际状况为基础，通过教学互动，从 $MgCl_2 \cdot 6H_2O$ 等结晶水合物中获得 $MgCl_2$ 等无水盐的方法，盛放 Na_2CO_3、$NaAlO_2$ 等水溶液的试剂瓶不能用磨口玻璃塞等，进行归类补充。

对于问题3，学生回答的可能更多：泡沫灭火器的使用、用热纯碱溶液清洗油污、$Fe(OH)_3$ 胶体的制备、草木灰与铵态氮肥不能混合施用等。在教学互动中，教师需要补充些学生陌生或容易遗忘的内容，如 Al_2S_3 的制备，离子能否在水溶液中大量共存的分析，金属酸洗，纳米材料的制备，$FeCl_3$、$AlCl_3$ 等的水溶液加热、蒸干及灼烧产物的分析等。经过这样的师生互动中的补充与完善，学生能够对盐类的水解的应用获得较为全面的认识，且能与其原理相结合，是深层次的、有益于学生成长的学习过程。

问题4的提出是对学生的启迪，也是引导学生进行回顾与巩固。

教学感悟：以分类的思想等，对庞杂的学习内容进行要点提炼，是教师对教学内容的整合与构建，也是对学生学习思路的指导。以问题式教学实施实现这个过程，能使学生在更富于思考性和探究性的学习中，完成对重难点知识的学习和感悟，从而能够在能力、素养等方面获得提升。

三、回顾反思教学环节问题式教学实施关注点

我们常说"画龙点睛"，回顾反思教学环节也是课堂教学的"点睛"之笔。因此，对于这个教学环节，我们要特别重视，不能因为时间紧张等原因，匆匆一带而过，甚至完全省略掉；要充分发挥回顾反思环节对教学的"点睛"作用，对课堂教学既要概括要点，又要升华，使得课堂教学在知识体系的完善、视野境界的提升、人文素养的熏陶等方面都能"更上一层楼"。

1. 回顾反思教学环节应避免平淡固化

因为对于回顾反思教学环节不是特别重视等原因，很多时候，这个环节教师的教学语言会趋于千篇一律。例如，"同学们，你们在这节课收获了什么？能和大家分享吗？""请大家和我一起回想，我们在这节课主要学习了什么？""好了，我们今天就讲到这儿。我们这节课学习了什么？"……类似于这样的课堂教学回顾反思，教学语言单一、组织形式单调，平淡而且固化。久而久之，学生自然会置若罔闻，缺少参与其中的积极性。因而，对于回顾反思环节的教学组织，教师同样要精心思考，用心安排，使得这个教学环节依然能够在浓厚的探究氛围中，展示课堂教学的精华，使学生能够领悟课堂教学的精髓，提升认知。

教学示例 5-16　NH_3 的化学性质

教学分析：在学习了 NH_3 的化学性质之后，若在回顾反思环节，类似于这样引导学生："我们这节课主要学习了 NH_3 的化学性质，大家能不能回想一下，NH_3 的化学性质是什么？"自然地，学生会把课堂所学罗列一遍：NH_3 溶于水显碱性，NH_3 能和 O_2 反应，NH_3 能和酸反应，等等。这样的回顾反思，其实就是单纯记忆，虽然对学生熟悉化学反应，巩固所学知识能起到一定的作用，但是，整体来说，还是属于简单地回想与重复。而若以问题设置的形式，引导学生灵活应用课堂所学进行问题解决，在应用中、思考中的回顾反思更能增强学生的知识应用能力、思考能力和问题解决能力。

教学实施：

问题设置：锥形瓶中盛有浓氨水，将红热的铂丝置于液面上方，我们可能会观察到哪些现象？对应的化学反应是怎样的？

教学评议：在 NH_3 化学性质的教学中，以这个设问引导回顾反思，能够紧紧地吸引学生的注意力，促使其应用课堂所学，努力自主解决问题。这个问题中，涵盖了很多化学原理及反应：氨水的挥发性，氨的催化氧化反应 $4NH_3+5O_2 = 4NO+6H_2O$，以及 $2NO+O_2 = 2NO_2$，$3NO_2+H_2O = 2HNO_3+NO$，还有 HNO_3 的挥发性，化学反应 $HNO_3+NH_3 = NH_4NO_3$ 等。在这个过程中，包括了所学的重要化学反应的应用和对应的实验现象的分析，对学生综合应用知识的能力是一种训练和提升。

教学感悟：针对不同的课堂教学内容，设置不同层次、不同形式的问题进行回顾反思，可以避免这个教学环节经常出现的平淡固化，调动学生的内在参与热情。问题的精心设置，可以化平淡为富于内涵，问题随教学内容而调整，可以变"固化"为丰富多样。回顾反思环节的问题设置与实施，以其应用性、综合性、思考性和探究性，一方面起到对课堂教学的提升、"点睛"作用，另一方面，使得这个教学环节不再可有可无，而是充满师生互动和共同思考的、精彩纷呈的课堂教学不可或缺的组成部分。

2. 回顾反思教学环节应避免平铺罗列

课堂教学回顾反思环节的教学内容，若过于平铺罗列，甚至只是对课堂所学内容"标题式"的——列举，类似于："这节课我们学习了这样几点，一是 Cl_2 的物理性质，二是 Cl_2 的化学性质，而 Cl_2 的化学性质又包括了 Cl_2 与金属的反应，Cl_2 与非金属的反应，Cl_2 与 H_2O 的反应，Cl_2 与碱的反应等……"这样的回顾反思，貌似"提纲契领"，对课堂所学的重点都——提及，但事实上，这样平铺直叙的回顾，依然是对课堂教学的简单重复，只不过是"选择性"的重复。缺乏思维含量的学习内容和学习过程，对于好奇心旺盛、探究兴趣浓厚的学生往往缺乏吸引力，很难让他们全身心参与其中，因而减弱或失去教学应有的作用，对于回顾反思教学环节而言也不例外。因此，在回顾反思的教学环节中，也应避免教师"平铺直叙"式地单纯讲解，而是要更多体现教学中的思维训练以及创新性和知识应用。同时，强化师生互动、生生互动。以问题呈现课堂教学的主要内容，以问题解决再现和深入课堂所学，是我们在很多教学回顾反思环节可以采用的思路和方式。

教学示例 5-17　**弱电解质的电离平衡**

教学分析： 弱电解质电离平衡的课堂回顾反思环节，若平铺罗列，常可列举这样几点：电离平衡的概念、电离平衡的基本特征、电离平衡的影响因素、电离方程式的书写等。将课堂教学的"主干"列举出来，可以帮助学生建立知识框架，但是显然缺乏教学过程应具备的思考性和探究性。并且，将课堂所学的所有"要点"一一罗列，也没能突出教学重点。课堂的回顾反思环节，并不需要"胡子眉毛一把抓"，要凸显重点，引导学生关注对核心学习内容的深入领悟和认知。

教学实施： 对于 $0.1\ mol/L$ 的 CH_3COOH 溶液，从 $CH_3COOH \rightleftharpoons CH_3COO^- + H^+$ 分析，有哪些方法可以用来增强其导电能力？在相应的过程中，CH_3COOH 电离平衡移动的方向是怎样的？

教学评议： 课堂教学的回顾反思，以教学设问的解决为核心，学生需回顾重点学习内容的相关原理：电离平衡的影响因素，如温度、浓度、加酸加碱、加盐、发生反应等；以常见的代表物质 CH_3COOH 及其电离平衡为研究对象，思考增强其水溶液导电能力的方法，如升高温度、加入适量的冰醋酸、加入适量的 $NaOH$、加入少量的 CH_3COONa 等，并分析不同过程中电离平衡移动的方向。围绕"离子浓度增大以增强溶液导电能力"这个主题，以课堂所学知识为依据，加强应用，发散思维。而且，同样是 CH_3COOH 稀溶液中离子浓度增大，即导电能力增强，不同的方法，电离平衡有正向移动，也有逆向移动，学习过程的思辨性强，促进学生深度思考。这样的回顾反思，避免主次不分和平铺直述，突出重点，凸显认知升华，学生获益更多。

教学感悟： 回顾反思环节的问题设置，可以针对课堂教学的核心和重点，以应用所学知识解决问题为中心，"牵一发而动全身"，真正意义上做到提纲挈领。以问题引发的知识再现，不再是直接的、简单的重复，而是再次的深度学习，对原理的认知更为深入和透彻，对体系的构建更为全面和深入。

突出重点，凸显思维品质的训练，这也是我们在回顾反思环节的教学设问中应该努力做到的。

3. 回顾反思教学环节要突出实质

如果对学习内容的实质清楚明了，就等于抓住了根本，与此有关的很多学习内容可迎刃而解。回顾反思的教学环节，回顾什么呢？回顾核心。反思什么呢？反思实质。因而，在回顾反思教学环节，应突出课堂学习内容的实质，引导学生对实质再认识，强化认知。教学中，要显现这个环节对教学内容深层次的再学习和梳理。很多时候，在回顾反思环节，教师会让学生对课堂所学进行所谓"知识点"的回忆，学生也会相应地回答所学"概要"。但是，这种浅层化的逐条逐点的复述，可能造成学习中深度思考的缺乏。学生在课堂上忙于记笔记，在回顾反思时关注"条条框框"，在课后忙于回忆笔记。这种学习方式，可能会让学生忙于记忆，而疏于理解，而在问题解决中又苦于应对，生搬硬套，常常事倍功半。因而，在课堂教学回顾反思这个重要环节，以问题提出和问题解决的方式，能使学生从根本上认识所学内容，从本质上厘清学习思路，在学习中能够思维敏捷，认知深刻，能够学得轻松，学得明晰，自主且高效。

教学示例 5-18 电解池

教学分析： 在关于电解池的学习中，学生遇到的困难是知识容量大。从电极的判断、电极反应式的书写，到分类分组分析：用惰性电极电解 H_2SO_4、$NaOH$、K_2SO_4、Na_2CO_3 等的水溶液，其实质是电解水；电解 HCl、$CuCl_2$ 的水溶液，其实质是电解电解质；电解 $NaCl$、$BaCl_2$ 的水溶液时电解质、H_2O 均参与电极反应，是 H_2O 电离的 H^+ "放电"；电解 $CuSO_4$、$AgNO_3$ 的水溶液时，也是电解质、H_2O 均参与电极反应，但又是 H_2O 电离的 OH^- "放电"。不同的情况，如浓度的变化、pH 的变化、如何恢复电解质溶液的原状等，都需要学生会分析，能深入理解。还有电解原理的应用：氯碱工业、电镀、精炼粗铜、电冶金等，不一而足。学习的内容多，每一个内容，需要认知的层面又多。很多学习内容，又容易与原电池的相关原理混淆。因而，学生在电解池的学习中，常常感觉无头绪，疲于应对。面对这种状况，教师需在教学过程中，特别关注学习线索的清晰明了，学习过程中对实质的突出和强化，学生对方法的领悟和应用。

例如，以电解过程中电子的流动方向为线索，可了解电解的过程中，两极上分别发生的反应，从而"串起"电解原理中的很多基础知识和基本概念，而不需要学生费力费心地死记硬背。又如，充分应用学生已学的氧化还原反应的"单强离弱""先强后弱"等原理，对于电极反应的相关知识有序展开学习。并且，在学习的过程中，突出重点，深入实质。电解池学习中的重点是阴、阳极电极反应的分析，弄清楚电极反应，很多学习内容就可顺利推进。而对于电极反应的分析，关键是阴、阳极的放电顺序，而放电顺序的实质，是氧化性、还原性强弱的比较。在教学中，这样层层递进，能使学生认识电化学学习中的根本，理解相关学习内容的实质，进而可在联系、运用已有知识的基础上，对电解池的学习能够条理清晰、有条不紊地顺利进行。而在电解池原理学习的回顾反思环节，教师也要体现出这样的教学思想，引导学生突出实质，抓住根本，提升认识。

教学实施：惰性电极电解 NaCl 溶液，若电解足够长的时间，阴极始终是哪种离子放电？为什么？请回顾阴极的放电顺序是怎样的？谈谈阴极的放电顺序是按什么性质排列的？

在这个过程中，阳极依次是什么离子放电？为什么？请回顾阳极的放电顺序是怎么样的？谈谈阳极的放电顺序是按什么性质排列的？

教学评议：回顾反思环节的教学问题设置，可以起到"承前启后"的作用。之所以选择惰性电极电解 NaCl 溶液进行问题设置，是因为后续的学习内容就是电解原理的应用，其中的氯碱工业的基础反应，相当于用惰性电极电解饱和食盐水。因此，问题的设置和解决，一方面引导学生回顾重要学习内容，如电解池阴、阳两极的放电顺序。同时，以问题引导强化对放电顺序实质的理解，有助于学生在自主学习、自我完善的过程中，通过前后联系构建较为完整的知识体系。教学设问分为两部分，第一部分针对电解池阴极放电的分析。由具体的电极反应分析到放电顺序，再深入实质。问题处理的过程，学生能够由"点"到"线"，由"表"及"里"，逐渐达成认识的深入、认知的升华。

第二部分以同样的方式，可达成对电解池阳极相关原理有深层次的全面认知。同时，在问题解决中，学生也能对后续连续电极反应的分析等难点内容有初步的学习和体会，起到分散教学难点的作用。

教学感悟： 回顾反思环节，以问题设置和问题解决凸显学习内容中的根本和实质，对于课堂学习内容，能够真正起到提纲挈领的作用。学生以深度的学习，达到事半功倍，从繁杂的记忆任务中解脱出来，能够游刃有余地学习，顺利形成知识体系，增强知识应用能力，在高中化学的学习中，能有多方面成长和获益。同时，重视回顾反思环节的"桥梁"作用，即承前启后的作用，在巩固、提升已学原理的同时，以问题引导学生对后续的学习内容也能有初步的认识。这样，稳打稳扎，步步为营，使得教学和学习更加富有成效。

第三节　问题式教学实施不同教学环节的相互联系

从系统论的角度来认识课堂教学，也是高中化学教师应有的教学视野和教学思想。系统论是研究系统的结构、特点、行为、动态、原则、规律以及系统间的联系，并对其功能进行数字描述的新兴学科。系统论的基本思想是把研究和处理的对象看作一个整体系统来对待。什么是系统？简而言之，就是由相互联系着的要素构成的整体，它的含义主要是：系统是整体；系统由要素构成；要素是相互联系的。层层递进，缺一不可。系统论的核心思想是系统的整体观念，任何系统都是一个有机的整体，它不是各个部分的机械组合或简单相加，系统的整体功能是各要素在孤立状态下所没有的性质。在问题式教学实施中，同样的，应当从系统论的角度来认识每个教学环节及其作用，关注每个教学环节问题设置与实施的密切关联。教学引入环节、重难点教学环节、回顾反思环节等，是课堂教学的重要组成部分，各自都有着不可或缺的作用。因而，每个教学环节的问题设置与实施各有其特点，也各有其相应的作用。但是，我们不能将这些教学环节孤立或者割裂开，而是要明确地认识到它们之间内在的、不可分割的联系。因此，在问题式教学实施中，每个环节的问题设置及解决，在体现其独特作用的同时，也要体现出递进、提升、回应等互相关联、呼应的作用。教学中的问题设置也要融为一个有机整体，从系统的意义上发挥其对教学流程的推进作用，对学生培养更为全面和深刻的作用。

总体而言，课堂教学的重要环节，如教学引入、重难点和回顾反思环节的问题设置和解决，呈现出的是基础、提升和回归等内在联系。在教学设问中，以引入环节的问题为基础，在重难点教学环节得以提升、拓展和加深，而在回顾反思环节，又与前面环节中的教学设问呼应、回归或者再提高。教师应依据不同教学内容的体系特点，从系统、全局的角度，对每个教学环节精心设问，在课堂教学中有序推进，既独立又关联，既各成体系又完整统一，符合教学需要和认知规律。学生在课堂学习中能循序渐进，在教学引入环节，有饱满的学习热情，打好课堂学习基础；在重难点学习环节，积极参与，知识体系趋于完善，能力得以提升；在回顾反思环节，热情回应教师的引导，熟练应用课堂所学解决问题，升华认知、提高能力。而要达成这样的教学，教师对教学内容的了然于心、对教学规律的熟练应用、对学生认知基础和认知能力的洞察明了，都是必不可少的。在此基础上，才能以各个教学环节恰当有效的问题设置和问题解决，让课堂成为层层递进，有步骤、有方法、有内在联系的完整系统。而学生，在系统化的学习中，乐于学、勤于练，步步提高。

教学示例 5-19 **有机化学：糖类的教学**

教学分析：创设真实的问题情境，在学习中研究真问题，是新课程的重要教学思想。糖类的学习内容，与生活实际息息相关。因此，教学中广泛联系学生的生活经验，对常识性的观点从化学的视角再认识，不仅可以明晰生活中流行甚广的认知误区，也可以使学生体会化学知识的重要应用，激发其对化学进行深层次学习的热情。不同教学环节的问题设置和问题解决，对糖类形成从概念、分类、结构到化学性质等较为完整的初步认识。

教学实施：

教学引入环节：

问题 1：生活中的无糖可乐、无糖面包、无糖酸奶等无糖食品，是真正意义上的"无糖"吗？其含义是什么？

问题2：糖类与我们平时所说的糖，是一样的吗？它们是怎样的关系？

重难点教学环节：

问题1：请阅读教材相关内容，说说哪些常见的糖类互为同分异构体？淀粉和纤维素都可用（$C_6H_{10}O_5$）n 表示，它们是同分异构体吗？为什么？

问题2：将糖类分为单糖、双糖（低聚糖）、多糖等，是从哪个角度进行分类的？其各自的含义是什么？分别对应怎样的化学反应？

问题3：从官能团的角度分析，还原糖通常的含义是怎样的？常见的还原糖有哪些？对应的重要反应是什么？分别是怎样的现象？

问题4：请阅读教材，从葡萄糖的结构简式及官能团分析，葡萄糖可能发生的化学反应有哪些？

问题5：淀粉在一定条件下水解，其水解程度可能有哪几种状况？常用哪些试剂和方法检测淀粉的水解程度？请分别谈谈其原理和现象是怎样的？

问题6：请阅读教材，了解常见的糖类，如葡萄糖、蔗糖、麦芽糖、淀粉和纤维素，在自然界的存在是怎样的？有哪些重要的物理性质？有哪些重要的用途？

回顾反思环节：

问题1：糖类的概念是怎样的？生活中所说的糖与糖类是怎样的关系？

问题2：无糖食品是真正的无糖吗？为什么？其含义是什么？

教学评议：教学引入环节提出的问题，是源于生活的"真问题"，涉及的是学生经常见到的"无糖"食品和"糖"，学生的探究兴趣浓厚，对课堂学习内容能够充满热情和期待。对于这两个问题，在教学引入环节，并不要求学生给出明确的答案，而是让他们带着疑惑和问题，进入课堂学习。

重难点教学环节的问题设置与问题解决，是为了让学生能够在思考和探究氛围中自主学习。与教师的单纯讲授相比，以问题引导的教学过程对学生更具吸引力，学生参与程度更高。在问题设置和问题解决中，关注了四个方面：一是注重学生的自主学习。对于有些教学内容，学生带着问题阅读教材，然后自主解决问题，培养学生的信息提取能力、信息加工能力和自学能力。在学习过程中，学生能够兴趣盎然，增强学习的自信心。二是运用分类的思想进行学习。例如，运用交叉分类的思想，从不同的角度来说，糖类可分为单糖、低聚糖（二糖）、多糖，又可分为还原糖和非还原糖。教学中，问题设置指向明确，学生在了解分类依据的基础上，能够积极参与问题解决的过程，在有序的探讨中，顺利完成对重难点内容的学习。三是对学生已有知识的充分应用，教学中运用有机化学的基本学习思路，从官能团入手，在学生已知的—CHO、—OH 所具有的重要性质的基础上，预测、推导葡萄糖的重要化学性质。学习过程有利于增强学生应用知识解决问题的能力，有利于学生对高中化学学习方法和学习思路的感悟，有利于学生化学素养的积淀。四是对化学实验的重视。在问题式教学实施中，对于—CHO 的检验、对于淀粉水解程度的分析，以及相关实验方案的设计、实验试剂的选择、实验方法和实验步骤的探究，都在强化学生的实验能力和实验素养。在问题解决中，多种教学方法灵活应用，能够使学生在积极主动地探究中，完成对于糖类重难点内容的有效学习。

回顾反思环节的教学设问，是对教学引入环节设问的呼应和解决。学生运用课堂所学，在问题解决的过程中，感受收获的喜悦，体会化学知识与生活实际的息息相关、化学知识的重要应用。无疑，对于学生的化学学习，能够增强内在的动力。

教学感悟：问题式教学实施中，每个教学环节的问题设置与问题解决，应在把课堂教学看作一个完整系统的基础上，发挥每个环节对于课堂教学的作用。同时，要体现出这些教学环节内在的、不可分割的关联。简单来说，课堂教学应是完整的系统，不同教学环节的问题设置和问题解决，也应自成系统。我们应当以系统论的运用，来指导问题式教学的方方面面、点点滴滴。

教学示例 5-20　元素化合物：钠的氧化物

教学分析：钠的氧化物，高中主要学习 Na_2O 和 Na_2O_2，重点是关于 Na_2O_2 的相关知识的学习。教学中，如果按部就班，从相关物质的物理性质、化学性质到重要用途等依次讲解学习，易陷入单纯记忆的状态，过程也易缺乏思考性，不利于学生通过学习，得以多方面真正成长。以问题式教学实施，在不同的教学环节，以问题设置和问题解决推进课堂学习，关注其在生活实践中的重要应用，关注学生以类比的方法，运用已有知识促进新知识的学习。同时，加强问题设置和问题解决之间的联系，注重课堂的整体性。这样的教学过程，有利于学生化学学科知识的学习，也有利于学生在积极的思考中，真正参与到教学中，得到更多的收获与进步。

教学实施：

教学引入环节："蛟龙号"载人深潜器，工作人员呼出的 CO_2 气体可以怎样处理？工作人员所需的 O_2 可从哪里来？

重难点教学环节：

问题1：在实验过程中，我们可观察到 Na_2O_2 的颜色状态是怎样的？Na_2O_2 与 H_2O 反应的方程式如何书写？请联系实验现象说明理由。

问题2："吹气生火"这一实验现象说明，Na_2O_2 与 CO_2 反应有什么物质生成？为什么？请写出相应的化学方程式。

问题3：从氧化还原的角度分析反应 $2Na_2O_2+2H_2O = 4NaOH+O_2\uparrow$，找出氧化剂、还原剂、氧化产物分别是什么？从氧元素的常见化合价分析，Na_2O_2 应具有怎样的性质？为什么？

问题4：请思考，"蛟龙号"载人深潜器中，工作人员呼出的 CO_2 气体可以怎样处理？工作人员所需的 O_2 可从哪里来？

问题5：Na_2O_2 应如何保存？为什么？Na_2O_2 若露置于空气中，最终会变成什么物质？Na_2O_2 有什么重要用途？是由哪些性质决定的？

问题6：同为碱性氧化物，请类比 CaO 分析 Na_2O_2 的重要反应有哪些？并写出相应的化学反应方程式。

回顾反思环节：若金属钠着火，可用水灭火吗？可用泡沫灭火器灭火吗？为什么？可用什么方法灭火？

教学评议：教学引入环节的设问，以"蛟龙号"载人深潜器创设问题情境，一方面激发学生学习热情，另一方面引导学生关注化学知识在生产实践和生活实际中的应用。教学问题设置联系学生的生活体验和经验，非常具体，使得学生在学习过程中有明确的思考方向。

重难点教学环节的问题式教学实施，关注所学知识与相关实验的密切联系，引导学生结合实验现象，分析产物，书写化学方程式，培养学生的实验观察和实验分析能力，促进学生自主学习，自主解决问题。调动学生运用已学的氧化还原等知识，多角度分析和认识化学反应，构建知识体系。教学中，选择恰当的时机，回应、解决教学引入中的问题设置，将课堂所学转化为应用，内化为能力。注重对所学化学反应的理解和应用，对于 Na_2O_2 与 H_2O、CO_2 的反应，不仅用以解决关于"蛟龙号"载人深潜器的问题，还联系 Na_2O_2 的保存与变质、Na_2O_2 的重要用途，引导学生进一步体会"性质决定用途"等化学思想。以问题设置和问题解决，运用类比的方法，学习 Na_2O_2 的重要反应，自主而高效。总而言之，在重难点教学环节，联系实验，运用旧知，关注应用，重视类比，多维度学习，多种方法综合与灵活应用，促进学生知识网络的构建和多种能力的形成和强化。

回顾反思环节，也是从知识应用的角度设问。通过问题解决，使学生对于所学重要化学反应从另一个角度加深认识。

教学感悟：系统化进行课堂教学的各个重要环节的问题式教学实施，我们可以从强化知识应用的角度，凸显问题设置和问题解决之间的联系。例如，教学引入环节创设源于生活实际或生产实践的真实问题情境；重难点教学环节学习相关原理，回归真实问题的解决；在回顾反思环节，再将原理和应用融为一体。以这样的思路，一堂课有一条将各个环节"串联"起来的主线索；以这样的线索，问题式教学所有环节清晰而又完整，教师易于实施教学，学生乐于探究教学设问。这样的课堂教学，是值得我们在高中化学的很多教学中思考和付诸行动的。

教学示例 5-21 **化学反应原理：电离平衡**

教学分析：在电离平衡的教学中化抽象为直观，一方面要充分发挥生活体验、化学实验直观呈现教学内容的作用，另一方面，要关注学生对比分析和逻辑思维能力的训练。在教学中，选择有代表性的物质和典型状况进行设问和探究。同时，在注意应用所学原理的过程中，内化知识为解决问题的能力。每个教学环节的问题设置，关注对应，体现呼应，形成重点突出、脉络分明的完整认知体系。

教学实施：

教学引入环节：

问题：除水垢，相同浓度的 HCl 和 CH_3COOH，哪者效果好？为什么？

重难点教学环节：

问题1：一定温度和浓度的 CH_3COOH 溶液中为什么能够出现平衡状态？在 CH_3COOH 溶液中，互为相反的两个过程是什么？在什么情况下建立平衡？

问题2：联系我们所学的平衡相关知识，以 CH_3COOH 为例，请谈谈弱电解质电离平衡建立的前提、实质和结果分别是什么？基本特征可如何概括？

问题3：以 $CH_3COOH \rightleftharpoons CH_3COO^- + H^+$ 为例，谈谈哪些方法能使平衡向右移动？哪些方法可以使平衡向左移动？请谈谈影响电离平衡的常见因素有哪些？

问题4：温度相同，浓度均为 0.1 mol/L 的 HCl 和 CH_3COOH 溶液，可用哪些简便易行的实验方法比较二者溶液中 $c(H^+)$ 的大小？

问题5：温度相同、浓度相同的 HCl 和 CH_3COOH 溶液，哪者的 $c(H^+)$ 大？由此我们可得出什么结论？造成这种差异的根本原因是什么？

问题6：温度相同，HCl 和 CH_3COOH 溶液中 $c(H^+)$ 相同，二者的浓度大小关系怎样？

回顾反思环节：

问题1：除水垢，相同浓度的 HCl 和 CH_3COOH 溶液，使用 HCl 效果好，从电离平衡的角度如何分析？

问题2：由于存在电离平衡，弱电解质部分电离，"部分电离"的具体程度是怎样的？可应用本节课的哪些实验数据进行说明？如何分析说明？

教学评议：教学引入环节以生活中除水垢的实例设问，学生既可以运用已有知识解决问题，又可在教师引导下，产生更深层次的疑问，顺利导入关于电离平衡相关原理的学习。

重难点教学环节的问题设置和问题解决，一是充分利用学生已有知识。学生已经全面深入学习了可逆反应化学平衡的相关原理，而平衡体系在很多方面是"相通"的，所以，尽可能多联系学生的已有知识，引导他们通过类比等方法，在解决问题的同时，顺利实现迁移。这样，由此及彼，真正意义上做到温故而知新，教师教得轻松，学生学得自信，富有成就感。二是强化实验。学生自主设计实验方案，选择实验方法，在完成实验的同时，直观认识电离平衡的存在和结果。三是对比设问，深入学习。通过对比问题的设置和解决，强化学生逻辑分析能力，深入学习原理本质。对于强、弱电解质之间的不同，能够透过现象，理解根本原因，对于所学原理进行深度思考和学习。

回顾反思环节应用电离平衡原理，深层次再分析教学引入环节关于"除水垢"的设问。同时，应用实验数据，引导计算相应条件下 CH_3COOH 的电离度。以证据推理的方式，使学生深刻认识弱电解质在通常条件下电离程度之"小"，为后续的学习做好充分的知识储备。

教学感悟： 问题式教学实施，对于不同的教学内容、不同的教学环节，都要关注联系，如新旧知识的联系、实验现象与化学原理的联系、知识学习与应用的联系。以多方面的联系，促成学习过程中的知识迁移、能力培养和思维训练。在联系中，以系统化的课堂教学和不同教学环节教学设问与问题处理的独立、完整的推进作用，实现高中化学课堂教学的育人目标。

第六章
问题式教学实施课例

第一节 "无机元素化合物"问题式教学实施课例

无机元素化合物知识一直都是高中化学教学内容的重要组成部分。在高中化学的学习中，学生需要通过对具体的元素化合物知识的学习，认识物质的存在、性质、制备和转化等等。这些知识，既是化学知识结构的重要组成，也是学习化学反应原理等理论知识的认知基础，能够帮助学生建立和发展概念理论，迁移应用所学化学原理，对于高中化学的学习是不可或缺的。但是，在高中化学实际教学中，对于无机元素化合物知识的学习，很多教师的教学方式主要是灌输，从而造成学生的记忆负担过重和学习困难。同时，学生对于高中化学的学习方法和思路，往往会产生误解，认为"背记"是主要的学习方式。这样的学习过程，既影响学生高中化学学习的顺利进行与完成，也不利于学生的后续学习和发展。新课标提出：结合真实情境中的应用实例或通过实验探究，了解钠、铁及其重要化合物的主要性质，突出元素化合物特有的 STSE 教育价值，引导学生学好和用好元素化合物知识等。因此，对于无机元素化合物学习内容，我们需要认真研究其教学和学习的方法和方式，帮助学生在学习的过程中，形成基于价类二维的元素观，发展学生的科学探究和创新意识、科学精神与社会责任等学科核心素养。

对于同一学习内容，在新授课和复习课中，教学的目的和目标是不同的，因而，教学内容安排的深度和广度、教学的思路和方法都应有不同之处。但在实际的教学实践中，对于无机元素化合物的学习，存在新授课与复习课内容简单重复，教学内容雷同，教学组织方法、形式单一的状况，造成新授课与复习课教学功能与作用不能充分体现出应有的区分和效能，反而影响整体的教学效率。因此，对于同一教学内容的新授课和复习课，应在研究和明确教学目标的基础上，从教学内容的选择、教学组织形式的安排和教学流程的推进方式等方面既联系又区分，真正意义上做到新授课是复习课的基础，而复习课又能成为新授课的提升。对于铁的新授课教学，需在学生已有认识的基础上，以教学问题设疑引发认知冲突，让学生有着更多的新奇与期待，以此为基础来激发学生内在的学习热情；从物质类别入手，以价类二维为学习主导思路，帮助学生自主构建铁与弱氧化剂、强氧化剂反应的不同及规律等知识体系；以实验事实为基础，观察、分析、判断，发展学生"宏观辨识与微观探析""实验探究与创新精神"等学科核心素养；关注铁的相关性质以及化学反应在实验、生活和生产中的广泛应用，引导学生学以致用，以化学的视角观察和认识生活实际和社会热点问题，进一步激发学生的学习热情；通过课堂教学中的问题设置与问题解决引导，培养学生的问题意识、探究意识和良好学习习惯，发展和强化学生的探究能力、思考能力和问题解决能力，逐步形成和优化思维品质，帮助学生形成高中阶段学习化学的基本思路和方法，摒弃单纯记忆的方式。而复习课，则是在新授课的基础上对所学元素化合物知识的综合性认识和深层次理解。在复习课中，以所学铝和铁的知识在多方面的联系与对比体现综合，以对所学原理的应用达成深入认知，以比较、拓展和延伸等形成体系化和系统性的认识。教学内容以总体、框架为先导，引导学生自主梳理、细化与深入；以"长白毛""铝热反应"等实验，充分体现教学内容的探究性与提升，促成学生对所学元素化合物知识的应用，既是对所学原理的回顾与综合，也是认识的升华与深入；以教学问题设置的开放性，引导学生发散思维，全面分析，广泛交流。这样，以复习课的完成，使学生能够在新授课的基础上，对所学知识和原理进行巩固、加深和强化，得到能力和素养的提升。

一、新授课

1. 内容

铁的单质。

铁的单质是人教版必修 1 第三章"金属及其化合物"第一节"金属的化学性质"的相关教学内容。在生产实践和生活实际中，铁是用量最大、使用最广泛的金属。对于铁及其化合物的知识，学生通过初中的学习，结合生活经验，已经有初步的认识。但在高中化学的学习中，铁作为变价金属、过渡元素的代表，依然是学习的重点和难点。从学科知识认知功能的角度，在铁的学习中，学生可应用氧化还原的相关原理和规律，对化学反应产物进行预测和分析，对于强、弱氧化剂和氧化还原反应的规律等能有进一步的认识和理解。在化学反应的学习中，理解转化规律，为后期选修内容，如结构化学的学习打好基础。同时，对于非金属氯气、硫等的学习做好铺垫；从学科知识育人功能的角度分析，通过对铁的学习，学生一方面能够增强对所学化学知识和原理的应用能力，另一方面能对金属的冶炼、金属的防护、健康生活等具备原理层面上的深刻认知。对于生活和社会现象，能自觉以化学的视角加以分析和认识，更充分感受化学知识、原理与生活实践密不可分的关系，进一步感受化学知识的重要性，增强学习的热情与动力；从学科知识的素养价值分析，对于铁的相关知识的学习，能够发展学生"证据推理与模型认知""实验探究与创新意识"等化学学科核心素养。同时，通过对与铁相关的原理在生活、生产中广泛应用的了解和从化学层面上的分析和学习，也可增强学生的"科学精神与社会责任"。在铁的学习中，应在学科知识学习的基础上，渗透能力的培养与提升。通过引导学生以价类二维的视角进行学习，帮助学生形成高中阶段化学学习中自主构建的基本思路和方法，增强学生的实验探究能力以及应用所学原理解决问题的能力，形成与强化学生的科学素养，优化学生的思维品质。

2. 教学策略

（1）充分利用学生已有知识。对于铁的单质，学生既有生活经验，又陆续学习了化学原理。因此，学生对相关知识并不陌生，对于高中教学而言，有利之处是教学流程推进不会很困难，而不利之处是学生可能因此而对学习内容缺少新鲜感，学习热情不高。所以，在教学中，一方面要充分利用学生的已有知识，研究最近发展区，顺利完成更深入的学习；另一方面，要以多种方法和方式，以教学中的问题设置，多角度激发学生的学习热情和探究热情。

（2）以氧化还原重要原理为指导。在教学中，要突出高中阶段的重要学习内容，即氧化还原反应相关原理的应用和巩固。对于铁单质化学性质的学习，从氧化还原的视角进行分析和理解，可将元素化合物性质的学习与相关规律相结合。对于原理，以具体的内容呈现和再现，有助于学生在应用中加深理解；对于元素化合物性质的学习，有原理的指导，亦可使学习条理更为清晰、思路更为明晰。

（3）以认知冲突激发学习热情。如何在学生对所学知识已有所了解、对学习必要性的认识有所减弱、学习热情欠缺的状况下，激发学生浓厚的学习愿望呢？以学生可能存在的似是而非的认知误区，密切结合生活实际，进行教学问题设置和解答，以此产生认知冲突，学生自然而然会产生浓厚的学习和探究愿望。

3. 课例展示

（1）教学引入部分。

问题1：我们常说"钢铁战士""钢铁般的意志"。那么，纯铁的硬度怎样？

很多学生结合生活经验，会认为铁的硬度大。教师要引导学生认识到生活中所用的铁多为铁的合金，与纯铁的物理性质和机械性能不同。因为与生活经验大相径庭，学生对此兴趣浓厚。

问题2：铁生锈是生活中常见的现象。那么，纯铁的抗腐蚀能力是强还是弱？

此内容也是已有的知识和生活经验相冲突，很多学生认为纯铁的抗腐蚀能力弱。在教师给出正确结论之后，学生往往会比较吃惊，探究兴趣增强。因为学生在学习这部分内容时，原电池原理还未学习，因此不宜拓展太多。教师可以一方面引导学生区分纯铁和铁合金，一方面分析铁合金在潮湿的空气中易生锈，与原电池原理有关，为原电池原理的学习埋下伏笔。

问题 3：月饼或糕点盒内，常放抗氧化剂，以增长其保质期。大家知道抗氧化剂的主要成分是什么吗？其原理是什么？

部分学生可能会把抗氧化剂与防腐剂或干燥剂混淆，也不了解常用抗氧化剂的主要成分是还原铁粉。当教师介绍相关成分和原理后，学生的学习热情能够得到激发，对于后续的学习十分有利。

教学引入部分的问题提出和解决，常从学生的认知误区着眼和入手，并且密切结合生活实际。教学实施中，认知冲突的产生、未知领域的发现，使学生意识到自己对于貌似熟悉的"铁"的认识还存在误区和不解，其实还有许多需要认真学习和探究的有趣知识和原理。因而，对课堂教学的浓厚兴趣和学习热情油然而生，不再觉得是已学知识而索然无味，能积极主动投入更深层次和更全面的学习中。

（2）教学重点与难点。

问题 1：铁元素常见的价态有哪些？依据化合价分析，铁单质从氧化还原角度应具有什么性质？为什么？

因为已经学习过氧化还原的相关规律，因此，学生基本可以自主解决问题。同时，又能回顾与巩固氧化还原的基本规律。

问题 2：铁元素常见的变价有 +2 价和 +3 价。请分析，铁能与什么样的氧化剂反应生成 +2 价化合物？常见的反应有哪些？能与什么样的氧化剂反应生成 +3 价化合物？常见的反应有哪些？

这个问题的解决是课堂教学的重点和难点。学生对常见氧化剂的强弱往往还没有很清晰和深层次的认识，因此，教学中教师需引导学生，一方面回顾已学习的重要反应，一方面从氧化还原的角度再深入分析这些反应，从而在回顾与反思中找出规律。教学实施既要"温故"又要"知新"，教师也不可以采用"师讲生听"的教学方式，而是要与学生积极互动，在师生共同讨论、探究中，结合具体的反应，通过学生自主思考得出相应的规律。这样，才能真正辨析常见的弱氧化剂，如 H^+、I_2、S 等，常见的强氧化剂如 Cl_2、Br_2 等，分别与单质铁反应时的不同状况。从而，通过具体性质和化学反应的学习，对氧化还原反应及其规律有进一步的深入认识。

问题3：若与铁反应后生成 Fe_3O_4，则氧化剂的氧化能力强弱是怎样的？应如何理解？

学生在这个阶段的学习中，对于 Fe_3O_4 中铁的价态，还需在教师引导下进行分析。通过复习所学反应 $3Fe+2O_2（纯）=Fe_3O_4$，学习铁与 $H_2O（g）$ 的反应：$3Fe+4H_2O（g）=Fe_3O_4+4H_2$。在具体的教学实施中，有步骤、有方法，在师生热情互动中，有序开展如下教学活动：相关实验的演示、观察与讨论分析；对于 $H_2O（g）$ 氧化能力强弱的探讨；对于反应 $3Fe+4H_2O（g）=Fe_3O_4+4H_2$ 电子转移的分析以及关系式法的应用。从而围绕 Fe 与 $H_2O（g）$ 的反应，进行实验、原理、计算等全方位的学习与拓展，形成"立体"的认识，使学生能在化学学科知识、方法、素养和能力等方面都能学有所获。

对于铁与弱氧化剂、强氧化剂及氧化能力介于二者之间的氧化剂的反应，以相应的问题引导，逐一展开讨论分析。学习内容彼此之间形成对比，有助于学生在思考中学习，在学习中思考，形成体系化认知。同时，氧化还原反应及其规律，是高中化学的重要学习内容，需要强化和巩固。因此，即使是学生在初中学习的化学反应，也应引导学生换个视角，从氧化还原的角度进行再认识，有利于学生化学学科视野和知识面的拓宽，也有助于学生认知体系的完善。教学实施中，教学问题设置与解决、化学实验的观察与分析、计算方法的提出与训练相融合，相辅相成。教学资源丰富且具有内在吸引力，可在学生积极投入、认真思考中，顺利完成重点内容的学习、难点知识的突破。

（3）课堂反思与回顾。

问题1：从氧化还原角度分析，铁元素的化合价从 $0→+2$，$0→+3$，$0→Fe_3O_4$，分别经过怎样的过程实现？为什么反应后铁的价态不同？同时，请思考，若铁分别从 $+2$、$+3$ 或 Fe_3O_4 转化为 0 价（铁的单质），则经过怎样的过程可实现？我们已知的反应有哪些？

这个教学设问实际上是在回顾铁单质只有还原性，能够发生氧化反应，由于氧化剂氧化能力的不同，铁被氧化以后的价态不同。通过对课堂所学原理的梳理，学生在问题解决的过程中，能够认真回顾所学要点，加深理解。同时，在课堂反思与回顾的过程中，为后续教学做好铺垫。通过这个教学问题的解决，从还原的角度初步认识铁的化合物转化为铁单质的原理，从新的视角再回顾与理解已学反应，充分发挥反思与回顾环节"承前启后"的作用。

问题 2：由反应 $2Fe+3Cl_2 = 2FeCl_3$，$Fe+S = FeS$，分析产物中 Fe 的化合价，我们能否对 Cl_2 与 S 的氧化性强弱做出分析？理由是什么？

因为在问题设置中做了适当的引导，根据 Fe 被氧化后的价态，学生容易讨论得出氧化性 $Cl_2>S$，并对后续 Cl_2 与 S 的化学性质的学习做了一定的铺垫。同时，教师可引导学生再回顾与巩固课堂所学：Fe 与 Cl_2 等强氧化剂反应，生成高价态产物；Fe 与 S 等相对弱的氧化剂反应，生成物中 Fe 呈低价态等。在这个教学设问中，对于反应 $2Fe+3Cl_2 = 2FeCl_3$，$Fe+S = FeS$ 的认识，不仅仅局限于反应后铁元素的化合价分析，而是某种意义上的逆向思维：即应用铁在不同反应中所呈现的价态，可以比较相应氧化剂氧化能力的强弱，从而启发学生多角度认识化学反应及其应用的思路，进行思维训练及优化。

问题 3：Fe_3O_4 可改写为 Fe_2O_3、FeO 这样的形式，若某种铁的氧化物可改写为 Fe_2O_3、2FeO，则对应的铁的复杂氧化物的化学式是怎样的？我们由此可怎样认识铁的氧化物？

对于问题的解决，很多学生经教师略加提示和引导，可顺利完成。关键是教学实施中，教师要充分发掘这个教学问题设置的意义。一方面，可强化课堂所学基本原理，即氧化剂的氧化能力介于"强"与"弱"二者之间时，产物中 +2 价与 +3 价的铁都有，常见的产物为 Fe_3O_4。另一方面，拓宽学生认知面，知道 Fe_3O_4 为铁的复杂氧化物中常见的一种，还有很多铁的复杂氧化物。对于其共同点，引导学生从化合价和表示方法两个角度进行认识，为后续铁的氧化物学习打好基础。

因为是"元素化合物"的新授课，在问题式教学实施中，教学问题的设置应关注基础性：紧贴学生已有认知，紧密联系生活实际，紧抓相关原理，易于学生参与，条理清晰，层层递进。

以问题的引导和解决，有力推进教学进程，从原理到具体反应，从具体反应到规律和方法，形成"立体"的、系统性的教和学的体系和过程。

教学问题的解决关注学生的参与度，以问题设置引发认知冲突激发了学生的学习热情。以铁为中心，结合生活中的铁、化学实验中的铁、氧化还原反应原理中的铁，丰富教学内容，提升了教学的内在吸引力。

在化学学科知识的学习中，应注意渗透思维训练、方法习得和素养积淀。教学中要突出学生自主思考，辅之以教师适时适度的引导，使学生能够达到知识有所获、方法有所得、能力有所提升。

二、复习课

1. 内容

走"近"铝和铁。

2. 教学策略

针对复习课的特点和教学目标，对教材内容进行整合，促进常识性知识的深度学习，从化学的视角解释生活现象。

通过教学活动，引导学生了解学习化学的基本方法和思路，激发学生知识应用的意识和能力。在教学中，通过对生活现象和实验现象分析，深层次认识铝、铁与氧气的反应，促进学生能够养成在学习过程中积极思考的习惯。

从类别的角度复习铝和铁的重要化学反应，使学生深刻体会高中阶段学习化学原理及知识的方法与思路。通过对所学化学反应的应用及原理分析，促进学生积极探索，锻炼学生发现问题、解决问题的能力，促使学生良好思维品质的形成。

3. 课例展示

（1）教学环节一："近"观现象。

问题1：请大家说说生活中铝和铁有哪些重要应用？

这是一个开放性问题，意在引导学生以化学的视角认识生活实际，观察生活现象。同时，起到了教学引入的作用，宜于不同认识层次的学生都能顺利参与教学活动，被课堂学习内容所吸引。但是在教学实施中，教师不能满足于学生能够参与活动，回答问题，而是要引导、训练学生思维有序。例如，按照"衣食住行"等线索，思路清晰地解决问题。

问题2：请谈谈"长白毛"这个实验现象与铝的什么性质密切相关？

学生在认真观察实验现象的基础上，能够踊跃发表观点，却往往难以解释"白毛"的成分及实验原理。教学中，通过教师的提示与引导，学生方可认识到"白毛"的主要成分为 Al_2O_3，该实验反映了 Al 与 O_2 在常温下容易反应的重要原理。对于学生可能提出的"白毛"主要成分为 Hg、HgO 等，教师不要简单否定了之，而是通过引导"证伪"，在应用相关化学知识和原理的同时，训练学生的思考力和问题解决能力。

问题3：铝的抗腐蚀能力为什么很强？铁在什么情况下容易生锈？

对于这个问题，学生能应用已学原理给出较为贴切的解答。教师在互动过程中，要引导学生通过对比 Al_2O_3 和 $Fe_2O_3 \cdot xH_2O$ 的不同，逐步完善认知体系，达成深度学习。学生从问题解决中，既能得到化学原理和知识的增长，又能增强思考能力。

复习课，也要重视化学实验的重要作用和学生进行实验观察、实验分析等素养和能力的提升。但是，不能仅仅是对新课学习中已完成实验的重复，而是应凸显化学学科特点，积极开发与完成与所学原理相联系，能增强教学吸引力，拓宽学生视野的创新性有趣实验。以实验为基础，加强对原理的应用，强化能力的培养。

（2）教学环节二："近"研性质。

问题1：Al 和 Fe 的物质类别是什么？ O_2 的物质类别呢？

学生可能比较笼统答出 Al、Fe 属于金属单质，O_2 属于非金属单质。教师需要引导学生进一步深入认识：Al、Fe 为较活泼金属单质，O_2 属于活泼非金属单质，一者易失电子，一者易得电子，因而易在一定条件下发生反应。同时，以 O_2 拓展至其他常见非金属单质，如 Cl_2、S 等，从而学生在深入理解原理的基础上，能够自主回顾写出相应的重要化学反应方程式。

问题2：我们在高中学习的化合物类型主要有哪些？

学生易答出"酸、碱、盐、氧化物"这些化合物类型，教师要在此基础上，拓展延伸，建立知识框架：Al、Fe 分别与酸、碱、盐及氧化物可能发生反应，帮助学生厘清学习思路，能够在元素化合物学习中化繁为简，条理清晰、思路明晰地顺利完成学习。

问题 3：Al、Fe 与酸的反应分别是怎样的？

这是一个总的、引导性的问题。在教学实施中，学生可能想到的是 Al、Fe 分别与非氧化性酸，即与 H^+ 的反应，Fe 与 H^+ 反应，生成物为低价态产物等。教师需通过与学生互动，继续深入至"钝化"现象，Al、Fe 与碱、盐溶液的反应。同时，强化基本反应的巩固与相关方程式书写等。

在高中元素化合物的学习中，学生易陷入面对众多化学反应无所适从，只好强记硬背，事倍功半的状况。因此，针对高中化学的教学内容、教学目标以及学生的认知基础和认知特点，教师要特别注重在教学中渗透学习方法指导，厘清学习思路，进行方法训练。对于化学反应的学习，也不能停留在表层，而是要探究蕴含的化学原理及实质。这样，学生才能适应高中化学的学习，面对学习任务才能应对自如、游刃有余。在学习中，指导学生从物质"类别"入手，建立知识框架，在框架的基础上进行细化与完善，形成体系化的认知，达成深层次的学习。同时，也有利于学生思维训练和优化。

（3）教学环节三："近"知应用。

问题 1：反应 $Fe+S = FeS$，$2Fe+3Cl_2 = 2FeCl_3$，$Fe+2H^+ = Fe^{2+}+H_2\uparrow$，由生成物中铁元素化合价分析，我们可知什么？

这也是一个开放性问题，学生可以从不同的角度来分析和解答。例如，可回顾 Fe 与强、弱氧化剂反应时的不同状况，比较 Cl_2 与 S 的氧化性强弱等。教师在教学实施中的引导重点是形成规律性认知。

问题 2："钝化"有哪些重要的应用？

对于"钝化"的应用，初学时学生并不熟悉。通过教学互动，学生可理解并强化对"钝化"的认识。例如，"钝化"并非没有发生化学反应，而是反应很快停止；因为"钝化"，可用铝制、铁制容器贮存、运输浓 H_2SO_4、浓 HNO_3 等，从而进一步引导学生关注化学知识、原理在生产实践中的重要应用，激发学生潜在的学习动力。

问题 3：铝制的器皿，如铝制饭盒，使用时应注意什么？

教学实施：由已经学习过的化学反应 $2Al+6H^+ = 2Al^{3+}+3H_2\uparrow$，$2Al+2OH^-+2H_2O = 2AlO_2^-+3H_2\uparrow$，学生容易想到酸性、碱性物质不能久存于铝

制餐具中。教师的互动引导要侧重两点：一是学生容易忽视的盐，即咸的食物也不可以长时间存放于铝制餐具；二是原因分析及准确表述：酸、碱还有盐等，可直接侵蚀铝的保护膜（氧化铝也能与酸或碱反应）以及铝制品本身。因此，铝制餐具不宜用来蒸煮或长时间存放酸性、碱性或咸的食物。

在高中的化学学习中，对原理、知识的应用是重要的教学内容，是不可忽视的环节。在知识应用的过程中，学生可加深对所学知识和原理的了解，完成内化和巩固的过程。特别是在复习课中，通过应用，能更深入地回顾所学，更广泛地进行知识原理的联系与综合，可避免单纯地记忆化学反应和不求甚解，对学习过程中灵活性和思维深刻性，能起到更好的训练和提升作用。在问题式教学实施中，可以问题引导和问题解决促进学生自主应用所学知识，以应用促进知识的理解和巩固；以问题促进师生互动，以互动发现新问题，促使更深层次的学习；以问题促进学习的深度和广度，达成高中化学教学中育人目标的实现。

（4）教学环节四："近"思异同。

问题：Al 和 Fe 的活动性强弱可怎样分析与比较？

在问题设置中，并未限定问题解决的方向和角度。因此，学生可从理论上进行分析，也可以从已知的实验事实进行对比。而教师可以铝热反应的实验演示和原理分析，进行补充学习。

铝热反应是将 Al 和 Fe 这两种金属相联系的一类反应。教材安排是在后续学习的相关章节中，而在复习课中，以实验初步展示和探究，对教学内容进行适度的整合，可以拓宽学生视野，完善认知体系，对于学生的知识巩固和新知学习都有促进作用。在教学实施中，不同认知程度的学生可能存在接受程度的差异，教师要关注学生可能存在的困难，将学生主体与教师主导更充分地结合，有机地融合，促成教学和育人目标的实现。

（5）教学环节五："近"探原理。

问题 1：判断正误。

常温下 Al、Fe 与浓 H_2SO_4、浓 HNO_3 不反应，故能用铝制、铁制容器盛放浓 H_2SO_4、浓 HNO_3。

能与 Fe 反应产生 H_2 的溶液为酸性，能与 Al 反应产生 H_2 的溶液，可能呈强酸性，也可能呈强碱性。

等质量的铝粉分别与足量的稀 HCl 和 NaOH 溶液反应，产生的 H_2 在同温同压下的体积比为 1∶1，反应中消耗的 HCl 和 NaOH 的物质的量之比为 1∶3。

以课堂讨论的组织形式，逐一完成对这些问题的分析和判断。问题设置针对的是学生易失误之处和常用原理，比较基础，因此多数解答并不困难。教学实施中，不应仅仅是找到问题的答案，而应多关注分析、对比能力的训练，方法的渗透和习得，适度的延伸和拓展。

问题 2：大家知道拿破仑三世铝制王冠的故事吗？与咱们国家西汉的湿法冶金年代相比，我们可得什么结论？

对于生活现象中所蕴含的化学原理，初次学习时，部分学生可能停在表层、直觉等认识层次上。教学实施中，教师要引导学生透过现象发掘实质和原理。对于问题中包含的氧化还原等方面的化学原理，通过探讨和分析，学生方能真正体会金属的冶炼及方法与金属活性之间的内在关联，方能渐渐养成以化学的视角对生产、生活实际中的现象进行深层次分析、深度学习的良好习惯。

在高中化学的教学和学习中，对于化学原理的应用，不能仅仅着眼于习题中的练习和应用，而应更多着眼于对生活、生产实践中的现象和事物的认识。这样，学生能够更多、更深刻地体会到知识的价值和学习的意义，为学习过程中克服困难、积极进取提供更多内在的动力。而且，引导学生从化学的视角观察与分析生活生产实际，能够使学生在开阔学生视野的同时灵活应用所学知识。总的来说，对于化学原理的学习和理解、思维的训练、能力的提高、化学素养的提升等都能起到积极的促进作用。

本节课是铝和铁的复习课，因而教学中体现出更多的综合性和学科知识之间的联系性。不同于新授课分别学习铝和铁，在这节复习课中，将生活中广泛应用的铝和铁相联系，有助于学生在对比中探究、在联系中深入、在对问题的分析探讨中提升。

通过五个教学环节："近"观现象、"近"研性质、"近"知应用、"近"

思异同、"近"探原理，以化学实验、生活现象和化学原理的融合，充分体现了"走近铝和铁"这节复习课对于所学知识的综合应用，多层次、多角度深入学习的教学目标。

以问题式教学实施，在复习课中充分调动学生积极思考，参与每个环节的教学活动，既关注原理、知识的巩固和融会贯通，更注重学生对高中化学学习方法的体会和习得，使学生对化学知识发自内心的热爱和重视。学生通过学习，在学科核心素养、问题意识和问题解决能力，思维的有序性和深刻性等方面都能有收获和提升。

第二节　"化学反应原理"问题式教学实施课例

"化学反应原理"的学习，可以帮助学生探索纷繁复杂的化学反应的本质及其遵循的规律，帮助学生在高中阶段初步形成关于物质变化的科学观念，了解化学反应原理对科学技术和人类社会文明所起的重要作用。高中化学反应原理的学习，对于发展学生"变化观念与平衡思想""证据推理与模型认知""实验探究与创新意识"等化学学科核心素养是非常重要的、不可或缺的学习内容。在化学反应原理的教学实践中，教师应针对教学内容的特点，深入浅出，多运用实验、图像、数据及曲线等直观手段和方式，促使学生由感性认识飞跃至理性认识，关注学生的认识发展；以对化学原理本质的认识，强化对学生思维能力的培养；既要重视理论的学习，更要重视理论的应用，特别是在理论学习中，能够广泛联系生活实际，避免学生在单纯的理论学习中，逐步失去信心和兴趣；充分利用和发挥化学反应原理的学习内容对学生思维品质的训练和促进作用，在教学过程中精心创设问题情境，精心设置教学问题，强化学生的探究意识和探究能力。同时，还应结合教学内容，以教学问题的设置与解决，训练学生"变量控制"、抓主要矛盾和辩证思维等基本的思想与方法。但是，在高中化学实际的课堂中，还是有很多教师在化学反应原理教学中，依然是运用单一讲解、习题训练等方法，而很多学生依然采用单纯记忆的方法进行学习，在学习过程中不求甚解，甚至"囫囵吞枣"。在学习中，对相应的原理不能深入学习和真正理解，易造成学习中的困难日益增多。久而久之，学生往往不能自主解决问题，甚至在学习中产生畏难情绪，对于化学反应原理的学习状况欠佳，影响整个高中阶段的化学学习的信心、兴趣和实效。同时，对于学生思维、能力和素养的发展，也不能发挥这部分学习内容应有的作用。因此，对于化学反应原理的教学，我们应认真探索良好的教学策略和方法，以期在这些教学内容的学习中，能促进学生知识的系统化和结构化，帮助学生发展逻辑推理能力、科学探究能力和训练学生思维的深刻性、全面性等，以化学反应原理的教学，丰富学生的化学学科知识，加深学生对化学原理的理解，促使学生学习能力和思维能力的全面提升。

在"水溶液中的离子平衡"的学习中，需发挥核心知识的认识功能。对于电解质在水溶液中的行为，从平衡的角度加以认识，是学习的基本思路。而很多学生之所以在后续学习中遇到困难，多是因为对强弱电解质与电离平衡的认识，还需要强化与全面认知。因此，对于电离平衡与强弱电解质的学习，新授课与复习课有各自的功能与作用。在新授课中，需联系学生的生活经验，运用实验探究，引导学生认识电解质的强弱之分及其根本原因，即电离平衡的存在与否。教学中需借助学生已有的关于平衡的相关知识，迁移认知，了解弱电解质之所以存在电离平衡的根本原因、电离平衡的基本特征及影响因素等。以教学问题的设置与引导，使学生厘清学习内容之间的逻辑关系。对于强、弱电解质的不同，从电离平衡的建立及移动等角度认识，帮助学生在已有认识的基础上形成更深层次的理解，对于后续水的电离平衡、盐类的水解平衡、难溶电解质溶解平衡等的学习，能够形成框架性的认知体系。同时，发展学生的"宏观辨识与微观探析""证据推理与模型认知"等学科核心素养。而在新授课学习之后，复习课的作用是不可忽视的。对于强弱电解质的不同，在复习课的问题解决中才能继续深入理解。例如，反应过程中电离平衡的移动、浓溶液与稀溶液的稀释过程中离子浓度及溶液导电能力的变化、不同状况下反应速率的变化与分析等，对于很多学生而言，还需要在对比问题的设置与解决中，才能够更清晰地认识，真正理解由于电离平衡的存在与移动，弱电解质在很多方面与强电解质不同。对于强、弱电解质的认识与电离平衡的学习来说，可通过将新授课的原理探究与复习课的应用感悟相结合，从理论到应用，从基础到提升，从浅层到深入，使学生的知识应用能力得到加强的同时，认知体系的构建能更为全面与丰富。

一、新授课

1. 内容

弱电解质的电离。

"弱电解质的电离"是人教版选修4《化学反应原理》第三章"水溶液中的离子平衡"第一节的内容。高中阶段，学生在高一年级必修1的学习中，对于强、弱电解质有了初步了解，知道强电解质在水溶液中完全电离，而弱电解质在水溶液中部分电离，但是，对于其中的原因并不明白，对于弱电解质部分电离的程度也不了解。在选修4的第二章，学生学习了可逆反应的化学平衡，对于平衡体系的建立、基本特征及平衡移动等有一定的认识和理解，但是，对于水溶液中的离子平衡的认识尚待深入。因此，电离平衡及对强、弱电解质的进一步学习和认识，在一定意义上起到了承前启后的作用。对于这部分内容的学习，可以在充分了解学生最近发展区的基础上，以类比、迁移等方式，引导学生充分利用已有知识进行新知识的学习，在温故知新的学习过程中，强化学生的知识应用能力，培养学生自主建构相应认知体系的意识和能力。在学习中，学生对于强、弱电解质的本质区别，离子方程式的书写，平衡体系建立的前提、影响因素和基本特征，勒夏特列原理等的认识和应用等能有进一步提升。教学中，应从实验方案的设计及选择等角度，加强学生的实验能力与实验素养，引导学生关注化学反应原理在实验、生产实践和生活中的应用，以应用促成对原理的深入学习和理解。同时，对于后续水的电离、难溶电解质溶解平衡等的学习，提供知识储备和应有的认知能力。

2. 教学策略

弱电解质的电离，是学习重点和难点，是"水溶液中的离子平衡"学习的起始和基础，对于后续学习非常重要。在新授课中，以学生的生活体验、实验认知和已有知识为基础，以问题为线索进行逐步深入的学习。突出学生的自主学习，对于学习难点，充分发挥教师的引导作用，运用多种教学和学习方式，逐步推进教学过程。教学中不断渗透化学学科思想，引导学生形成高中化学学习的基本思路和方法，培养学生良好的学科素养。具体如下：

以代表物质和典型问题的解决为核心，化繁为简，化难为易。围绕学习目标，通过教师引导、小组合作讨论等完成学习过程。

设计教学层次：强弱电解质的比较→电离平衡的概念→电离平衡的基本特征，逐步深入学习。

精心设置教学问题：对相关原理的学习，以问题的形式呈现，学生在解决问题的同时，认识原理，体会原理的应用，强化学习效果。

综合应用多种教学方法：学生自主学习与教师引导有机结合，实验探究与理论分析紧密联系。

3.课例展示

（1）教学环节一：教学情境创设——水垢的处理。

问题1：水垢的主要成分是什么？

这个问题需要学生应用所学化学知识和生活常识来进行解答，是起点比较低的问题，学生易于参与问题的解决。教师可视课堂教学状况补充完善，让学生认识到水垢的主要成分有 $CaCO_3$、$Mg(OH)_2$，以及少量 $CaSO_4$ 等。

问题2：我们常用哪类物质除水垢？

同样是基础性问题，目的在于引出后续问题。大多学生能想到用酸。教师可适当扩展，让学生了解同类问题，如"洁厕灵"的主要成分为盐酸等。

问题3：相同浓度的盐酸和醋酸，哪者可以更快地除去水垢？为什么？

学生应用已有知识，大多可以正确判断为盐酸。教学实施中，教师不能满足于学生得到正确答案，可引导继续深入分析实质：真正起作用的是 H^+，实际上是在比较 $c(H^+)$，培养学生在面对问题时能够深入思考的良好习惯和思维方式。

"教学环节一"是教学情境的创设，属于课堂教学的引入部分。在新授课中，教学引入部分的教学问题设置不宜过难。过难，易引发学生的畏难情绪，不利于学生积极参与教学活动。同时，创设教学情境引入教学，以生活、生产实践中的"真"问题为课程资源，更有利于学生学习热情的深层次激发，有利于学生学科核心素养的培育，有利于后续课堂教学的顺利推进。

（2）教学环节二：相同浓度 HCl 和 CH_3COOH 的对比分析。

问题 1：0.1 mol/L 的 HCl 和 CH_3COOH 溶液中哪者 $c(H^+)$ 大？

高一学习中，学生对于强弱电解质有初步的学习和认知，因此，对多数学生而言，问题的解决并不困难。教师要引导学生进行具体化的数据分析，以使学生有更深入的认识：0.1 mol/L HCl 中，$c(H^+)$ 为 0.1 mol/L；而弱电解质的部分电离，是绝大部分没有电离，0.1 mol/L CH_3COOH 中，$c(H^+)$ 远小于 0.1 mol/L。

问题 2：溶液中 $c(H^+)$ 的大小，还可通过什么数值确定？

对于 $c(H^+)$ 与 pH 的关系，学生虽只有定性的认识，但对于 $c(H^+)$ 的大小，可通过 pH 确定，多数学生还是能够想到的。教学实施中，教师可视学生的认知基础来进行引导。例如，对于认知基础较好的学生，可在课堂演示实验相关溶液 pH 测定的基础上，初步介绍若 $c(H^+) = 0.1$ mol/L，pH 为 1；25 ℃，0.1 mol/L 的 CH_3COOH 溶液，pH 约为 3，可计算得出 CH_3COOH 的电离度为 1% 等。这样，对于后续学习，学生在初步感受的基础上，能够有更多内在的学习和探究热情。

问题 3：实验结果说明 HCl 和 CH_3COOH 在水溶液中电离程度相同吗？

对于强电解质完全电离、弱电解质部分电离，大多学生只是定性认识。而定量分析，能够以具体数据的呈现，引导学生更清晰地认识强、弱电解质电离程度的不同。教师在互动中，可适当拓展，充分应用实验所得数据，让学生真切体会 HCl 完全电离，而弱电解质 CH_3COOH 通常只是很少的一部分电离。

对于化学原理的学习，往往会因为抽象使学习起来困难。因此，我们常常倡导教学中要努力做到深入浅出、化难为易。怎样做到呢？数据分析是常用的方法之一。直观的数据呈现，能够让学生具体、直接地体会微观过程中的变化与不同。同时，凸显化学学科特色，即以实验化抽象为形象的作用，这也是我们在教学中需要加以重视和充分应用的。对于以 HCl 和 CH_3COOH 为代表的强、弱电解质电离程度的不同，以实验为基础，以数据分析为结果，可使学生真切地感受完全电离与部分电离的含义，为后续学习打好基础。

（3）教学环节三：强、弱电解质的认识。

问题：盐酸溶液中，溶质的微观存在是怎样的？ CH_3COOH 溶液中，溶质的微观存在又是怎样的？为什么？

该问题引导学生从微观的角度理解强、弱电解质电离程度的不同。虽然是相对简单，学生易于自主解决的问题，但在教学实施中，要充分发掘问题设置的作用。教师应更多侧重于学生"宏观辨识与微观探析"学科核心素养的培育，更多地引导学生理解为什么强、弱电解质在水溶液中的微观存在不同，顺利引申至弱电解质电离平衡的学习。

在化学反应原理的学习中，逻辑关系的梳理，对于学科知识的学习和思维训练都非常重要。在"弱电解质的电离"学习中，电离平衡是否存在会导致强、弱电解质电离程度不同。而电离程度的不同，决定了强、弱电解质在水溶液中的微观存在的不同。"教学环节三"的问题设置起到了中间"衔接"的作用。学生先是认识了强弱电解质电离程度的不同，又在这个教学环节，了解其微观存在的不同，进而思考：为什么会有这样的不同？因此，这个教学环节的问题设置，貌似简单，但是不可或缺。教师在教学实施中也不可一晃而过，而是需要更多地引导学生进行自主思考和"辨析"，从而实现使学生在对学科知识进行学习的同时完成对"宏微结合"核心素养的培育。

（4）教学环节四：电离平衡概念的建立。

问题1：为什么强电解质与弱电解质在水溶液中的电离程度不同？

对于弱电解质电离平衡的分析，要类比已学知识：可逆反应化学平衡的相关概念和原理，要充分体现"温故知新"。教师可视课堂教学的实际状况，再设置引导性问题："平衡"指的是什么？（状态）；怎样的过程才会出现平衡这种状态？（互为相反的两个过程同时发生）；HCl在水溶液中的电离是"单向"还是"双向"？ CH_3COOH 呢？……从而帮助学生借助已有知识，通过迁移，顺利建立弱电解质电离平衡的概念。

问题2：在 CH_3COOH 的水溶液中，一定条件下，可逆过程最终会出现怎样的状况？

这个问题对于学生而言，难在不能很好地表述自己的观点。因此，教师可引导学生类比：v（电离）相当于v（正），v（结合）相当于v（逆），v（电离）＝v（结合），即达电离平衡等。可以CH_3COOH的电离为例，借助学生已有的，对可逆反应化学平衡的认识，打比方、举例子，深入浅出，引导学生在自主思考和分析中学习相关原理。

问题3：平衡状态的基本特征可概括为"逆等动定变"，对于弱电解质的电离平衡而言，其具体含义是什么？

学生对于平衡状态的基本特征"逆等动定变"并不陌生，但只有将其顺利迁移至弱电解质的电离平衡，学生对这一部分内容的理解方能不断得到补充、完善和深入。在师生互动的过程中，要特别关注学生主体地位与教师主导作用的有机融合，给予学生足够的思考、表达的时间和空间。可能在某些方面，教师认为学生理应熟知的内容，学生却往往会出现遗忘或疏漏，教师要注意教学评价中对学生的鼓励和激励，不可代替学生进行问题解决，更不可出言不当，以免对学生的学习热情产生不利的影响。

对于难点内容的教学和学习，利用学生已有知识，在教学实施中以问题引导，通过迁移来突破，是我们应多加以关注、研究和应用的教学方法。在学习弱电解质的电离平衡之前，学生已比较系统地学习了可逆反应的化学平衡，对于平衡体系有一定的认知基础和学习能力。因此，在教学实施中，要避免在课堂中单纯地"师讲生听"，而是要充分利用平衡体系的共性和相通之处，想方设法引导学生主动应用已有知识，在积极、自主的思考和问题解决中，顺利完成对新的难点内容的学习，建构新的知识体系、探究新的学习领域。

（5）教学环节五：课堂回顾。

问题：电离平衡建立的前提是什么？实质是什么？结果是怎样的？

对于电离平衡建立的前提，多数学生可能想到的是"弱电解质"，教师需要引导完善学生对"一定条件下"的深入认识。而对于电离平衡的实质和结果，因为课堂教学中对于知识迁移的重视和应用，学生可通过对所学可逆反应化学平衡的回顾，顺利完成问题解决。因此，在课堂教学中，教师的影响是潜移默化的。学习中，学生对知识迁移也可在教师的引导下逐步实现和自主完成，这对学生学习能力的提高是非常有益的。

本节新授课的学习，是高中化学的学习难点和重点。学习内容包括对强、弱电解质的进一步认识，电离平衡的概念、实质等，后续还要继续学习电离平衡的影响因素等规律，电离方程式的书写，电离常数、电离度等，知识容量较大，学习中存在一定难度。而且，这节课的学习内容与后续 H_2O 的电离、盐类的水解、难溶电解质的溶解平衡等有着密切的联系，对于后续学习是非常重要的。因此，在问题式教学实施中，需将教师的引导和学生的自主学习相结合，充分利用学生已有的知识储备和生活体验进行问题的设置和解决。在教学过程中，抓住电离平衡与所学知识的内在联系，引导学生充分应用和感受"温故知新"。采用适合学生自主思考和自主解决问题的教学思路和方法，使学生通过问题解决体会获得的喜悦。重视化学原理的应用，使学生在学习过程中自然而然地能够深入理解强、弱电解质电离和电离平衡的知识和原理。

二、复习课

1. 内容

弱电解质的电离。

2. 教学策略

在"弱电质的电离"复习课中，问题设置和解决的综合性要加强，具体体现于对前后所学知识的广泛联系中。例如，与 pH 的定量分析的应用和化学反应的结合，对相关概念，如电离常数与电离度（α）异同点的分析等。

同时，问题设置和解决的针对性要加强，要着眼于学生易出错及疑惑之处进行强化与完善。例如，对于弱电解质浓、稀溶液稀释过程中离子浓度的变化不同的认识和理解等。

应用举一反三、对比性设问等方法，使学生在问题解决的过程中，能从不同的角度和方面进行分析、比较，得到更为深刻的认知。

3. 课例展示

（1）教学环节一：提出"总"问题。

问题设置：请大家回顾强、弱电解质有哪些不同？

因为是发散的开放性问题，教学实施中需给学生提供回顾、思考和讨论的时间，让学生可提出各自的观点。在教师的引导下，将相对零乱和分散的观点进行梳理，归整为这样五个方面：①溶液中离子浓度与溶液浓度的关系；②化学反应过程中的变化；③反应速率分析；④加水稀释过程中的变化；⑤电离方程式的书写。

复习课的教学目标与教学方法与新授课是有区别的。在问题式教学实施中，要以问题引导学生抓关键问题，突出重点和难点，通过积极的自主内化，对所学原理有更深层次的理解。

（2）教学环节二："分"问题之一——离子浓度与溶液浓度的关系分析。

问题1：25 ℃，0.1 mol/L 的 HCl 与 CH_3COOH 溶液，pH 的大小关系是怎样的？为什么？我们由此可得出什么结论？

通过数据分析，学生需回顾理解：在溶液浓度相同时，弱电解质溶液中的离子浓度相对小得多。需教师引导进一步分析：根本原因是弱电解质电离平衡的存在，弱电解质的"部分电离"是绝大部分未电离。

问题2：25 ℃，pH 均为 1 的 HCl 与 CH_3COOH 溶液，其溶液浓度大小关系是怎样的？

教学中，应注重进行数据分析，善于运用对比，既要对比 HCl 与 CH_3COOH，又要比较离子浓度与溶液浓度，还需深入本质：弱电解质存在的电离平衡的影响和结果。

在高中化学的学习中，常常存在学生说自己听懂了，但在处理问题时不会或出错的状况。究其原因，根本在于他们所谓的"懂"只是貌似"懂"，实则不然。如何改变这种"似懂非懂"的状况？深层次的学习和理解是必须的。而在复习课中，以问题设置和问题解决从不同角度进行对比分析，可帮助学生对所学原理有深入的理解。

（3）教学环节三："分"问题之二——反应过程中的变化。

问题1：25 ℃下，0.1 mol/L HCl 100 mL，0.1 mol/L CH_3COOH 100 mL，分别与足量 NaOH 溶液反应，所消耗的 NaOH 的量有什么关系？

教学中的关键是要引导学生通过问题解决，理解重点：弱电解质在发生化学反应的过程中，电离平衡会正向移动，通俗可以理解为"一边电离，一边反应"，若对方足量，将会"全部电离，全部反应"。

问题2：25 ℃下，pH = 1 的 HCl 与 CH_3COOH 溶液各 100 mL，分别与足量 NaOH 溶液反应，所消耗的 NaOH 的量是怎样的关系？

结合"教学环节二"中的结论，在教学互动中逐步厘清：离子浓度相同时，弱电解质本身浓度大很多。因为在反应过程中，平衡不断正向移动，所以消耗对方的量，应按溶液浓度计算，而不是按离子浓度计算。

在复习课中，对于难点内容的学习，应更多注重"浅出深入"。如何"浅出"？可通过具体的实例，借助直观的数据呈现，使学生消除畏难情绪，从而通过对比分析，真正理解其中蕴含的原理。如何"深入"？在复习课中，不要停留在对教学问题的解答及得出答案的层面上，而要"跳"出具体的例子，得出适用面更广的结论性认知。例如，类似于上述问题解决中所得到的"弱电解质在反应过程中平衡正向移动，消耗对方的量应按溶液浓度计算"等。经过这样的理解过程中的"浅出"，再经过应用过程中的"深入"，学生的"懂"才能是真的"懂"，才能经过自身的"再加工"，将所学知识和原理内化为能力，转化为素养。

（4）教学环节四："分"问题之三——反应速率分析。

问题1：若完全相同的锌粒，分别与 25 ℃，0.1 mol/L 的 HCl 和 CH_3COOH 溶液反应，起始反应速率哪者快？平均反应速率呢？

问题解决中，师生互动讨论厘清反应实质，找出要比较的"变量"。教师在倾听学生观点的基础上，以学生熟悉的生活现象，如"赛跑"等打比方、举例子，化抽象为形象，帮助学生在明白原理的基础上解决问题。

问题2：若完全相同的锌粒，分别与 25 ℃，pH = 1 的 HCl 与 CH_3COOH 溶液反应，起始反应速率哪者快？平均反应速率呢？

对于起始反应速率，往往有学生因受 HCl 是强电解质而 CH_3COOH 是弱电解质的思维定式影响，会认为起始反应速率是盐酸快，平均反应速率也是盐酸快。教师需通过引导训练学生分析问题的能力、思维的严密性和深刻性。从而在问题得以解决的同时，使学生对 pH 的含义、反应过程中弱电解质平衡移动等化学原理能有更深刻体会，思维方式也得以优化和提升。

在问题解决的过程中，对于题设条件的研究和分析，是培养和提高学生能力的开端。在高中化学的教学中，应时时关注方法的渗透和训练，帮助学生形成问题解决的基本思路，使学生善找切入点，关注易错点，重视突破口。以化学问题解决中形成的思想和素养，迁移至其他学习和研究中。这样，我们所提倡的教学中的思维训练、方法习得、能力提升等方可得以实现。

（5）教学环节五："分"问题之四——加水稀释过程中的变化。

问题1：25 ℃，pH均为1的HCl和CH_3COOH溶液，分别加水稀释100倍，哪者的pH改变较大？为什么？ pH分别变为多少？

问题解决与教学互动中的重点有"加水稀释100倍"含义的分析，可设原溶液为1 mL进行分析，以实际数据引导学生理解其中常采用的近似处理的方法和依据；"改变值"的含义及强、弱电解质之不同与根本原因的分析；理解"有限稀释"的含义。在问题解决之后，教师的引导得出适用范围更为广泛的结论性认识。

问题2：25 ℃，pH均为1的HCl和CH_3COOH溶液，分别加水稀释至pH为3，加入的水量分别是多少？

充分利用问题1中获得的认知和结论，大多学生易顺利解决问题。教师需要引导学生联系问题1和问题2，并进行对比，明确这两个问题的内在关联和实质性的共同点。对于pH对应的是稀溶液，加水稀释弱电解质稀溶液的过程中平衡移动的方向、离子浓度的变化等学生常见的疑难点，进行再次回顾与强化。

复习课的教学过程中，对比性问题的设置与解决，不能只关注二者之间的不同点，更要引导学生认识问题间内在的、实质性的共同之处。例如强、弱电解质在很多方面的不同，根本原因是电离平衡是否存在、电离平衡的移动等。因此，在对比性问题的解决中，"求异"是一个方面，"求同"更是深入实质的学习和分析。教师在教学互动中的引导，需从两个方面进行强化，从而达成学生真正意义上的深度学习和深度认知，这是学生具备独立自主解决问题能力的前提和基础。

（6）教学环节六："分"问题之五——电离方程式书写。

问题1：H_2SO_4 与 H_2CO_3 的电离及电离方程式的书写有哪些共同点？有哪些不同点？为什么？

这个问题主要是让学生回顾一级电离与二级电离，以及强、弱电解质电离程度的不同等在电离方程式书写方面的体现。教学中，教师需在耐心倾听学生观点的基础上，引导学生进行对比和梳理，对方法和要点进行巩固和强化。

问题2：请分别书写 $NaHSO_4$ 与 $NaHCO_3$ 在水溶液中的电离方程式，对比二者有哪些异同，并分析两溶液的酸碱性分别是怎样的。

关于强、弱电解质电离方程式的书写，易出错之处主要在于对强、弱电解质的判断。因此，教学实施中以 $NaHSO_4$、$NaHCO_3$ 为例，强化"大多数盐为强电解质"这个基本认识。同时，引导学生通过对 $NaHSO_4$、$NaHCO_3$ 电离及电离方程式的相同点和不同点的分析与对比，以及对其水溶液酸碱性的讨论，为后续学习做好铺垫。

在复习课中，对于基础知识和基本原理的回顾与强化是重要的教学内容。很多时候，教师认为学生应该熟练掌握的学习内容，从学生的角度而言，却往往存在着需要强化之处。因此，复习课的教学不能一味地偏重于"拔高"与"拓宽"，而是要着眼于化学学习的基本素养和基本能力的形成与强化。将基础知识的巩固，基本能力的强化与认知体系的完善，学科知识的丰富和能力、素养的不断提升，在复习课中真正成为有机整体，相辅相成、互相促进，达成复习课方方面面的教学目标。

"弱电解质的电离"复习课的问题式教学实施，与新授课的不同是显而易见的。为了使学生能在复习课中通过自主思考完善与提升认知体系，采用了"总——分"形式的问题设置与问题解决。以"总"问题构建知识框架，以"分"问题深入、细化与丰富学科认知。而"分"问题针对同一重点、难点内容进行对比分析，从不同的角度进行比较。在问题解决中找不同，抓核心与实质，强化联系，举一反三。通过这样的复习课，学生对相关学习内容的认识与理解，与新授课对比，不仅得到了强化与巩固，而且能为后续学习打好基础，做好铺垫，使认知真正达到"更上一层楼"的效果。

第三节 "有机化学"问题式教学实施课例

有机化合物的学习，可以帮助学生形成"结构决定性质，性质反映结构"的化学学科大观念，也是发展学生"宏观辨识与微观探析"等素养的核心与关键。通过对这些教学内容进行学习，学生能对"有机化学"这个化学学科重要的、不可分割的分支有初步的认识和了解，比如：有机化学的价值，有机物的结构特点，有机物不同于无机物的重要反应、转化关系及反应类型、反应规律等。通过对自然界广泛存在和在生产生活中有实际应用的有机化合物的了解和认识，学生能够建立官能团决定有机物的性质且在一定条件下可以相互转化，并且通过这些转化能够合成和创造新物质的观念，从而帮助学生认识到学习和研究有机化学的重要价值，认识有机化合物在生活和社会发展中的重要应用。因此，对于有机化学的教学和学习，与无机化学有着明显的不同。但是，在高中化学的教学实践中，对于有机化学的教学，存在缺乏引导学生明确学习思路和方法的状况，往往会导致学生对有机化合物的学习不能很快"入门"，或始终无法有效学习。部分学生还是像对无机化合物那样来学习和认识有机化合物，他们对于有机化合物的结构的认识依然是平面化的、孤立的。对于有机化合物分子结构与性质的内在关系没有清晰的认识和深入的理解，也就无法真正理解和应用"结构决定性质"这一学科观念。因此，对于有机化合物的教学，教师必须认识到其应有的特点，以教学问题的设置与解决，外显有机化学学习的基本思路和正确方法，以期通过有机化合物的教学，体现相应学习内容的学科价值、社会功能和育人目标。

对于"苯"这种物质的学习，在高中有机化学学习中，能够充分体现"结构决定性质，性质反映结构"这一重要的学科观念和学习线索。在学习了烷烃、乙烯的相关知识之后，对于芳香烃的特殊结构与特殊性质的学习，是从苯开始的。对于学生而言，苯的学习是有机化学学习的一个新起点，也是一个学习难点。在苯的新授课中，需运用模型等直观手段，例如，让学生亲手搭建苯的分子结构，对于苯分子的特殊结构形成直观而清晰的认识；引导学生结合已有的关于碳碳双键的加成反应、氧化反应等知识，设计实验方案并进行实验验证，进一步对苯分子的结构形成正确认识；运用反证的思路，引导学生用更多的证据推理认识苯分子结构的特殊性。总之，在新授课中，对于苯分子结构的学习是重点和难点。在苯分子结构学习的基础上，对于苯的化学性质，运用"结构决定性质"的学科观念进行学习，与烷烃的性质、乙烯的性质进行类比、对比学习，是水到渠成的教学和学习过程。同时，应针对生活、实践中人们对化学和化学物质的片面认识，在教学中结合前人对苯分子结构的探索历史等，对学生进行辩证、全面认识事物的思想和方法论的训练与强化，进行人文素养的渗透，这也是苯的新授课中的重要教学内容。通过多种教学方法和教学方式的综合运用，在苯的新授课学习中，学生的实验方法与实验能力、宏观辨识与微观探析、证据推理与模型认知、科学精神与社会责任等学科核心素养能够得以发展与提升。而对于苯的学习，还需在新授课的学习基础上，运用苯的溴代反应、硝化反应中蕴含的学科知识，特别是关于实验探究的学科认知功能，通过复习课加以拓展、延伸与深化。在复习课中，以教学问题的设置与解决，对苯分子结构的认识，进行更为全面的分析与学习，有利于学生综合应用能力的加强。以苯的溴代反应为中心设置问题情境：如何证明反应为取代反应而不是加成反应？以此引申出关于物质性质、验证、除杂等很多有利于学生提升基本实验素养的问题设置与解决，不仅有利于学生对苯的重要反应的进一步学习和理解，而且对于学生实验能力、知识应用能力的加强和思维品质的优化也是有益的。在以苯的硝化反应为基础，以教学问题的设置与解决为中心的教学实施中，学生可以对有机化学反应中药品的添加顺序、水浴加热和温度计的使用等形成共性认知，对于他们实验能力的提高具有积极的促进作用。对于苯的学习，通过新授课学习中层层递进的认识，结合复习课中综合性的提升，是符合学生认知规律的过程，是有利于学生素养和能力提升的过程。

一、新授课

1. 内容

苯。

关于"苯"的学习，是人教版必修 2 第三章"有机化合物"第二节"来自石油和煤的两种基本化工原料"的学习内容。有机物是人类赖以生存的重要物质基础，广泛存在于现代生活的各个角落以及生产、研究的各个领域，对于人类的衣食住行有着重要的、不可替代的作用。从学科知识层面上而言，苯是最简单的芳香烃，也是芳香烃的代表物质，而芳香烃因苯环的特殊结构，有着不同于烷烃、烯烃的特有性质。在有机化合物的学习中，"结构决定性质，性质反映结构"的学科大概念贯穿始终，而学生通过对苯的学习更是能充分感受到这一点。对于苯分子结构与其性质的学习，不仅有利于学生发展"证据推理与模型认知""科学研究与创新意识"等学科核心素养，而且能够在了解相应化学发展历史的过程中，深刻感受科学精神，感悟学习、研究中应有的认真严谨与坚持不懈，获得更多的学习动力与学习热情。同时，苯的学习，对于后续芳香族化合物，如苯的同系物、苯酚的学习等也是必不可少，对于学生进行有机化学的学习有着重要的作用。对于化学，对于化学物质，很多人不能全面、客观地认识和对待，苯也不例外。由于自来水苯超标、苯蒸气未能正确处理而造成危害等事件的发生，人们对苯是有毒、有害物质这一印象深刻，而往往会忽视"苯的出现成全了人类的很多梦想"，忽视苯作为重要的化工原料对人类的重要贡献。在教学中，通过相关学习活动的开展，能够引导学生对苯，甚至是对化学以及化学物质有辩证、客观、全面的认识，有利于学生的发展与成长。

2. 教学策略

关于苯的学习，是高中化学的重要教学内容。同时，苯也是重要的化工生产原料。对于化学及化学物质，各种原因造成了人们对其产生了片面的认识。一谈"化学"就是有害，一说"化学物质"就是有毒，一说"苯"，就是自来水苯超标，认为苯是对人有害的、可怕的物质，甚至"谈苯色变"。因此，在教学中贯穿的核心思想是对待化学，看待化学物质，甚至看待任何事物，都要辩证地、一分为二地来看，要全面而客观。在化学学科知识学习的过程中，渗透人文思想和人文素养以及化学学科核心素养的培育。通过了解苯的发现历程，学生在逐步知道苯分子独特结构的同时，深刻体会科学探索之路的漫长和曲折；通过苯分子结构的讨论和实验方案设计，学生运用知识的能力得以培养，表达能力和合作探究意识得以增强；通过对苯的性质及用途的学习，学生学会辩证认识事物，感受化学与生活的和谐相容。在对苯的学习中，学生不仅初步认识和学习了芳香烃结构与性质的独特，更对化学和化学物质有了全面的认知。

3. 课例展示

（1）教学环节一："重要"的苯。

问题1：说到苯，大家首先联想到的是什么？

对于苯，大部分学生至少听说过，而且印象深刻的是苯有毒，往往会忽略苯也是重要的化工生产原料的事实。因此，教学实施中教师需在学生回答的基础上，以实物展示等方式有效引导学生能够一分为二地看待苯。

问题2：为什么说"苯的出现成全了人类的很多梦想"？

师生互动中，通过实物、图片展示等，使学生可以知道苯在生活用品、布料、医药、食品添加剂等生产中的重要作用。同时，了解苯也是重要的溶剂，体会对于苯的认识，不能仅仅停留在"有毒"这个层面上。而教师可适时发问：苯为什么这么重要？从而引出对其结构及性质的探究，激发学生的学习热情。

高中化学的教学，能帮助学生以所学化学知识和原理对生活、生产中化学的重要作用和意义有正确认知。因此，以学生已有的"偏见"为着眼点和入手点，能以认知冲突有效激发学生的学习和探究热情。

（2）教学环节二："委屈"的苯。

问题1：苯为什么委屈？

课堂教学中展示以苯为原料生产的书包、创可贴、手套等实物，以图片投影展示苯在医药、食品添加剂、日常生活用品、衣料等方方面面的重要应用，提出"苯的出现成全了人类的很多梦想"这一说法。而学生也了解自来水苯超标等会造成的危害。因此，对于这个问题，学生能够比较全面地谈出自己的观点。教师在师生互动中，适时"点题"：一分为二，全面辩证地看待苯。

问题2：你见过苯吗？苯是怎样的物质？

很多学生听说过苯，但并不知苯是怎样的物质。这个问题激发了他们的学习热情。以"负压管"盛放苯和水的混合物，学生有序传递和观察，并比较全面地说出苯的主要物理性质。教学过程中，教师需要引导学生探讨现象：

苯与水分层；苯为上层，分别能够分析得出苯的哪些物理性质及理由，加强在学习中的观察与思考能力。

"教学环节二"主要学习苯的物理性质。以问题引导，在分析实验现象等问题解决过程中完成学习，可以充分激发学生的学习热情，提高学生的参与度。对苯的物理性质的学习，不单纯依靠教师讲解，而是让学生观察现象，分析现象，自主表述，能更好地训练学生的观察能力、分析能力和表达能力等，更有利于学生的成长。同时，在问题解决中贯穿和渗透人文素养和辩证思想，力求在化学教学中达成对学生全方位的培养和教育。

（3）教学环节三："有趣"的苯。

问题1：苯属于烃类，其组成元素是什么？

这是个很基础的教学设问，学生很容易应用所学知识得出正确答案。教师可引导学生进一步了解芳香烃这类有机物的存在。

问题2：1 mol 苯充分燃烧，能生成 6 mol CO_2，3 mol H_2O，请由此猜测苯的分子式。

教学中，部分学生可能一时找不到思路，教师可提示学生应用"守恒"的思想解决问题。在得出苯的分子式 C_6H_6 后，继续讨论"不饱和度"，引发学生探究苯分子结构的热情，推进后续教学。

问题3：怎样以实验的方法证明苯分子中是否有"碳碳双键"？

这个问题的设置，是引导学生应所学乙烯及碳碳双键的知识，以实验的方法，进一步了解苯分子的结构特点。教学中，可在学生提供的实验方案中，讨论择优，加以验证。在这样的原理探究和实验探究相结合的教学过程中，学生能够积极发表自己的观点，在思考和实验中获得成功的喜悦和进步的快乐，进一步激发学习和探究热情。

"有趣"的苯，是对苯分子结构的探究和学习。在问题式教学实施中，对课程资源进行了开发和整合，以问题为线索，将化学史、理论分析和实验探究有机结合。在内容丰富、方式多样灵活的教学过程中，学生通过积极主动地参与和探究，可顺利完成对苯分子结构这个教学重点和教学难点的学习。

（4）教学环节四："变化"的苯。

问题1：苯的化学性质与烷烃有相似之处，其对应的反应类型是什么？反应中什么原子被取代？

在学生答出"取代反应"后，教师还需进一步引导学生认识到苯常见的取代反应，被取代的是苯环上的氢原子，断键的位置与方式等。在此基础上，通过教学互动，使学生自主完成苯的溴代、硝化反应方程式的书写等任务。

问题2：苯的化学性质与乙烯有相似之处，由此推测反应类型是什么？

在学习过乙烯化学性质的基础上，学生不难答出"加成反应"。教师还需进一步引导学生认识到，苯的加成反应与烯烃中真正的碳碳双键加成反应不同，并完成相关方程式的书写等。

问题3：对于苯的氧化反应，大家能否结合课堂讨论和实验演示谈谈自己的观点？

在这个问题解决中，教师重点引导学生强化认识：苯可以发生燃烧氧化反应，讨论相应实验现象特点及其原因；苯分子中不存在碳碳双键，苯不能发生使酸性高锰酸钾溶液褪色的氧化反应。

"变化"的苯，初步讨论和学习苯的化学性质及其重要反应，凸显"结构决定性质"这个重要的化学思想。以苯分子的结构特点为着眼点，结合学生已学过的烷烃和乙烯的重要性质，充分发挥教师的主导作用，体现学生的主体地位，逐步学习和认识苯的重要化学性质，理解"易取代，能加成，难氧化"的含义。

（5）教学环节五：我们的思考。

问题1：苯分子发现的历程，能给我们什么启示？

教学过程中，在学生畅所欲言之后，教师引导学生领悟原子弹之父钱三强的一段话："科学经历的是一条非常曲折、非常艰难的道路。"在感悟中，增强学生勇于克服困难的力量和信心。

问题2：凯库勒的"梦"给我们什么启示？

这是一个开放性的问题，学生可以各抒己见，教师不必拘泥于"标准"答案。教学中，可与学生共同学习"水稻之父"袁隆平的话："灵感是知识、经验、追求、思索与智慧综合实践在一起而升华了的产物。"可继续联系学生的学习生活进行师生互动，以他们在学习中的点点滴滴"顿悟"为线索，引导其认识到获取知识、获得成长的路上，用心和努力是必不可少的，激励他们能以坚持不懈的精神取得成功。

问题3："爱"与"恨"化学？

以2015年化妆品法兰琳卡的一段15秒的广告为教学背景，从化学的视角讨论广告词"我们恨化学"的不妥之处，从而引导学生深刻领会"用全面的眼光看问题，善用辩证思维'金钥匙'"的含义。

借助化学教学，对学生进行人文素养的提升和辩证思想的强化，是这个教学环节的目的。广泛联系生活实际开发课程资源，以相关问题为基础展开讨论，对学生起到了很好的启示作用。

对于苯的新课学习，教师没有仅仅只是对物理性质、结构、化学性质、用途等依次进行讲解，而是针对学生对于苯的初步了解和片面认识，对教学和学习思路进行了适当的调整。以四个主要的教学环节："重要"的苯、"委屈"的苯、"有趣"的苯、"变化"的苯，分别对应苯的重要用途、物理性质、分子结构和化学性质，在教学和学习中渗透和贯穿人文思想和辩证方法，提升学生对于化学科学、化学物质的认识。通过课程资源的广泛开发和有效整合，以恰当的问题引导，将化学史、化学实验和理论分析等融为一体，以丰富而又富于启迪性的教学过程，努力实现学生的认识升华。

二、复习课

1.内容

苯。

2.教学策略

突出苯分子结构的特殊性和代表性，发散思维，以问题引导，从不同的角度强化对苯分子结构的深入学习和认知。

以苯的重要反应：苯的溴代反应和硝化反应，提高和强化学生对化学实验的学习深度和广度。

教学中突出学生对教学设问全面的、多角度的分析，以教师的引导，在"分散"的基础上进行"归整"，帮助学生形成清晰的认知，形成自主解决同类问题的能力。

3. 课例展示

（1）教学环节一：对苯分子结构的复习。

教学问题设置：哪些事实可以证明苯分子中不存在"单双键交替"结构？

教学实施：教师引导主要体现于三个方面：

整体思路：类比证明 CH_4 不是平面正方形分子的"反证"的方法，引导学生体会整体思路：假设苯分子中存在"单双键交替"结构，以能否得出相反的结论，判断可否作为证明依据。

分析层面：结构分析，实验事实，产物种类分析。

分类小结：引导学生明确认知。

常见依据和事实：苯分子为平面正六边形分子；苯不能使溴水通过化学反应使之褪色；苯不能使酸性 $KMnO_4$ 溶液褪色；苯环上邻位的二元取代产物只有一种。

在教学过程中，给予学生足够的时间和空间自主进行分析、讨论、归纳、整理。发散思考，清晰归类，才能达到复习课应有的深入和提升教学目标。

对苯分子结构的复习从发散到归类，从结构到实验事实、化学反应，以这样的方式形成体系化的认知，有助于学生对化学学科知识的应用和巩固，能在复习中加强思路形成、方法习得，有助于学生将所学所获用于更多更广的学习领域。

（2）教学环节二：苯的溴代反应复习。

问题1：对苯的溴代反应，我们从反应物、反应条件及生成物角度，分别应关注什么？

对于苯的溴代反应的基础知识，以回顾的方式加以巩固。这一问题，以学生自主解答为主，教师进行引导、纠错与强化。

问题2：怎样以实验的方法，证明苯的溴代反应是取代反应而不是加成反应？

对于学生而言，这是个综合性问题，具有一定的难度。因此，教学实施中，教师可采用"逆推"的方法，以分解问题的方式引导学生，通过分步的思考与分析，最终得到比较完整和清晰的解答。例如，可设置如下"分"问题：以哪种物质的生成可判断苯的溴代反应为取代反应？HBr 气体的生成可应用什么实验方法证明？从 H^+ 的角度常用什么方法？从 Br^- 的角度可用什么方法？哪种物质的存在对 HBr 的实验证明会造成干扰？为什么？如何避免这种干扰？

师生讨论，以对这些"分"问题的解决，厘清原理。在此基础上，师生共同完成实验装置的组成及装置图。

对苯的溴代反应，从基础知识到实验拓展，做到复习课中的层次递进。在这样的复习中，学生能够以基本反应为依托，完成对化学实验的综合性分析，对原理、知识的巩固与提升都能得以实现。高中化学的很多教学内容，都可应用这样的方法增强学习深度，拓展学习广度，开阔视野，在真正意义上提升学生能力。

（3）教学环节三：苯的硝化反应复习。

问题1：苯的硝化反应，反应物的添加顺序是怎样的？为什么？浓 H_2SO_4 的作用是什么？

这是从反应物的角度复习苯的硝化反应，相关原理适用于很多化学实验。教学中要引导学生深入认识，探究其中蕴含的化学原理，以此形成对化学实验的系统性认知。

问题2：在高中化学的实验条件下，我们常以何种方法实现 55 ~ 60 ℃的恒温条件？

"水浴"加热、温度计的使用，对于中学的许多化学实验都是重要的学习内容。因此，教学实施中要细究细研。例如，"水浴"加热的原理是什么？适用范围是怎样的？等等。由此拓展至"油浴""沙浴"，使学生真正理解原理，避免在后续学习中出现"生搬硬套"的状况。

在高中化学的原理和实验学习中，有很多原理是相似相通的。因此，我们在教学中要善发现、善应用，努力做到由"一个""一种"到"一类""同类"，由具体到概括。特别是在复习课中，以问题引导原理的探究，真正达成由此及彼、举一反三。

突出重点、突破难点，形成框架性的认识，是我们在复习课中应多加关注的。因此，对于苯的复习，不是一一罗列苯的分子结构、物理性质以及化学性质等。以对新授课内容的重复和罗列进行复习，很容易使学生的学习热情减弱或消退，是在复习课中应该加以避免的。以三个问题引导，以多个"分"问题深入，以问题解决的方法方式完成基础巩固之上的实验探究与原理强化理解，在学生的积极探究中，达成回顾、深入、拓展等多个维度的复习与提高，完成方法的训练与习得、思路的形成与拓宽。学生能在复习过程中，开阔视野，丰富认知，积淀素养，对化学原理的学习和认识，既能深入又能升华，真正意义上内化为能力，以此更能充分体现"复习"的意义所在。

参 考 文 献

[1] 中华人民共和国教育部 . 普通高中化学课程标准（2017 年版）[M].
北京：人民教育出版社，2018.

[2] 杜淑贤 . 普通高中化学课程标准（2017 年版）解读 [M]. 上海：上海
教育出版社，2018.

[3] 霍晓东 . 高中化学"问题驱动式导学案"的教学设计与研究 [D]. 大
连：辽宁师范大学，2016.

[4] 赵千一 . 高中化学教学中问题情境化研究 [D]. 哈尔滨：哈尔滨师范
大学，2018.

[5] 张琳 . 基于问题式学习在高中化学新课程教学中应用的实践研究 [D].
南京：南京师范大学，2008.

[6] 王霞 . 基于学科观念的高中化学"问题探究"教学实践研究 [D]. 南京：
南京师范大学，2014.

[7] 张环环 . 问题连续体理论在高中化学的应用研究 [D]. 新乡：河南师
范大学，2018.

[8] 夏鸣鸣 . 高中课堂提问探究 [D]. 贵阳：贵州师范大学，2008.

[9] 马媛 . 高中化学新手型教师与专家型教师课堂提问水平的差异性研
究 [D]. 武汉：华中师范大学，2019.

后　记

叶澜先生曾经说过："教师只要思想上真正顾及了学生多方面成长，顾及了生命活动的多面性和师生共同活动中多种组合和发展方式的可能性，就能发现课堂教学具有生成性的特征。因为课堂上可能发生的一切，不是都能在备课时预测的。教学过程的真实推进及最终结果，更多地是由课的具体行进状态，以及教师当时处理状态的方式决定的。"由此，我们可知，在教学中对于教师的"教"和学生的"学"，教学实施具有重要作用。

教学实施，是教师将自己的教学思想、教学理念真正付诸行动的过程。对于教学而言，教学设计如同电影剧本，固然非常重要，但是，好的剧本也有可能表演不出相应的效果。观摩过很多青年学子和年轻教师的教学，他们的教学设计做得非常精彩、丰富，但是，在教学实施的过程中，却可能由于过于紧张而照本宣科，出现教学活动一带而过、教学互动徒有形式、教学评价词不达意，甚至教师自问自答、一讲到底，完全将教学过程演绎为教师"独角戏"的状况。如此种种，课堂教学完全不能达到教学设计的设想和预期，教学效果自然也是大打折扣。因此，对于教学实施的重视，对于教学实施的研究和探讨，是我们每一位教师都应该面对的重要问题。结合教学中的点滴感悟，从多数教师的教学实际状况出发，以问题式教学实施与高中化学课堂教学相结合，以期以这样的思路和方式，使高中化学教学更富有思考性，更有利于教师顺利实现教学预设，也更有益于学生的进步与发展。同时，从学科教学相通的角度出发，能对高中不同学科教师的教学，起到一定的借鉴作用，对教师的专业成长提供切入点和具体的落实路径。在教师更为恰当有效的教学实施中，在教师专业成长得以不断实现的过程中，学生的顺利成长与发展也能得以保证和实现。

高中化学问题式教学实施，围绕的核心是问题。从问题的提出开始，在对问题的分析中，在对问题的思考中，直至问题的解决中完成的教学，无疑对学生思维能力的训练是有益的。此外，学生思考力的不断增强，也能逐步实现于课堂教学各个环节和流程的推进过程中。以问题的提出，增强学生的学习热情，以问题的探究，增强教学的内在吸引力，以问题的解决增强学生的学习自信心。高中化学的问题式教学实施，落实的是"心里有学生，眼中有学生"的教学基本要求，落点于学生学科核心素养的培育与发展，实现的是师生的共同成长。

本书的书写缘于高中化学教学中的感受与感悟，得到了很多同仁的启发与帮助。在出版的过程中，特别感念陕西师范大学出版总社老师的严谨与认真。同时，对于教学中不断思考与学习的重要意义，在本书的完成过程中愈加深有体会。当不断努力……

感谢大家，这是我们共同的心声。